稀见著录方志过眼录

过眼录

诸葛计◎编著

国家图书馆出版社

图书在版编目（CIP）数据

稀见著录方志过眼录／诸葛计编著.-- 北京：国家图书馆出版社，2016.8
ISBN 978－7－5013－5707－9

Ⅰ.①稀…　　Ⅱ.①诸…　　Ⅲ.①地方志—图书目录—中国—现代　　Ⅳ.①
Z88：K29

中国版本图书馆 CIP 数据核字（2015）第 250408 号

书　　名	稀见著录方志过眼录
著　　者	诸葛计　编著
责任编辑	林　荣
封面设计	程言工作室

出　　版　国家图书馆出版社（100034　北京市西城区文津街 7 号）
　　　　　（原书目文献出版社　北京图书馆出版社）

发　　行　010－66114536　　66126153　66151313　66175620
　　　　　66121706（传真）　66126156（门市部）

E－mail　nlcpress@ nlc. cn（邮购）

Website　www. nlcpress. com→投稿中心

经　　销　新华书店

印　　装　北京华艺斋古籍印务有限公司

版　　次　2016 年 8 月第 1 版　2016 年 8 月第 1 次印刷

开　　本　787×1092（毫米）　1/16

印　　张　28

书　　号　ISBN 978－7－5013－5707－9

定　　价　280.00 元

前　言

　　从 20 世纪 70 年代末、80 年代初开始的新一轮修志活动，至今已有 30 多年。其历时之长、发动面之广、参与人数之众、所获成果之丰、对后世影响之巨，在中国方志史上都是空前的。这次历史上最大规模的修志活动，也是一次最大规模的、全面深入的国情调查整理工作。除已经调查、收集、整理、编纂、出版的数以亿字计的各种形式的志书、年鉴、资料汇编，以及各省、市、县的地情资料库（方志馆）的建成，因其尚处变化之中，一时还难以说清之外，就是以对中国地方志书本身的修纂、存佚状况的清查，也是最广泛、最深入的一次，所获成果亦夥。

　　中国地方志的特点之一，就是这种著作的普遍性和连续性。就全中国范围而言，凡建置历史较久的行政区域，自上而下，几乎无一不有本地志书的修纂、流传；就一个地域之内而言，自有首届志书之后，随后都会有接续不断的重修或续修。多数地方的修志活动和志书的积存，都是代代延续的。据史料记载，仅江苏镇江一地，自南朝宋至清乾隆的 1200 年间，修成志书可查考者，就有 22 部之多。南宋以后共修志 13 次，平均 40 年左右便修一次。浙江省湖州，宋代以后共修志 15 次，平均每 20 年便续修一次。[①] 山东邹县，"从明代成化十三年（1477），至民国三十一年（1942）的 465 年内，共修志 19 次"[②]，平均每 25 年就有一部志书出现。在有明一代的 276 年间，江苏常熟县志，平均不到 40 年就续修一次。有清一代 267 年间，常熟先后修志 13 次，平均 20 年就续修一次。[③] 四川省内江县，从明永乐初至民国三十四年（1945）的 500 余年间，修志超过 20 次，也是平均不到 30 年就续修一次。[④] 故一个政区之内的历代志书，有三、四、五部绵延存世者，所在多有；绵延存有十部、八部的亦不罕见；最多的存有连续达 20 部以上者。如前面所讲的常熟，现今存世的志书就达 22 部之多。

---

　　① 仓修良：《方志学通论》，齐鲁书社，1990 年版，第 83 页。

　　② 刘玉平：《邹县历代修志及其版本概述》，《邹县旧志资料汇编》，山东省邹县地方史志编纂委员会办公室、山东省出版总社济宁分社，1986 年印行本，第 1 页。

　　③ 瞿鸿烈：《对常熟修志基本经验的探讨》，《中国地方志通讯》1984 年第 2 期。

　　④ 何金文：《四川方志考》，吉林省地方志编纂委员会、吉林省图书馆学会，1985 年印行本，第 221 页。

正是基于历代各地方志的这种历史情状,故专门著录方志书目的著作也应运而生。这些书目,最先出现的是藏书楼(馆)所编的自存志书目录,继之是区域性的,而后直至出现全国性的总目录。到现在,我们能看到的中国科学院北京天文台主编,1985 年 1 月中华书局出版的《中国地方志联合目录》(以下简称《联合目录》),就是全国方志的一部总目录,是目前国内著录志书书目最多、最权威的一部。它几乎动员了全国有关的力量,查阅了全国 190 多个藏书单位,著录方志书目达 8200 余种,颇便使用,其功甚伟。

但正如任何著作都有其时代性特点一样,《联合目录》也不能例外,出版至今已有 30 余年,且受当时条件的局限,收录范围仅限于国内较大的正规藏书单位。故而分藏于这 190 多个藏书单位之外的地方或部门的志书,就难免有遗漏,更不要说分存于私人之手的志书了。

如前所说,自 20 世纪 70 年代末开启的全国性的修志活动,也是对方志家底的一次大清理。为了本届修志工作的需要,各地都开始注意清查梳理本地区地方志书的编修和存佚情况。大多数省、市(甚至县),都编出了地区性的旧方志目录,有好几个省还编纂、出版了全省性的旧志提要。在这个工作过程中,各地发现了不少《联合目录》未著录的志书。这些志书,有的是以前根本不知道历史上曾经修纂过,有的则虽知有人修成过,但以为是早已不存于世了,故被视为已佚之书。

笔者自 20 世纪 80 年代后期从事方志工作以来,就注意收集这方面的资料,将所能见到的比《联合目录》后出的方志书目、提要、简介、有关论著及出版信息等,随时与之进行比较、对重,按其所定的著录标准,凡其该收而未予著录的志书、志料等均一一抄录,做成卡片。20 多年来,所得竟有一千八九百种之多。

图书乃天下之公器,是全社会共有的财富。如何使这些散落在各地的资料重放光彩,成为社会公用之物,以发挥其应有的价值,是每一个知情者都会考虑的事情,也是我们当今方志工作的旧志整理课题中应有之义。随着此类目录在手头积累日渐增多,笔者越来越意识到,如何将各地发掘出来的这些沉睡之志书"激活",公诸学界,以发挥其效用,是作为全国修志的中枢机构,笔者所在的中国地方志指导小组办公室义不容辞的责任。故曾建议领导,将此事纳入工作规划之中,无奈这个建议未引起重视。笔者不甘心,于是便自不量力地萌发了一个想法,先把此事开发成一块"自留地":以个人名义,邀集志界一些朋友、同好,将这些志书的提要先做起来,以一定的形式公诸于世,让更多的人知道有这样一部部志书的存在及其价值所在。

这个工作从 1990 年夏天着手启动。开始时想得比较简单,以为拟定一个"编写原则"(凡例),附上两三个例条,发到藏书单位及相关个人手中,提要稿便会很快返回,在来稿的基础上进行一番编辑加工,便可告成。笔者最先的运作方式是,分别给一些关心旧志整理的朋友写信,向他们说明意向和要求。启动之初,看来是比较顺利的。凡经我书信相邀约者,大多都给予了积极的回应。如江苏的张乃格、姚伟,山东的王桂云、王复兴,贵州的张新民,安徽的宫为之,新疆的胡正华,广西的陈相因、廖盛春,江西的何明栋、刘柏修,云南的宋永平,甘肃的刘雁翔,山西的梁锦秀、刘伯伦,广东的李默等,都给予了积极支持。他们一般先是按规范要求,提供所掌握的稀见方志书目,由笔者综合平衡,确定分工后,或由他们亲自撰写,或由他们再组织人来写。这样陆陆续续便辑得了提要稿近200篇(每书一篇)。

但要做成一件事情,正如古人所说,"成如容易却艰辛"①,"览之者初疑其易,而为之者方觉其难"②。随着最初一批稿件的到来,再要进一步继续推进的时候,遇到的困难就显现出来,进度也随之慢了下来。究其原因主要有两个:

一是这一类志书确实过于分散,任何个人或少数几个人都难以完成。因为未能纳入中国地方志指导小组办公室的规划之中,不能以组织出面与各省的修志机构联系,要求配合,故参与者都只是朋友之间联络的个人行为。而由我个人出面去联络,难度确实很大。如果仅仅是需要联系的人数多、工作量大,还可以用持之以恒来慢慢解决的话,那么更难的还在于,非知根知底、确知其能胜任此事者,不敢轻易相约。怕写来的稿子不合用,反而黏在手上,拿不起放不下,没法交待。有些明知其能胜任者,又因他们手头另有工作等等原因,无法参加。

二是经费没有着落。当时学术著作出版比较困难。笔者手头掌握的这一千七八百个条目,经过慎选要写提要的,起码也在一千五百条以上。以每条平均千字计,总共就有一百五六十万字。除了给出版社的出版补贴,还得要考虑给条目撰写者的稿费,费用数目可观。

基于此,笔者不得不放慢节奏,另外想办法。直到1999年,才想到公开倡导、求助合作的方式。于是在当年《中国地方志》第3期上,公开发出了那份《关于合力编纂〈中国稀见著录方志提要〉的建议》,"请大家合力来完成这项有意义的项目。也希望有条件的实业家给予资助,使这一项有益于后人的大型文化工程得以实现"。此建议一出,虽得到一些专家和方志工作者的鼓励(如陈桥驿先生不但写信给予鼓励,而且还推荐适当的合作者),但毕竟是赞成者多,能投入实际工作者少。加之笔者2000年已经退休,此事也就慢慢冷了下来。故直到现在,不得不处于停顿状态。对朋友们前期写来的几百个条目,压在手头还无法处理,只有愧对朋

---

① (宋)王安石:《题张司业诗》。

② (唐)刘知几:《史通·内篇·叙事》。

友了。

退休之后，悠游林下，但总心有不甘，于是慢慢地进行整理，做成了目前的这份《稀见著录方志书目过眼录》（仅限于印行的文本有据者，友人来往信件中提供者未便列入）。

本书限于其性质，所著录的内容虽然从简，但书中还是反映了若干值得注意的信息，这些信息即是本书的价值所在。

第一，收录了一些未被视为地方志书之作。《联合目录》编纂时，一些专记某地的地情（包括自然和人文历史），实属方志性质之书，人们也知道它的存在，属于并不鲜见，甚至是尽人皆知的，但却被视为笔记、杂著一类，故未予收录。明显者如唐代莫休符纂的《桂林风土记》，原书三卷。从现仅存的一卷来看，其所记包括古今事迹、山川、古迹、冢墓、庙观、人物等内容，当属方志之书。又如宋代张敦颐撰的《六朝事迹编类》十四卷，专记南京地区从吴到东晋、宋、齐、梁、陈六朝的事迹，包括六朝兴废、建都、宫殿、郊社、郡国、保守、形势、城阙、楼台、江河、山冈、宅舍、灵异、神仙、寺院、庙宇、坟陵、碑刻等目。此外，还有如清陈文述的《秣陵集》、清顾禄的《清嘉录》等，都属于这一类之书。仅徐复、季文通先生主编的《江苏旧方志提要》中，收录这一类的志书就达数十种之多。

第二，《联合目录》的编著凡例规定："收录范围包括通志、府志、州志、厅志、县志、乡土志、里镇志、卫志、所志、关志、岛屿志等。凡具有方志初稿性质的志料、采访册、调查记等均予收录；山、水、寺庙、名胜志等不收录。"该书编纂者在执行这条规定时，由于多数书都不可能直接寓目，由各地提供来的条目稿子，所著录内容仅有书名、编纂者及收藏情况，没有内容提要，难以断定是属于哪一种类型的志书。故将一些按书名看，似属《联合目录》收录范围之外的专志、杂志，而实际内容却是在其收录范围之内的区域综合小志等，排除在著录范围之外了。现在收集到的志目中，就有一些从书名上看，似属于凡例明确规定不当收的山、水志一类，但其内容实际上却是地区性的综合志书，是符合凡例规定，当收入的里镇志、岛屿志一类的志书。

以山志之名出现者，如明顾世登、顾伯平辑的《［万历］毗陵高山志》，其类目包括山境、土产、地里、风俗、勋略、文章、才学、征辟、仙释、灾变、异事、志余等，几乎都是人文方面的内容。前人就已指出，其"志高山者，志一乡也"[①]。又如清顾嘉誉的《［雍正］横山志略》，从书名看也是山志，但其所记内容，包括水道、桥梁、村庄、土

[①] 徐复、季文通主编：《江苏旧方志提要》，江苏古籍出版社，1993年版，第233页。

产、古迹、寺观、第宅、冢墓、人物、灾祥、杂记等，专门记山的一个条目也没有。[①] 它实际是江苏吴县横山一地的一种小志，属于应当收录的里镇志一类。属于这一类的，仅江苏一省之内就还有清许梿等纂的无锡《重修马迹山志》、清陈作霖撰的南京《[光绪]凤麓小志》、陈诏绂编纂的南京《[民国]石城山志》、秦长奎撰的吴县《[民国]东山杂录初编》等。

以水志之名出现者，如明沈敕纂的《[嘉靖]荆溪外纪》二十五卷，看似水志，实际是以荆溪作宜兴的别称。从内容看，是以艺文为主，人物次之的一部宜兴志，绝不当归于水志之中。又如夏仁虎纂的《[民国]玄武湖志》八卷，包括往迹、人物、艺文、名胜、物产等目，也是应当在其收录范围之内的，而不是一部单纯的水志。

第三，一些或收入丛书之列，或纳于文集之中，或附刻于他书之内者，无论是否以志书名称出现，但内容确属方志一类之书，却被《联合目录》漏收了的。收入丛书者，如南朝梁吴均纂的《吴兴入东记》，收入清人的《范声山杂著》中。入东，本是故郡东境地（今吴兴犹有入东乡）。"《入东记》，以辨山川故实"，"为长兴乡村志书之始"[②]。元吴师道纂《[至正]敬乡录》二十三卷，乃是补宋洪迈《东洋志》的，收入《适园丛书》中。明人叶绍袁纂的《湖隐外史》，即《吴江分湖志》，收入《国粹丛书》第三集。杨绍翰增订的《[民国]路桥志略》，收入《崇雅堂丛书》。

收入文集者，如明万历时李化龙主修、王守诚纂的《嵩志》二卷，就收在《周南太史王公遗集》中；广东的《[道光]连山厅志》是很有价值的一部志书，就收入《且看山人文集》中。尤其值得注意的是，有一部南宋李俊民纂的《泽州图记》。书未分门目，首记泽州和所属晋城、阳城、端氏（今沁水县东）、高平、陵川、沁水六县的建置沿革及州名来历，次述四至，次述户口，次述兵燹、市井等，是一部体例、篇目都比较完备的志书。查纂者李俊民大概生活在南宋孝宗淳熙三年（1176）至理宗景定元年（1260）间，则此书实属一部至为可贵的南宋时期的志书。此书原收入李俊民的《庄靖先生遗集》，后又收入山西省文献委员会辑的《山右丛书初编》。附刻于它书之后者，有一部元王思诚纂的《[至正]河津县总图记》。此书首记河津县建置沿革，以下依次为户口、风俗、里至、坊乡、交通、寺庙、古迹、山川、人物、赋税、土产、旌表等，体例和篇目比《泽州图记》更为完善。全文仅1800字，原单刻与否不得而知，今存者是附刻于《[光绪]河津县志》卷十一中的。这两部宋元志书，1990年中华书局编辑重印的《宋元方志丛刊》也未收入。

附刻于谱书之内者，更是不乏其例。如明代周时复撰的《间史》、周其新撰的

---

① 徐复、季文通主编：《江苏旧方志提要》，江苏古籍出版社，1993年版，第326页。
② 陈光贻：《稀见地方志提要》，齐鲁书社，1987年版，第477页。

《顾山镇记》,都附刻于《顾山周氏宗谱》中。清孙尔嘉撰的《[道光]甲山志略》,附刻于《甲山北湾孙氏宗谱》中。这一类之中更值得注意的要数《[康熙]卯洞司志》。这是土家人修纂的一部土家族的地方志。清代的卯洞安抚司,是鄂西诸土司中很小的一个,境域只相当于现在两三个乡的范围。该司自明初即"抚有此土",到清康熙时已历十三世,到改土归流时的末任卯洞安抚使为向舜。志书的修纂者是其胞叔、权司中军向子奇和其堂叔、庠生向从清。志书两万余字,是研究土司制度、土家族历史、土家族志书难得的资料。本次修志就是从向氏后人向正彬纂修的《向氏族谱》中获得的。①

第四,本书所收《联合目录》未著录的志书条目中,有一批是近20年才从国外引回来的。新中国成立后,有计划地从国外引回流失的古籍(包括大量的地方志书)方面,已经做了不少的工作。20世纪80年代以前由中国科学院从日本摄制回来的那批志书100多种,均已著录于《联合目录》之中。自此以后,又先后由私人从国外引回一些。这之中,年代最早的志书,要数福建的《[隆庆]惠安政书》。这是明隆庆时惠安知县叶春及纂就的一部"历史上少见的县长政治笔记",是"一部体裁别具,很有特色的地方志书"。该书在国内早已不存。1981年厦门大学明清史专家傅衣凌教授,从日本东洋文库复印回国,1984年由惠安文化馆、图书馆与泉州历史学会合作重新印行。②

由私人从国外引回的还有另一部福建省志书,是《[乾隆]鹭江志》(不是属于水志,而是记述鹭岛史事的一部综合小志,属于《联合目录》当收录范围之内者)。这部刊行于清乾隆三十四年(1769),由薛起凤、杨国春、黄名香合纂的志书,国内仅南京图书馆残存卷三的数页,故《联合目录》未予著录。而荷兰莱顿大学汉学研究院却藏有卷一、三、五三册。1996年11月,厦门大学历史研究所林仁川教授应邀赴荷讲学时,从该院图书馆复印回国,已于1997年整理出版。③

20世纪80年代开始修志之后,最先从国外引回志书,而且引回志书种数最多的,是杭州大学的著名地理学家、方志专家陈桥驿教授。他先是于1980年从美国引回浙江的《[乾隆]越中杂识》。这部海内孤本志书,是陈桥驿先生出国访问时,通过美国友人、斯坦福大学施坚雅教授,从美国国会图书馆复印回归的,1983年已由浙江人民出版社标点出版④。此后,陈教授又先后通过日本友人斯波义信教授从日本宫内省图书寮、东京大学东洋文化研究所,引回《[康熙]常山县志》(抄本)

---

① 张兴文:《〈[康熙]卯洞司志〉概览》,《中国地方志》1989年第1期。
② 蔡永哲:《叶春及与〈惠安政书〉》,《福建地方志通讯》1984年第3期。
③ 详见《厦门方志通讯》1986年第1期;《社会科学报》1996年12月5日。
④ 陈桥驿:《越中杂识(代前言)》,浙江人民出版社,1983年版。

的缩微胶卷①和《[光绪]新市镇再续志》②。他不但自己利用各种机会做这个工作，还让其在国外学习的学生也一起来做。1987 年年底，他通过在美国学习的研究生乐祖谋，从美国斯坦福大学图书馆，将《[康熙]象山县志》复印回国。③ 后又通过其在日本学习的另一个学生钟翀，为甘肃天水市志办引回《[顺治]秦州志》。

通过私人从国外引回的志书，除了上述福建和浙江的几部外，还有江苏、宁夏和广东各一部。江苏的《[崇祯]江阴县志》八卷，原藏于燕京大学。早在 1936 年，正在燕京大学就读的邑人王伊同遵从父命，重金觅工抄得一套副本，赠存于江阴民众教育馆，不幸于日本侵华时毁于战火。其原本于 1948 年移往美国，藏于哈佛大学燕京图书馆，遂成孤本。1987 年 6 月，侨眷章紫女士受江阴市志办之托，得到在美国任史学教授的王伊同先生及哈佛大学图书馆馆长吴文津先生的通力合作，复印后又由章紫女士带回国来。《[宣德]宁夏志》是宁夏社会科学院副院长、方志学家吴忠礼先生，通过日本京都大学图书馆馆长、语言文学部主任、著名西夏学学者西田龙雄先生翻拍回来的。经吴先生作笺证后已由宁夏人民出版社正式出版。广东的《[嘉靖]程乡县志》八卷，也是通过私人从日本东洋文库引回，由中山图书馆王洁玉、林子雄和梅县剑英图书馆程志远、谢维怀重新标点出版。

除个人行为外，一些学术机构的努力也颇有收获。1987 年，新疆社会科学院与日本学者的学术交流中，接受了日本学者片冈一忠先生赠送的《林出贤次郎携来新疆省乡土志三十种》一书。20 世纪初，日本政府为其侵略服务，曾派遣人员秘密进入我国西北等地进行"调查"。受遣者之一的林出贤次郎曾两次深入我国天山北路，达七个月之久，回国时携去了当时从新疆抄得的《乡土志》30 种。20 世纪 80 年代中期，学者片冈一忠先生经过努力，将这 30 种新疆地方志中文原本编为一书，付梓刊行，使之得以面世。1987 年，日本学者梅村坦先生访问新疆时，片冈一忠先生为此书亲笔题词，委托梅村坦先生转赠新疆社会科学院，使这批外流达七十余年之久的地方志书，得以重新回归，体现了一位正直学者的良心与忠诚。这 30 种乡土志中，有 4 种是《联合目录》未予著录的。④ 广西的《[万历]殿粤要纂》，是一部兵要地理图说，流落日本，国内无藏。20 世纪 50 年代，国家图书馆从日本复制得胶

---

① 陈桥驿：《从日本引回〈[康熙]常山县志〉纪略》，载《陈桥驿方志论集》，杭州大学出版社，1997 年版，第 232 页。

② 陈桥驿：《〈新市镇志〉考录》，载《陈桥驿方志论集》，杭州大学出版社，1997 年版，第 226 页。

③ 《浙江省流落在海外的两种孤本方志》，《浙江方志》1988 年第 4 期。

④ 〔日〕片冈一忠：《〈林出贤次郎携来新疆省乡土志三十种〉解说》，章莹译载于《新疆地方志通讯》1988 年第 2 期。笔者按，原文说这 30 种，与中国现存的 31 种相对照，有 8 种是国内所没有的。经笔者与《联合目录》对照，只有 4 种是《联合目录》未著录的。

卷。1991 年 1 月，广西壮族自治区通志馆资料室通过时在广西社会科学院历史所实习的日本留学生菊池秀时，从日本内阁文库复印回来。

第五，现在所收集到的这些志目，虽是《联合目录》漏收的，带有"编余"或"补缺"性质，但其史料价值和珍贵程度却是不容忽视的：

本书中著录的志书，不少是劫后余存者。中国的志书与其他的古籍、古物的遭遇一样，命运多舛，历经劫难。这些劫难，有的是无知或不肖子孙的随意糟蹋；有的是长期保存中遇到的水火、虫蠹的侵蚀；有的是战争的破坏或兵燹、匪祸的毁坏；近代以来又有帝国主义侵略者的恣意掠夺；更可怕者还是有组织、大规模的政治性的浩劫，如清朝"文字狱"中的大量焚毁和当代"文化大革命"中的"破四旧"。所以，从广义上来说，今天这里著录的这些存世的志书，大都可以说是劫后余存者。但笔者在这里用的"劫后余存"，不是就中国志书的总体命运而言，而指的是未入《联合目录》一本本志书的具体历险。下面的几例或可有助于加深人们对这一问题的具体认识。

山东邹城市有清董纯主修、马星翼纂的《［道光］邹县志稿》十八卷（未刊的手抄本）。过去人们虽知曾修有此书，但已经是久觅不获。直到 20 世纪 70 年代末的修志开始后，市志办的同志历尽艰辛，在全国各地所能见到的大小志书目录中均未查得，都以为该书已经亡佚。后来由市文物局的王轩先生献出。它是王先生于 20 世纪 50 年代末在一家饼铺中赎回来的。当王先生见到时，饼铺的主人正撕作包饼售人之用，封面、序文、目录及图版部分已经不存，所幸的是尚未毁及正文。现已纳入由该市六位退休老人自费标点出版的《历代邹县志十种》，重新印行面世。① 与本志几乎完全相同经历的还有一部安徽的《［民国］颍上县志稿》。是稿于民国三十二年（1943），由仇天民、张星桥、常良伍等纂修成后，交由许敬涵先生保存。1951 年冬许先生病逝后，其族人某竟将志稿全部盗出卖与市人包物之用。纂者之一的张星桥先生见到后，深感痛心，遂解囊将残余部分赎回，方未使其泯灭。② 清何宗轮修、赵彝凭辑《［光绪］桐梓县志》三十卷，修成未刊，稿存于私人之手。据藏稿者的后人称："桐城历遭兵匪祸、□祸，前后不下八九次。每次避祸，负书出走，合家母子及诸弟妹，莫不视同生命，寝食不离。"③

江苏有一部干人俊辑的《［民国］睢宁新志稿》二十二卷。其书的特点在于经济史料居太半，在风俗门内，记载了民国以来的新式婚丧礼仪，至为珍贵。但在"文化大革命"中被"破四旧"的"红卫兵"抄出。正欲焚烧之际，县图书馆馆长李春明

① 诸葛计：《六翁辑点〈历代邹县志十种〉序》，《志与鉴》1996 年第 3 期。
② 诸葛计：《鼹鼠迹——诸葛计为学自选集》，中国社会科学出版社，2015 年版，第 173 页。
③ 翁仲康：《〈［光绪］桐梓县志〉最近在遵义发现》，《中国地方志》1989 年第 1 期。

先生冒险抢出两册(卷一至十),另外两册至今下落不明,不知是否尚存人世。河南省有一部《[民国]杞县志稿》,原存于本县,还是在"破四旧"中,也几遭焚毁。幸得县文化馆的文物保管员张保珠先生悄为收藏,才幸免于难。江苏程国昶、邵彩纂修的《[雍正]泾里志》十一卷,原存于江阴长泾袁振宁家,也是在"破四旧"的烈火中抢救出来的。福建林森主修、林翰西纂的《尚干乡族风物志》,稿成之后为编者之子林伟功珍藏。"文化大革命"中被焚。后福州郑丽生从旧书肆中将上卷部分购回,仍交林伟功复制保存。

像这样经历的志书,我们称它们为劫后余存者,恐怕是不过分的。在所收的这份目录中,像这样历经艰险,几遭毁佚而被抢救回来的志书,绝非仅此所举的这几部。

第六,大量存留民国时期修撰的稿本尤足珍贵。民国时期是中国方志发展的一个新时期,曾出现过一个修志的小高潮。民国时期到底给我们留下了多少地方志书,目前尚无一个确切的数字。就是根据《联合目录》所著录的进行统计,也有不同的说法。有人说是 1187 种[1],有人说是 1571 种[2],又有人说是 1705 种[3]。由于统计标准的不一致,出现这些不同的说法是不足为奇的,可以姑且不论。在这里,笔者要说的是《联合目录》所收录的民国方志与实际情况还有不小的距离。仅据笔者按照其凡例规定的标准所收到的志目进行粗略统计,民国时期该收而未收的条目近 400 条之多,除了七部省志及其他一些杂志外,正式的市、县志书或志稿就达 137 部之多。属于陕西省的有 19 部,其次是山东的 14 部,浙江的 10 部。除了湖南、青海、西藏尚未发现外,其余都有三部、五部不等。这一百多部市、县志当中,直到上届修志以来,部分重新整理出版之外,有相当一部分还是未刊的稿本。

民国时期是中国方志发展的一个新时期,但也是政治和社会动乱的一个时期。前有军阀混战,中有日本侵略者的入侵和全民族的八年抗战,后又有三年之久的国内战争。在这样一个动乱的环境之中,进行修志实属不易(有些志书就是在日本飞机的轰炸声中,在摇摇欲坠的办公屋内完稿的)。所以许多地方的志事不得不几起几落,或是半途中辍,或是稿成而不能出版。已经修成的志稿,在战乱中残缺或散失者又不知凡几。本来,在这样的环境中修成和存留下来的志书、志稿,已属珍贵。可是,在新中国成立后,由于我们自身认识水平的限制和"左"的思想危害,又损坏了一批志书、志稿。尤其是"文化大革命"中,打着"破四旧"的旗号,对古代文化典籍的破坏,其所造成的损失更是难以计数。在国民政府留下的档案资料极其有限

---

[1]　仓修良:《方志学通论》,齐鲁书社,1990 年版,第 407 页。

[2]　黄燕生:《中国历代方志概述》,《中国地方志综览》,黄山书社,1988 年版,第 434 页。

[3]　吕志毅:《方志学史》,河北大学出版社,1993 年版,第 381 页。

的今天,任何一个地方新发现一部未刊或未见著录的志书、志稿,哪怕只是一些残篇零稿,都被认为是对民国时期某一地资料的重要补充,被视为是难得的小档案库。这些仅存的任何一项硕果的出现,都会令学者们兴奋不已。更何况是数以百计的志书、志稿的重新面世呢?

这些民国志书、志稿中,有的经历之曲折,又别有许多令人感动的故事。如陈光烈纂修的民国广东《南澳县志》二十五卷,1945 年修成后,由许伟斋、陈汉英、杨世泽三人收藏。1950 年被当作"敌伪反动档案"焚毁(仅剩 8 页)。好在纂者陈光烈为继续修改而留了一个副本,1949 年携去香港,得以保存于香港大学冯平山图书馆。① 梁杓、潘一志等编纂的民国贵州《荔波县志》,民国三十三年(1944)定稿未刊,仅存手抄本两部:一部因日寇犯境,由潘一志藏入山洞,致使潮霉坏了不少;另一部则下落不明。② 佚名修纂的民国新疆《奇台县志》,修成后稿本曾一度失传,1958 年在一家邮电局的散乱文件中寻得,1959 年送存于昌吉州政府,"文化大革命"中又散失。1989 年修志时,才又在一堆待处理的散乱文件中寻获。

安徽省有一部《[民国]嘉山县志稿》的经历,更是动人心魄、感人至深。这是清末老同盟会员汪雨相先生的手稿。为了写这部志稿,他曾亲自骑毛驴到四县交界的边沿地区和县境的穷乡僻壤进行实地采访调查,在县内一些热心的有识之士协助下,历三年而成志稿 18 卷。时值抗日战争爆发,他率全家奔赴延安,家产均弃,唯携此 18 卷志稿北上。行至西安,为轻装防意外,他忍痛舍弃亲骨肉,命儿子道涵(解放后曾任上海市市长)将孙儿、孙女都送西安育婴堂,任人领养,自己却将这部志稿带到了延安。在此后战火纷飞的岁月里,手稿随他南征北战,1949 年又带进北平(今北京)。直至 1960 年,才将这部手稿送回到嘉山县人民政府保存。

第七,本书中著录的志书、志稿,还有一点值得注意,那就是稀见的志书、志稿,有相当数量是存于私人藏书楼,基层的县图书馆、文化馆、文管所、档案馆、博物馆,甚至于县政协、公安局、教育局、水利局、中学学校里。有不少是在新中国的修志中,才从私人手中重新出现的。有的是由个人呈送到地方相关部门。如新疆《[民国]沙雅县志》(草稿),是李征先生 1963 年献给新疆自治区图书馆的;辽宁《[乾隆]建平县志》三卷,是安徽广德县苏村石学华和郎溪县姚村乡石凤英二人,献给郎溪市志办的;广西《[民国]那马县志草略》(手稿),是原纂者林锦臣先生之子林世就老人于 1980 年献出的,现已标点整理出版。有的是修志工作者或图书馆工作者,根据一些蛛丝马迹,经过悉心寻访才得到的。如云南省有一部梅花老人郭燮熙

---

① 陈春生:《一部鲜为人知的县志——介绍民国三十四年〈南澳县志〉》,《广东史志》1986年第 3 期,第 40 页。

② 蒙明儒:《〈[民国]荔波县志稿〉简介》,《贵州地方志通讯》1986 年第 3 期,第 2 页。

修撰的《[民国]镇南县志》,就是县志办和地名办的同志,先获得一些信息后,找到民国时的县教育科长高狱先生,通过他又辗转找到当时任教育科科员的蔡长祜先生才访得的①;江苏《[民国]江浦县新志稿》,是 1982 年在一位江浦籍寓沪的先生处访得的;江西《[道光]永丰县志》,是从宋俊德家中发现的;江苏《[民国]睢宁县志稿》的原稿本,是从哈尔滨中国船舶工程学院(今哈尔滨工程大学)姚明先生处得到的,转抄本是从睢宁教师进修学校郑建华先生处得到的;江西《[民国]大余县乡土志》,是在大余中学找到的;云南《[道光]姚州志》,是从云南宜良县一位电工家中访得的,等等。据笔者目前所知,这个目录中尚存于个人之手者,起码不下于 20 部之多。

古籍、古物有其自身的运行规律:乱世沉于家,治世藏于国(政府)。中国的古籍,经历清末和民国的乱世,有的流散于国外,有的散落于私家。这样的命运,既是民族的悲哀,也是古籍的悲哀。流失于国外者自不必说,流散于私家,甚至存藏于基层者,都是极不利于保存传世的。对于这些人们不知其有存者的志书、志稿,加以收集整理,实是我们义不容辞的责任。

曾记得,1984 年,当陈桥驿先生从美国引回的孤本志书——清代乾隆本《越中杂识》在国内排印出版时,我国负责古籍整理领导工作的李一氓先生,曾以十分兴奋喜悦的心情说,这"对古籍整理是很大的贡献"②。从上述的情况不难看出,我国仅地方志这一类的古籍之中,有待于进行整理的就已经很多了。这便是我 1999 年提出那份倡议的原因,也是今天退而求其次,还要将本书出版的心意。

关于本书之编纂原则,书前之凡例开列有九条,可以作为自己开展工作的基本规范。其中的第六条有"个别情况特别需要者,缀以简要文字,略加说明"。何谓"情况特别需要者",语焉未详。为尽可能地减少读者使用时的麻烦,故在不少条目中,都缀有一些说明性的文字。大致说来有以下几类:

1. 为了界定志书的属类,确定其当录入本书目者。如山东"栖霞新志"条,缀有"是志为一镇志。编志时栖霞镇属江宁县东北第一区"。

2. 确定同书异名之所采择者。如新疆"沙州伊州地志"条,缀有"此志于唐光启元年(885)十二月二十五日由张大庆抄录一过。现存其残卷文字 86 行,于清末为英人斯坦因从敦煌劫至英国,藏于不列颠博物馆,编号为 S.936。中国社会科学院历史研究所存有复印本。20 世纪 30 年代,日本学者羽田亨经研究,定名为《沙州伊州地志》。录自刘纬毅《中国地方志》(新华出版社,1991 年版)第 59 页。仓修

---

① 详见《楚雄方志通讯》1984 年第 3 期,第 26 页。
② 李一氓:《三论古籍和古籍整理》,《文汇报》1984 年 5 月 10 日。

良在《方志学通论》(齐鲁书社,1990 年版,第 258 页)中认为,书名应作《沙州伊州图经》为是"。

3. 注释那些因建置演变而造成所志地域难明者。有的注得很简单,如广西"思恩府图说"条,仅缀"今武鸣县地也";山东"东原考古录"条,仅缀"东平,古名东原"。也有注得较长一点的,如湖北"云杜故事"条,缀有"历史上的云杜县,故治在今湖北省沔阳县西北。南朝梁以后省。此可视作京山县之旧志"。

4. 有别处建置同名,确定系此而非彼者。如黑龙江"长寿县乡土志"条,缀有"清时吉林宾州府有长寿县,以东南境有长寿山、长寿河,故名。民国时以与四川之长寿县同名,故改为同宾县"。

5. 确定所著录的非《联合目录》已著录者。如辽宁"宽甸县乡土志"条,缀有"陈加于提要中辨明,《联合目录》第 136 页著录者,为马梦吉修,郑英澜于清光绪三十二年(1906)修纂成,有清光绪三十二年八月呈送本。此本则系清光绪三十三年八月重辑呈送本,记事至清光绪三十三年春。两者列目不尽相同"。

6. 所收录者,有补、续、增、节之区别,行文中亦予以说明。如广西"永淳县志"条,缀有"《总目提要》20 - 24 阳剑宏提要,谓有民国九年(1920)抄本,增补了《[民国]永淳县志》主修黄天锡的《咸丰丁巳黄氏列难先烈墓志》一文。由此可见,《联合目录》第 718 页著录的民国十三年(1924)抄本之前,已有清光绪二十六年和民国九年两个抄本了"。

7. 有交待志书经历非同寻常者。如福建"鹭江志"条,缀有"有清乾隆三十四年(1769)刊本,但国内罕见。20 世纪 20 年代,学者薛澄清曾登报公开求觅,未果。20 世纪 30 年代初,《厦门图书馆馆声》亦曾刊登《征求鹭江志启事》,无回音。20 世纪 40 年代初,李禧先生又以个人名义再次登报寻求,仍是无回音。进入 20 世纪 50 年代后,参加地方志编写的学者,又在全国各大图书馆、藏书阁、藏书家中广泛搜寻,依旧踪迹杳然。直至 1968 年 11 月,厦门大学历史研究所林仁川教授,应邀到荷兰莱顿大学汉学研究院讲学时,才在该学院图书馆发现,并复印回国"。

8. 对于不同渠道所获信息中,存有疑似、交叉、歧异,甚至矛盾,尚不能辨析清楚而存疑义者,本着"疑以存疑"的原则,录其一说,均缀"录以待考"、"待考确"等字样。如内蒙古"包头市志"条缀有"《内蒙古旧地方志第一类目录》(载《内蒙古旧志整理》(第一辑),第 6 页)著录作:佚名修纂,似日伪时作品。包头市大北纸庄印制的线装本有孙斌跋。有稿本存于内蒙古自治区图书馆、包头市档案馆。李绍钦《包头市方志考评》(载《内蒙古方志概考》,第 57 页)著录为,刘澍修、孙斌纂,市志共十卷,1942 年成书。是否为同一书,待考确"。

诸如此类的问题,书中还有不少,或许比这更大的问题也还有。总之,本书是既没有做到应有尽有,也做不到应无尽无,所以这只能算一个曾经过眼的草目而已,尚祈师友及读者谅察。要真正做到将这类志书激活以发挥其效用,是要有相关部门出面,组织社会力量,通力合作,才能够完成的。是我所愿,更是我所期盼的。

诸葛计

2015 年 6 月于北京天通苑五桐斋

时年七十又六矣

凡　例

第一，本书所著录的方志均是《中国地方志联合目录》(以下简称《联合目录》)未著录者。

第二，为便与《联合目录》核校，本书所据国内行政区划及名称，悉依《联合目录》原用之区划、名称。如海南省仍属广东省、重庆市仍属四川省，省下已有变动者，亦然。

第三，每一条书目后，标注"联目□(页码)"，表示该条书目如若著录，当植入《联合目录》相应之页。个别难以确定在《联合目录》中相应位置者，列于该省之末。

第四，各条著录内容，尽可能依次注明该志书所属之时代、朝代，修、纂、撰、辑者，修纂年月、版本，现存藏处所(个别所据资料中原缺某些要素者，不得已而仍其旧)。

第五，凡在《联合目录》已著录原本基础上进行摘录、挖补、增补、续刻者，均作稀见著录志目视之，加以著录。

第六，所著录之志书各条，一般不涉及志书的内容及评介。个别情况特别需要者，缀以简要文字，略加说明。

第七，一些著录要素存有疑似、差异、分歧，一时难于考确者，均注明，录以待考。

第八，书中引用的著作，只在第一次出现时注明出版社和出版时间，以后再出现时，则不再注明出版社和出版时间。

第九，书末附有《书名笔画索引》，以便读者检索使用。

目　录

北京市

［万历］宛署杂记二十卷

联目 1

（明）沈滂撰

有明万历二十一年（1593）刻本。原书国内久已不见藏本。1941 年傅芸子先生发现日本尊经阁文库有藏。后北京东方文化委员会人文科学研究所从日本摄回胶卷，存于中国科学院文献情报中心。1961 年北京出版社点校铅印。1980 年北京古籍出版社出版。1992 年收入中国书店出版的《稀见中国地方志汇刊》。录自谭烈飞主编《北京方志提要》（中国书店出版社，2006 年版）第 26 页。冯秉文《北京方志概述》（吉林省地方志编纂委员会、吉林省图书馆学会，1985 年印行本）第 46 页，崔建英《日本见藏稀见中国地方志书录》（国家图书馆出版社，1986 年版）第 1 页，金恩辉、胡述兆主编《中国地方志总目提要》（汉美图书有限公司，1996 年版）（以下简称《总目提要》）1－8，陈光贻著《稀见地方志提要》（齐鲁书社，1987 年版）第 49 页，均有著录并提要。

［崇祯］帝京景物略八卷

联目 1

（明）方逢年定　（明）刘侗、于奕正修

有明崇祯间刻本，北京大学图书馆有藏。录自王重民《中国善本书提要》（上海古籍出版社，1983 年版）第 196 页。

［康熙］日下旧闻四十二卷

联目 1

（清）朱彝尊撰

有清康熙二十七年（1688）刻本。录自金恩辉、胡述兆主编《总目提要》1－6。冯秉文《北京方志概述》、谭烈飞《北京方志提要》两书"日下旧闻考"条均有述及。

［乾隆］日下旧闻考一百六十卷

联目 1

（清）于敏中等编纂

清乾隆五十至五十二年(1785—1787)刻成。有北京古籍出版社 1985 年排印本。录自冯秉文《北京方志概述》第 34 页。谭烈飞主编《北京方志提要》第 29 页、《总目提要》1－6,均有提要。

日下旧闻录一卷

联目 1

(清)佚名撰

录自《北京历史风土丛书》第一辑,见《中国丛书综录》第二册,第 523 页左栏。

天府广记四十四卷

联目 1

(清)孙承泽纂

纂者为明末清初人。国家图书馆存有清抄本,北京师范大学图书馆存有旧抄本。常见的有北京出版社 1962 年版及北京古籍出版社 1982 年标点本。录自谭烈飞主编《北京方志提要》第 26 页。《总目提要》1－6 有冯秉文提要。

顺天地略一卷

联目 1

(清)马冠群撰

收入《小方壶斋舆地丛钞》再补编第一帙。录自《中国丛书综录》第二册,第 524 页左栏。

[民国]北平志略

联目 1

佚名纂修

约民国二十年(1931)左右修,有稿本存于中国社会科学院考古研究所。首都图书馆存有胶卷。录自河北大学地方史志研究室编《河北历代地方志总目》(河北人民出版社,1989 年版)第 343 页,列为《现存书目》。

[民国]北京市志稿一百五十七卷

联目 1

吴廷燮、夏仁虎等原纂

此志卷数据见白化文《新版〈北京市志稿〉评介》(载《古籍整理出版情况简报》

1998 年第 10 期,第 29 页)。原稿存于北京市文物局。整理本于 1998 年 10 月,由北京燕山出版社出版。录自谭烈飞主编《北京方志提要》第 33 页。

北京志三十九章

联目 1

〔日〕服部宇之吉总纂　张宗平、吕永和译　王国华审定

亦有著录为《清末北京志资料》者。1908 年 12 月出版日文版,1994 年 2 月有北京燕山出版社出版的中文版。录自谭烈飞主编《北京方志提要》第 320 页。

燕城胜迹志一卷

联目 1

蔡绳格撰

收入《中国史迹风土丛书》。录自《中国丛书综录》第二册,第 523 页右栏。

京都风俗志

联目 1

(清)让廉撰

有清光绪间抄本 1 册。又有 1981 年北京古籍出版社标点本。录自谭烈飞主编《北京方志提要》第 98 页。

燕京旧俗志

联目 1

韶公辑

民国间编成,有 1927 年抄本,存于中国社会科学院考古研究所。首都图书馆存有 1959 年重抄本。录自谭烈飞主编《北京方志提要》第 116 页。

京师五城坊巷胡同集一卷

联目 1

(明)张爵撰

收入《求是斋丛书》《北京史迹风土丛书》。录自《中国丛书综录》第二册,第 522 页右栏。

京师坊巷志稿二卷

联目 1

（清）朱一新撰

收入《拙庵丛稿》。录自《中国丛书综录》第二册，第 523 页左栏。

京师坊巷志十卷考证一卷

联目 1

（清）朱一新、缪荃孙撰

有民国七年（1918）南浔刘氏求恕斋刻本，国家图书馆、首都图书馆、中国科学院文献情报中心、中国社会科学院考古研究所、北京大学图书馆均有藏。录自台北成文出版社《中国方志丛书目录》第 51 页，河北省第一期 215。《中国丛书综录》第二册第 522 页右栏有著录，注明收入《求恕斋丛书》。《河北历代地方志总目》第 343 页著录书名为《河北省京师坊巷志》。

［乾隆］冈志一种

联目 1

（清）赵士英撰

系唯一的一部私人所著的回族志书。经北京市政协文史资料研究委员会、北京市民族古籍整理出版规划小组，据原有抄本整理（刘东声、刘盛林注释），1991 年由北京出版社出版。录自杨大业《中国唯一回族地方志——冈志》（载《中国地方志》1993 年第 5 期，第 66 页）。谭烈飞主编《北京方志提要》第 104 页有提要。

［民国］北京西郊成府村志

联目 1

金勋旭撰

仅有民国二十九年（1940）稿本，存于中国科学院文献情报中心。录自《总目提要》1－8 冯秉文提要。谭烈飞主编《北京方志提要》第 110 页有著录。

北京天桥志一卷

联目 1

张江裁辑

收入《北京史迹风土丛书》。录自《中国丛书综录》第二册，第 524 页左栏。

宛平县事情

联目 1

卞乾孙编

亦著录为《河北省宛平县事情》。有民国二十八年（1939）四月伪新民会"中央指挥部"铅印本。存于首都图书馆、中国科学院文献情报中心、天津图书馆、天津社会科学院图书馆、吉林省图书馆。录自《河北历代地方志总目》第 344 页。冯秉文《北京方志概述》第 45 页有介绍。谭烈飞主编《北京方志提要》第 73 页有提要。

［光绪］齐家司志略

联目 2

（清）王金度撰

明代设置齐家庄巡检司于宛平县，以驻地处斋堂川齐家庄而得名。地在今北京市门头沟区。

齐家司续志略

联目 2

王旭撰

以上两书抄本，先存于北京大学历史系杨立久教授处。2001 年 12 月，北京燕山出版社收入《门头沟区文物志》中出版。录自谭烈飞主编《北京方志提要》第 100 页。

河北省宛平县地方实际情况调查报告

联目 2

有民国二十五年（1936）抄本，存于河北省博物馆。录自《河北历代地方志总目》第 344 页。

［光绪］昌平州志十二卷

联目 2

（清）佚名撰

有清光绪初年草稿本，存于国家图书馆，首都图书馆存有胶卷。录自冯秉文《北京方志概述》第 78 页。《总目提要》1－9 著录作《［光绪］昌平州志稿》十二卷。

按：《总目提要》第 2 页著录有吴履福修、缪荃孙等纂《昌平州志》十八卷，与本志关系待查。

［光绪］昌平县外志稿

联目 2

（清）麻兆庆撰

有清光绪九年（1883）稿本，存于南京大学图书馆。国家图书馆存有 1963 年据南京大学图书馆所藏缪氏艺风堂本转抄者。北京大学图书馆亦存有抄本。首都图书馆存有胶卷。录自《河北历代地方志总目》第 352 页。陈光贻《稀见地方志提要》第 54 页有提要。《总目提要》1－69 有冯文秉提要。《联合目录》第 2 页有注文说及此稿，但未列专条。1963 年林守白、何宇铨再抄时作有《校勘记》一卷。

［嘉靖］居庸关志十卷

联目 2

（明）王士翘撰

是书与纂者所撰《故关志》《倒马关志》《紫金关志》合为 1 册，冠总名《西关志》。有明嘉靖二十七年（1548）刻本。录自《总目提要》1－10 冯秉文提要。

［万历］居庸关志十卷

联目 2

（明）王士翘原纂　（明）张绍魁续增

有明万历四十年（1612）增刻本。国家图书馆存卷一至五，河北省图书馆、河北省社会科学院、河北省地名办公室、河北省地方志办公室、河北省委，均存有台北成文出版社影印本。录自《河北历代地方志总目》第 347 页。

居庸关说一卷

联目 3

（清）龚自珍撰

收入《小方壶斋舆地丛钞》第六帙。录自《中国丛书综录》第二册，第 524 页左栏。

怀柔县事情

联目 3

佚名编

有民国二十九年（1940）铅印本，河北省档案馆、天津图书馆、天津社会科学院图书馆均有藏。补自《河北历代地方志总目》第 353 页。

河北省顺义县事情

联目 4

伪新民会编

民国二十八年(1939)修成,有民国二十九年铅印本,首都图书馆有存。录自冯秉文《北京方志概述》第 120 页。《河北历代地方志总目》第 355 页有著录。谭烈飞主编《北京方志提要》第 76 页有提要。

密云概况

联目 4

伪密云县公署总务科编

民国二十八年(1939)印成,首都图书馆有存。录自冯秉文《北京方志概述》第 142 页,又见《河北历代地方志总目》第 349 页。

大兴县事情

联目 5

张佩编纂

民国二十八年(1939)印成,北京师范大学图书馆、天津图书馆、河北省图书馆、河北省档案馆、河北省社会科学院图书馆均有存。录自冯秉文《北京方志概述》第 38 页。《河北历代地方志总目》第 346 页著录编者为陈佩,北京师范大学图书馆有存。

河北省良乡县地方实际情况调查报告

联目 5

佚名撰

有民国二十五年(1936)抄本,存于国家图书馆。录自《河北历代地方志总目》第 363 页。

[万历]房山县志八卷

联目 5

(明)马龙川修　(明)黄榜纂

明万历八年(1580)修,明万历十一年(1583)修成。有明崇祯十五年(1642)刻本,存于国家图书馆(仅存卷七至八)、宁波天一阁(仅存卷五至十二),首都图书馆有胶卷。录自谭烈飞主编《北京方志提要》第 37 页。《河北历代地方志总目》第 360 页有著录。冯秉文《北京方志概述》第 54、57 页有介绍。《总目提要》1 - 18 冯秉文提要著录为马永亨修。

[万历]通州志八卷

联目 5

（明）林之程纂修

有明万历五年（1577）刻本。河北师范大学存有上海古籍书店影印本。录自《河北历代地方志总目》第 357 页。

直隶通州志二十二卷

联目 5

（清）王继祖修　（清）夏之蓉纂

有清乾隆二十年（1755）刻本，存于河北省博物馆、河北省文物研究所。录自《河北历代地方志总目》第 358 页。

[民国]通县概况一览

联目 5

佚名纂

有民国二十七年（1938）铅印本，存于首都图书馆。录自《河北历代地方志总目》第 359 页。

河北省良乡县事情十二章

联目 6

卞乾孙编辑

有民国二十八年（1939）四月伪新民会"中央指挥部"铅印本，首都图书馆有存。录自《河北历代地方志总目》第 363 页。冯秉文《北京方志概述》第 72 页有介绍。谭烈飞主编《北京方志提要》第 67 页有提要。

上海市

云间人物志四卷

联目 7

(明)李绍文纂

撰成于明万历三十九年(1611)。有红丝格旧抄本,存于上海松江县图书馆。另有抄本存于上海博物馆。录自陈光贻《稀见地方志提要》第 64 页。《总目提要》9-8 有罗友松、林申清提要。

[天启]云间志略二十四卷志余一卷

联目 7

(明)何三畏编撰

有明天启四年(1624)刻本。上海市存有《志余》一卷。录自台北学生书局影印《中国史学丛书三编》(第四辑)。《总目提要》9-8 有罗友松、林申清提要。

[顺治]云间第宅志一卷

联目 7

(清)王澐撰

有清嘉庆《艺海珠尘》本,民国二十六年(1937)商务印书馆《丛书集成初编》本(第 3153 册)。录自《总目提要》9-13 许洪新提要。

[道光]云间志略

联目 7

(清)雷琳撰

有清道光二十五年(1845)宝晋斋刻本。录自《总目提要》9-8 罗友松、林申清提要。

按:《联合目录》第 7 页著录有清闵世倩纂《[雍正]云间志略》一书,除注明有抄本存于复旦大学图书馆及上海图书馆外,其他均略。其与本书关系有待查考。

[康熙]松江府志略

联目 7

佚名纂辑

记事至清康熙二年(1663),有清嘉庆四年(1799)抄本。录自《总目提要》9－7许洪新提要。

松江志稿华娄二县金石志稿二卷

联目 7

杜镇球纂

有稿本存于松江县图书馆。录自陈光贻《稀见地方志提要》第 67 页。

[乾隆]松江考志

联目 8

(清)佚名撰

有稿本,存于上海图书馆。录自《总目提要》9－13许洪新提要。

五茸志逸随笔八卷

联目 7

(明)吴履震纂

五茸为松江之别名。有清道光间抄本,存于上海松江县图书馆。录自陈光贻《稀见地方志提要》第 65 页。

五茸志逸录存一卷

联目 7

(清)姚椿辑

有姚椿通艺阁本。有王海容手抄本,存于上海图书馆。补自陈光贻《稀见地方志提要》第 66 页。

[民国]峰泖记四卷

联目 8

孙鸿熙撰

记述松江、青浦间九峰三泖地区之文献资料。撰成于民国十五年(1926)。有稿本存于上海博物馆。录自《总目提要》9-14许洪新提要。

[乾隆]沪城备考六卷

联目9

(清)褚华撰　(清)梅益征参订

原名《泽国纪闻》,又名《上海志备考》。有清光绪四年(1878)巾箱本,民国二十四年(1935)《上海掌故丛书》铅印本。录自《总目提要》9-15许洪新提要。

[同治]上海县志札记补

联目9

(清)胡怀琛撰

撰成于民国二十四年(1935)十二月,有稿本存于上海市历史博物馆。民国二十八年(1939)上海中华书局版《上海研究资料(续集)》有载。录自《总目提要》9-16许洪新提要。

[民国]上海乡土历史志

联目10

李维清撰

民国十六年(1927)撰成,有抄本存于上海图书馆。常见的有上海著易堂铅印本。补自《总目提要》9-17许洪新提要。

按:撰者先已撰有《[光绪]上海乡土地理志》,《联合目录》第10页有著录。

[民国]上海金石录

联目10

徐蔚南辑

上海图书馆存有《学林》抽印本。录自《总目提要》9-17许洪新提要。

[光绪]瀛壖杂志六卷

联目10

(清)王韬撰

陈光贻谓"不啻为上海别乘"。有清光绪元年(1875)刊本。收入民国间《笔记小说大观》,列于第三辑第四十二种,又收入1989年上海古籍出版社《上海滩与上海人丛书》。录自陈光贻《稀见地方志提要》第61页。《总目提要》9-9有许洪新提要。

［民国］上海市通志稿十一编

联目 10

柳亚子主修　徐蔚南主编

稿本存于上海市文物管理委员会（部分已佚）。录自上海师范大学图书馆《上海方志资料考录》（上海书店，1987年版，第1页）。

二十六保志（又名《高昌乡二十六保志》）四卷

联目 10

（清）唐锡瑞辑

清光绪十二年（1886）辑。原有唐氏念本堂清稿4册，后有上海师范大学图书馆1960年传抄本。录自《上海方志资料考录》第184页。《总目提要》9－19有许洪新提要。

［乾隆］西林杂志一卷

联目 10

张瑞木撰

镇志。上海博物馆藏有清抄本和民国海通志馆抄本。录自《总目提要》9－18许洪新提要。

［民国］华娄光宣志剩稿拾遗

联目 12

佚名纂

此为李恩露修、雷谱桐纂《光宣华娄县志·学校志》之补遗，记事至民国二十三年（1934），稿本存于上海松江县博物馆。录自《总目提要》9－12罗友松提要。

［民国］华娄二县金石志

联目 12

杜镇球辑

民国三十年（1941）成稿，稿本存于上海博物馆。录自《总目提要》9－13罗友松提要。

南塘志

联目 12

（清）佚名辑

有抄本存于上海松江图书馆。录自《上海方志资料考录》第 161 页。

［雍正］南汇县志分目原稿

联目 12

（清）顾天成撰

有清乾隆四年（1739）刻本，存于上海图书馆。录自《总目提要》9－24 许洪新提要。

［民国］七团乡小志

联目 13

盛和蔚纂

纂于民国十八年（1929）八月，上海川沙县地方志办公室有存。录自《总目提要》9－27 许洪新提要。

［民国］周浦小志

联目 13

姚永年纂

有 1949 年抄本，存于上海市文管会。录自沈达伟《南汇县志述略》（载《上海地方志概述》，吉林省地方志编纂委员会、吉林省图书馆学会，1985 年印行本，第 79 页）。《总目提要》9－24 有许洪新提要。

［民国］金山艺文志稿八卷

联目 14

姚光纂　高燮校注

有稿本存于复旦大学图书馆。录自《总目提要》9－25 许洪新提要。

［民国］金山县志修志体例商榷书

联目 14

高燮撰

有民国间铅印本,存于上海图书馆。录自《总目提要》9－25 许洪新提要。

张堰志十二卷

联目 14

姚裕廉修　范炳垣纂

有民国八年(1919)刻本。录自黄维明《金山县志考略》(载《上海地方志概述》第 89 页)。

［民国］奉贤县志稿

联目 14

奉贤县文献委员会编

有民国三十七年(1948)稿本(仅存卷一至十四、卷十六至二十七),存于上海奉贤县档案馆。上海图书馆存有胶卷(卷数同前)。录自《上海方志资料考录》第 131 页。《总目提要》9－22 有许洪新提要。

　　按:又有《[民国]增修奉贤县志草稿》《[民国]奉贤县志稿(整理本)》,编纂单位、提要编写者均同。《[民国]奉贤县志稿(整理本)》,有奉贤县地方志办公室 1988 年铅印本。

［宣统］奉贤乡土历史五十四课

联目 14

裴晃编　朱昂若鉴定

有清宣统二年(1910)奉贤肇文学校铅印本。录自《总目提要》9－23 黄明提要。

青邑乡土志

联目 16

佚名纂

清光绪间修,有抄本存于上海博物馆。录自吴格《青浦县志述略》(载《上海地方志概述》第 53 页)。

［民国］青浦乡土地理教材

联目 16

徐正权编

有民国十七年（1928）油印本，存于上海博物馆。录自吴格《青浦县志述略》（载《上海地方志概述》第 53 页）。

［光绪］淀湖小志八卷首一卷末一卷

联目 16

诸福坤撰　陈庆林续补

纂成于清光绪二十八年（1902）。有清抄本存于上海图书馆。录自《总目提要》9－21 许洪新提要。

［嘉庆］涂淞遗献录

联目 17

程庭鹭纂

有民国间铅印本。录自《总目提要》9－29 许洪新提要。

［民国］外冈新志简编十三卷

联目 18

陆咏荃辑　陆世益增补

陆世益于 1962 年补毕，未有刊本。有陆世益手改本，陈安邦 1962 年抄本，流传于民间。录自陈光贻《稀见地方志提要》第 77 页。《总目提要》9－30 有许洪新提要。

［同治］厂头镇志八卷

联目 18

（清）钱以陶纂

清同治七年（1868）成稿。未刊稿本 1987 年于上海博物馆被发现。录自许洪新《未刊稿本同治〈厂头镇志〉简介》（载《上海修志向导》1992 年第 5 期，第 40 页）。《总目提要》9－31 有提要。

［光绪］重修宝山县志稿

联目 18

（清）陈如升辑

清光绪七年（1881）纂成，未刊，有稿本 19 册。浙江图书馆存 12 册。南京大学图书馆存文学、德义、武功、武略、古迹、第宅等 6 门。录自《上海方志资料考录》第

121 页。《总目提要》9 – 32 有许洪新提要。

[道光]宝山县志校补丛残

联目 20

(清)章谦存辑

辑成于清道光八年(1828)。有清道光十年(1830)刻本,存于上海图书馆。录自《总目提要》9 – 33 许洪新提要。

[光绪]宝山县志采访所得资料

联目 20

(清)王家芝辑

有原稿本一册,存于上海博物馆。录自《总目提要》9 – 33 许洪新提要。

[民国]杨行乡志十六卷

联目 20

陈亮熙辑

民国九年(1920)初具规模,其后随时有增补,故记事至民国二十九年(1940)。有民国三十年(1941)前稿本和誉清稿本两种,俱存于上海宝山县地方志办公室。录自许洪新、杨过《新发现的〈大场里志〉和〈杨行乡志〉》(载《上海修志向导》1995 年第 2 期,第 29 页)。《总目提要》9 – 33 有许洪新提要。

[民国]月浦志十卷

联目 20

俞如琮修

民国八年(1919)修成。只存有稿本。录自沈达伟《宝山县志概述》(载《上海地方志概述》第 77 页)。

[乾隆]瀛海掌录六卷

联目 22

(清)许惟枚撰

传抄本已缺卷六。上海图书馆有抄本。录自陈光贻《稀见地方志提要》第 81 页。《总目提要》9 – 36 有许洪新提要。

绿堤村小志三卷

(清)汪永安辑

收入上海市文物保管委员会编《上海史料丛编》,有 1961 年铅印本。录自《上海方志资料考录》第 244 页。

浦溪小志

(清)顾传金辑

收入上海市文物保管委员会编《上海史料丛编》,有 1961 年铅印本。录自《上海方志资料考录》第 244 页。

龙华志

(清)张宸辑

收入上海市文物保管委员会编《上海史料丛编》,有 1961 年铅印本。录自《上海方志资料考录》第 244 页。

天津市

[民国]天津县志略一卷

联目 23

赵帝撰

有民国九年(1920)铅印本,收入《蒙斋文存》。天津图书馆、天津社会科学院图书馆有存。录自天津市地震历史资料工作小组编《天津方志目录》(1984 年印行本)第 8 页。

天津志(日文本)

联目 23

日本驻屯军司令部编

有明治四十二年(1909)博文馆铅印本,天津图书馆、天津博物馆均有存。录自《天津方志目录》第 35 页。

津门保甲图说十二册

联目 24

(清)陆建瀛修

有清道光二十六年(1846)刊本。天津图书馆、天津社会科学院图书馆、天津历史博物馆、南开大学图书馆等多家有藏。录自《天津方志目录》第 28 页。

[万历]宝坻政书十二卷

联目 24

(明)刘邦谟、王好善编辑

有明万历间刻本,存于国家图书馆,天津社会科学院图书馆存有胶卷。录自《天津方志目录》第 32 页。

[光绪]武清县城乡总册

联目 25

(清)蔡寿臻编

为编纂清光绪《武清县志》时之辑录资料,有稿本 2 册,存于国家图书馆。录自《总目提要》2 - 11 王宝奇提要。

武清县事情一册图一幅

联目 25

陈佩编

有民国二十九年(1940)伪新民会铅印本。天津图书馆、天津社会科学院有存。录自《河北历代地方志总目》第 381 页、《天津方志目录》第 33 页。

〔光绪〕宁河图说

联目 25

〔民国〕宁河县志

联目 25

有民国二十年(1931)手抄本残本 1 册。此两部志书,是 20 世纪初纂的,为县志办购得。同时收得的有日伪时期在宁河搞的经济调查、政治情况资料等。录自任宜芳《谈县志为决策服务》(载《天津史志》1989 年第 1 期,第 23 页)。

河北省

畿辅河道舆地全图

联目 27

有清同治十一年(1872)刻本,折装成 7 册。录自《河北大学图书馆藏河北省地方志书目》(河北大学图书馆,1982 年)第 2 页 A。

直隶疆域屯防详考十章

联目 27

于振宗著

有 1968 年台北成文出版社影印《中国方志丛书》本 1 册,河北大学图书馆有存。录自《河北大学图书馆藏河北省地方志书目》第 2 页 A。

畿辅义仓图六册

联目 27

(清)方观乔撰

有清乾隆十八年(1753)木刻本。录自《河北大学图书馆藏河北省地方志书目》第 2 页 B。

畿辅舆地全图

联目 27

佚名纂

版本不详。有台北成文出版社《中国方志丛书》本 3 册。河北大学图书馆有存。录自《河北大学图书馆藏河北省地方志书目》第 2 页 A。

直隶风土调查录一册

联目 27

直隶省视学编纂

有民国五年(1916)商务印书馆铅印本 1 册。补自《河北大学图书馆藏河北省地方志书目》第 2 页 B。

［民国］河北通志县沿革表

联目 27

于鹤年、陈铁卿、张承谟编

有民国二十一年（1932）河北省通志馆铅印本，存于天津图书馆、河北大学图书馆。录自《天津方志目录》第 21 页。

［民国］河北省行政区划沿革新考

联目 27

陈铁卿著

民国二十四年（1935）铅印本附有石印沿革图，存于河北大学图书馆。录自《天津方志目录》第 21 页。

［民国］河北通志稿河北历代沿革图稿一册

联目 27

于鹤年、陈铁卿著

有民国二十二年（1933）套色石印本。天津图书馆、天津历史博物馆有存。录自《天津方志目录》第 21－22 页。

河北通志稿旧志源流关隘考二卷

联目 27

来阳编纂

有民国二十四年（1935）铅印本。录自台北成文出版社《中国方志丛书目录》第 48 页，河北省第一期 126。

河北省春秋战国时代疆域表

联目 27

张承谟著

有民国二十二年（1933）铅印本，存于天津图书馆。录自《天津方志目录》第 21 页。

［民国］大中华京兆地理志

联目 27

中国地理学会编辑　林传甲纂

有民国八年(1919)中华印刷局铅印本1册,存于首都图书馆。录自《河北大学图书馆藏河北省地方志书目》第2页A。谭烈飞主编《北京方志提要》第112页著录作《大中华京师地理志》。

正定县事情附图一幅

联目28

陈佩著

有民国二十八年(1939)铅印本,存于河北省档案馆、天津图书馆、天津社会科学院图书馆。录自《河北历代地方志总目》第7页。

获鹿县志料

联目28

佚名纂

存于北京大学图书馆。录自于义芳《〈中国地方志联合目录〉择误》(载《中国地方志》1999年第1期,第77页)。

三关志一卷

联目28

(明)康丕扬、李茂春纂修

三关指居庸、紫金、山海三关。有明抄本,存于北京大学图书馆。录自《河北历代地方志总目》第212页。

按:《联合目录》第91页,著录有明廖希颜修、孙继鲁纂《三关志》十卷,明嘉靖二十四年(1545)刻本。其间关系若何,待考。

获鹿县及石门市事情

联目29

陈佩编

有民国二十九年(1940)铅印本,存于天津图书馆、天津社会科学院图书馆、天津市历史研究所。录自《河北历代地方志总目》第9页。

[光绪]晋州志六卷节烈册一卷

联目31

（清）义镛修

有抄本存于中国科学院文献情报中心。录自《河北历代地方志总目》第 24 页。《总目提要》3－36 有李振国提要。

［民国］束鹿县志（五志合刊本）

联目 31

谢道安修

有台北成文出版社据民国二十六年（1937）铅印本影印《中国方志丛书》本。河北省图书馆、河北省地方志办公室、河北大学图书馆均有藏。录自《河北历代地方志总目》第 29 页。

［隆庆］赵州属县志

联目 32

（明）佚名纂

存于河北省地理科学研究所。录自《河北历代地方志总目》第 32 页。

赞皇县志料

联目 34

佚名纂

存于北京大学图书馆。录自于义芳《〈中国地方志联合目录〉择误》（载《中国地方志》1999 年第 1 期，第 77 页）。

［康熙］宣化乡土志

联目 37

（清）陈坦纂

有清康熙十五年（1676）抄本。河北省地方志办公室存有台北成文出版社《中国方志丛书》本。录自《河北历代地方志总目》第 39 页。

怀来县志译

联目 38

（清）许隆远编纂　（清）席之瓒重修　于煤村、王崇玉编译

河北大学图书馆、怀来县档案馆有存。录自《河北历代地方志总目》第 51 页。

［崇祯］蔚州志四卷

联目 38

（明）来临纂修

国家图书馆存有胶卷。录自《河北历代地方志总目》第 52 页。《总目提要》
3－80 有李振国提要。

承德县志书二卷

联目 41

（清）张子瀛纂　金正元重修

有清宣统二年（1910）石印本,存于中国科学院文献情报中心、河北省档案馆、
清华大学图书馆、辽宁省图书馆。河北省社会科学院图书馆存有复印本。录自《河
北历代地方志总目》第 56 页。

承德县志稿

联目 41

佚名编纂

有民国十七年（1928）稿本,存于辽宁省档案馆。录自《河北历代地方志总目》
第 56 页。

平泉县志

联目 41

佚名编纂

记事至民国五年（1916）。存于沈阳市图书馆,承德档案馆存有复印本。录自
《河北历代地方志总目》第 57 页。

［雍正］八沟厅备志二卷

联目 41

（清）张锣纂修

有清雍正本的传抄本,存于北京师范大学图书馆。录自《河北历代地方志总
目》第 57 页。《总目提要》3－83 有李振国提要。

［万历］昌黎县志八卷

联目 42

（明）佚名编纂

有明万历四十六年（1618）刻本、明天启补刻本，存于清华大学图书馆。录自《河北历代地方志总目》第 64 页。

［民国］河北冀东道迁安县长岭峰村志略

联目 42

刘庆瑞编

有民国三十三年（1944）油印本，存于国家图书馆。录自《河北历代地方志总目》第 225 页。

［道光］滦阳纪略

联目 42

（清）鲍继培纂修

有清道光二十二年（1842）刻本，存于中国科学院南京地理与湖泊研究所。录自《河北历代地方志总目》第 69 页。

［康熙］临榆县志十四卷首一卷

联目 43

（清）余一元纂修

有清康熙九年（1670）刻本，存于苏州图书馆。录自《河北历代地方志总目》第 58 页。临榆县 1954 年撤销，分别并入秦皇岛市及抚宁县。

［民国］遵化县志料二十四卷图一卷

联目 44

孙蓉图修　张之照纂

有民国二十四年（1935）誊清本，存于清华大学图书馆。录自《河北历代地方志总目》第 68 页。《总目提要》3－23 有李振国提要。

北戴河海滨志略

联目 44

林伯铸辑

有民国二十七年（1938）铅印本，存于河北省档案馆、国家图书馆。录自《河北历代地方志总目》第 226 页。

滦县事情及唐山事情

联目 45

佚名编

有民国二十九年(1940)铅印本,存于河北省档案馆、天津图书馆。录自《河北历代地方志总目》第75页。

[民国]乐亭县志二十卷

联目 45

韩香亭修

有民国十九年(1930)抄本,存于河北省乐亭县地方志办公室。录自《河北历代地方志总目》第76页。

乐亭县事情

联目 45

陈佩著

有民国二十八年(1939)铅印本,存于河北省档案馆、保定市图书馆。录自《河北历代地方志总目》第76页。

丰润县事情

联目 46

陈佩纂修

有民国二十九年(1940)铅印本,存于天津社会科学院图书馆。录自《河北历代地方志总目》第72页。

[民国]三河县地理志略

联目 47

郑恩铭、邵永利编

有民国二十四年(1935)石印本,存于北京师范大学图书馆。录自《河北历代地方志总目》第81页。《总目提要》3-84有李振国提要。

[光绪]安国县新志稿

联目 48

（清）宋荫桐纂修

有清光绪三十二年（1906）抄本、民国补抄本。有台北成文出版社《中国方志丛书》本，存于河北省图书馆、河北省社会科学院、河北省地方志办公室等多处。录自《河北历代地方志总目》第129页。《总目提要》3－72有王才禄提要。

文安县志料四卷

联目50

佚名纂

有民国二十年（1931）抄本，存于北京大学图书馆。录自《河北历代地方志总目》第91页。

清苑县事情

联目51

卞乾孙编

有民国二十七年（1938）铅印本，存于天津图书馆、天津社会科学院图书馆、吉林省图书馆。录自《河北历代地方志总目》第98页。

［民国］清苑县东高家庄志

联目51

杨仲衡撰

刊于《河北月刊》民国二十五年（1936）第4、5期，存于河北省博物馆、天津图书馆。录自《河北历代地方志总目》第225页。

涿县志料

联目52

佚名纂

存于北京大学图书馆。录自于义芳《〈中国地方志联合目录〉择误》（载《中国地方志》1999年第1期，第77页）。

［民国］新安志

联目53

伊人镜修纂

有民国十七年（1928）本，存于河北省新安县档案馆。录自孙文举《一部尚未见于著录的河北旧志——〈新安志〉》(载《河北方志通讯》1985 年第 1 期,第 30 页)。《河北历代地方志总目》第 115 页有著录。

[民国]定县社会概况调查

联目 54

李景汉著

有民国二十一年(1932)中华平民教育促进会出版的铅印本,存于河北省博物馆、河北大学图书馆、国家图书馆、北京大学图书馆、南开大学图书馆、南京大学图书馆。录自《河北历代地方志总目》第 226 页。

[民国]直隶定县乡土调查录

联目 54

佚名编

仅存有稿本。录自杜建荣《〈中国地方志联合目录〉正误——〈联合目录〉未收之方志》(载《天津史志》1989 年第 1 期,第 61 页)。

定兴县事情

联目 53

卞乾孙编

有民国二十八年(1939)铅印本,存于河北省档案馆、天津社会科学院图书馆。录自《河北历代地方志总目》第 109 页。

[光绪]博野县志八卷

联目 54

(清)佚名编纂

有清光绪元年(1875)刻本,存于辽宁省图书馆。录自《河北历代地方志总目》第 128 页。

[乾隆]唐县志

联目 55

(清)吴泰来修 (清)黄文连纂

有清乾隆二十五年(1760)刻本。河北省地方志办公室存有台北成文出版社影印《中国方志丛书》本。录自《河北历代地方志总目》第 119 页。

[民国]易县志

联目 56

寿鹏飞纂

有稿本存于河北省易县档案馆。录自《河北历代地方志总目》第 105 页。

新城县志十四卷首一卷

联目 56

（清）崔懋纂修

内有孙元衡、王启涑纂修续志若干卷。有清康熙三十二年（1693）刻本。录自《北京图书馆善本书目》（中华书局，1959 年版）第 551 页。

按：《联合目录》第 56 页著录有清代高基重修、马之骦纂《［康熙］新城县志》八卷首一卷，有清康熙十四年（1675）刻本。同时还著录有其后的道光志、光绪志、民国志，未见以续志名者，编纂者中亦未见有孙元衡、王启涑者。以未睹其书，崔氏修者应为清朝的志书，但续修者为何时人，所续情状若何，均需再考。

徐水县事情

联目 57

卞乾孙辑

有民国二十七年（1938）铅印本，存于河北省档案馆、河北省地方志办公室、天津社会科学院、吉林省图书馆。录自《河北历代地方志总目》第 111 页。

望都县事情

联目 58

陈佩编

有民国二十八年（1939）铅印本，存于河北省档案馆、天津图书馆。录自《河北历代地方志总目》第 121 页。

兴济县志二卷

联目 62

（清）程孚纂

刻于清康熙五年（1666）。有抄本存于河北大学图书馆。录自《河北历代地方志总目》第 132 页。

［民国］兴济县志书

联目 62

萧蕃敬修　郑孝纂　魏润田考证补遗

有民国三十一年（1942）抄本，存于河北大学图书馆、河北省古代建筑保护研究所。有 1979 年天津古籍书店王振永手抄本，存于河北大学图书馆、石家庄图书馆。录自《河北历代地方志总目》第 134 页。

［同治］献县志

联目 63

佚名修纂

有清光绪二十二年（1896）抄本，存于河北省博物馆、河北大学图书馆。录自《河北历代地方志总目》第 140 页。

河北省景县地方实际情况调查报告一册

联目 65

有民国二十五年（1936）抄本，存于河北省博物馆。录自《河北历代地方志总目》第 224 页。

［乾隆］续枣强县志

联目 65

（清）任增编纂修

有清乾隆四十年（1775）刻本。录自《总目提要》3－100 雍兰利提要。

［民国］枣强县志二十八卷（仅存十九卷）

联目 65

贾恩绂纂修

有 1987 年中国书店重印民国二十五年（1936）本。录自《总目提要》3－100 雍兰利提要。

武邑县志料

联目 66

存于北京大学图书馆。录自于义芳《〈中国地方志联合目录〉择误》（载《中国地方志》1999 年第 1 期）。

冀县乡土教科书

联目 67

（清）马维周编

有清光绪间抄本,存于国家图书馆。补自《河北历代地方志总目》第 224 页。

［弘治］宣政镇志十卷

联目 68

（明）王崇献纂修

有明弘治间刻本,存于南京图书馆。录自吴景熙《国内现存稀见明代方志刊本及胶卷草目》（载《中国地方志通讯》1985 年第 5 期,第 67 页）。宣政镇地未查得,原置于河北省下。

大名县志料

联目 69

佚名撰

有民国二十年（1931）抄本,存于北京大学图书馆。录自《河北历代地方志总目》第 210 页。

［民国］馆陶县志十二卷

联目 71

卢少泉纂修

有民国二十年（1931）刊本。录自台北成文出版社《中国方志丛书目录》第 42 页,山东第二期 386。

［万历］沙河县志八卷

联目 77

（明）姬自修修　（明）谷自颜续修　（明）王九秋等纂

有明万历三十七年（1609）刊本,原书漫漶并有水渍痕。国家图书馆有从日本摄回胶卷。录自吴景熙《国内现存稀见明代方志刊本及胶卷草目》（载《中国地方志通讯》1985 年第 5 期,第 67 页）。又见《河北历代地方志总目》第 183 页。《总目提要》3 – 63 有常仲哲提要。

山西省

[民国]山西省新志稿二百十卷

联目 81

干人俊纂

有民国间抄本,仅有卷一至二十存于山西省图书馆。录自梁锦秀《〈中国地方志联合目录〉山西篇补遗》(载《中国地方志》1998 年第 6 期,第 60 页)。

[民国]山西风土记六卷

联目 81

石荣暲纂

有民国间稿本,存于中国科学院文献情报中心。录自梁锦秀《〈中国地方志联合目录〉山西篇补遗》(载《中国地方志》1998 年第 6 期,第 60 页)。

[光绪]大荒记

联目 81

(清)李用清纂

纂著于清光绪四年(1878)。是年春夏之际,纂者受命随办山西赈务,亲眼目睹大灾之后的惨状,撰成此稿。现存于山西省平定县地方志办公室。录自祁明、刘纬毅《山西方志要览》(1996 年内部印行本,第 203 页)。

[光绪]大荒志异

联目 81

(清)梁培才纂

有清光绪十五年(1889)抄本的复印本,存于山西省地方志办公室、祁县地方志办公室。录自祁明《山西地方志综录》(山西地方志编纂委员会,1986 年版)第 144 页。

[洪武]太原志

联目 82

(明)佚名纂修

明洪武十二至十三年（1379—1380）间修成，有添记事至明永乐元年（1403）者。辑自《永乐大典》卷五一九九至卷五二〇五本。有副本存于国家图书馆。中华书局1959年缩版影印本，山西省图书馆、山西大学图书馆、山西省文物局等处均有藏。李裕民辑校本（收入1985年《山西古方志辑佚》），山西大学图书馆有藏。录自祁明、刘纬毅《山西方志要览》第25页。又见梁锦秀《〈中国地方志联合目录〉补遗》（载《中国地方志》1998年第3期，第70－71页）。《总目提要》4－9有李裕民提要。祁明《山西地方志综录》第5页著录作：为明解缙纂修。

[永乐]太原府志

联目82

（明）佚名纂

有薛愈辑自《永乐大典》本。录自薛愈《辑永乐〈太原府志〉记》（载《太原市志通讯》1986年第2期，第27页）。

[光绪]阳曲县乡土历史地理格致七卷

联目82

王相贤编

包括历史三卷、地理一卷、格致三卷。撰成于清光绪三十四年（1908）。有铅印本，存于山西省图书馆。录自梁锦秀《〈中国地方志联合目录〉山西篇补遗》（载《中国地方志》1998年第6期，第72页）。《总目提要》4－11有李豫提要。

[民国]太原县柳子峪志八卷

联目82

刘友凤纂修

有民国十年（1921）稿本，存于山西省图书馆。录自祁明《山西地方志综录》第9页。梁锦秀《〈中国地方志联合目录〉补遗》（载《中国地方志》1998年第3期，第72页）谓，1986年山西人民出版社出版标点铅印本。《总目提要》4－13有李裕民提要。

[民国]太原县明仙峪记四卷

联目82

刘友凤纂修

有民国八年（1919）稿本，存于山西省图书馆。1986年山西人民出版社出版标点铅印本。录自祁明、刘纬毅《山西方志要览》第9页。梁锦秀《〈中国地方志联合目录〉山西篇补遗》(载《中国地方志》1998 年第 6 期,第 61 页)著录为刘大鹏撰,有民国八年(1919)手稿本,存于山西省图书馆。该馆还存有 1986 年山西人民出版社出版标点铅印本。《总目提要》4 – 13 有李裕民提要。

大同府志(节本)

联目 84

(清)佚名节录

是为大同府第六次所修之府志。有清抄本存于辽宁省图书馆。录自《山西地方志综录》第 40 页。《山西方志要览》第 26 页有著录。

[民国]大同县志六十三卷

联目 84

王谦、郝纯祖、吴憧督修　李玉华、夏恭纂

大同市地方志办公室 1985 年,于大同市档案馆废旧档案中发现民国三十六年(1947)稿本,基本完整。大同市地方志办公室存有复印本。录自祁明、刘纬毅《山西方志要览》第 57 页。又见梁锦秀《〈中国地方志联合目录〉山西篇补遗》(载《中国地方志》1998 年第 6 期,第 61 页)。《总目提要》4 – 17 有姚斌、李裕民提要。

[民国]徐沟县志

联目 83

刘文炳纂修

民国三十年(1941)修成。中国科学院文献情报中心与山西省文史研究馆均有藏本。录自乔志强《一部有特色的地方志——介绍 1941 年〈徐沟县志〉》(载《中国地方志通讯》1985 年第 4 期,第 64 页)。

[嘉靖]浑源州志

联目 85

(明)颜守贤续修

录自要子瑾《雁北地区古方志概略》(载《山西地方志通讯》1987 年第 6 期,第 44 页)。

[弘治]应州志

联目 86

(明)薛敬之修

有明弘治元年(1488)刊本,国家图书馆仅存 5 页,应县文史馆存 5 页。录自要子瑾《雁北地区古方志概略》(载《山西地方志通讯》1987 年第 6 期,第 44 页)。

[雍正]右玉县志四卷

联目 87

(清)陈有年修 (清)郑祖侨纂

有清雍正八年(1730)本。清抄本存于山西右玉县档案馆,县地方志办公室有复印本。录自祁明、刘纬毅《山西方志要览》第 63 页。梁锦秀《〈中国地方志联合目录〉山西篇补遗》(载《中国地方志》1998 年第 6 期,第 62 页)著录为四卷,王霭纂。曹满荣在《右玉旧志介绍》(载《雁北古今》1989 年第 4 期,第 43 页)中,著录为右玉知县陈友年任总纂,平鲁县儒学教授王霭任纂修。《总目提要》4-48 有马志超提要。

[民国]左云乡土志四卷

联目 87

高鼎臣纂

民国二十五年(1936)纂成。有稿本,存于山西省左云县档案馆。1992 年左云县铅印本,存于县地方志办公室。录自梁锦秀《〈中国地方志联合目录〉山西篇补遗》(载《中国地方志》1998 年第 6 期,第 61 页)。《总目提要》4-49 有马志超提要。

左云县要览十一章

联目 87

日伪左云县公署编

采用成吉思汗纪年。所记内容起自成吉思汗七三三年止于七三九年(1938—1944)。有 1944 年油印本,存于山西省左云县档案馆。县地方志办公室存有 1992 年铅印本。录自梁锦秀《〈中国地方志联合目录〉山西篇补遗》(载《中国地方志》1998 年第 6 期,第 70 页)。祁明《山西地方志综录》第 51 页有介绍。《总目提要》4-49 有李裕民提要。

[民国]定襄县志

联目 88

齐敬贤纂

有民国二十一年(1932)铅印本,存于太原市图书馆。录自梁锦秀《〈中国地方志联合目录〉山西篇补遗》(载《中国地方志》1998 年第 6 期,第 65 页)。《总目提要》4-52 有李豫提要。李豫在《〈中国地方志联合目录〉山西部分旧方志著录与遗误补订》(载《山西地方志》1991 年第 2 期,第 61 页)中著录书名为《定襄纪事》。

[雍正]五家庄风土记

联目 88

(清)李暲撰

此为山西省现存最早的村志。有清雍正八年(1730)《静乐县续志》刻本,存于山西省图书馆、上海图书馆。《[民国]静乐县续志》石印本,存于国家图书馆。民国三十四年(1945)梁上椿传抄《静乐县续志》本,存于国家图书馆、山西省图书馆。1986 年《静乐县志续志两种》标点本,存于山西省史志院图书馆、静乐县地方志办公室。录自梁锦秀《〈中国地方志联合目录〉山西篇补遗》(载《中国地方志》1998 年第 6 期,第 64 页)。

[同治]静乐县山河道路村镇志

联目 88

(清)王焘纂

有清同治六年(1867)《重续静乐县志》刻本,存于山西省图书馆。1986 年静乐县标点铅印本,存于静乐县地方志办公室。录自梁锦秀《〈中国地方志联合目录〉山西篇补遗》(载《中国地方志》1998 年第 6 期,第 65 页)。

[万历]繁峙县志二卷

联目 89

(明)涂云路修　(明)任中麟等纂

今繁峙县地方志办公室存有民国间抄本前 6 门 43 目。抄本中补入了清代的部分内容。录自梁锦秀《〈中国地方志联合目录〉山西篇补遗》(载《中国地方志》1998 年第 6 期,第 64 页)。《总目提要》4－57 有李裕民提要。

[万历]崞县志八卷

联目 89

(明)刘楫济纂修

有明抄本,存于中国台湾"国家图书馆"。录自祁明、刘纬毅《山西方志要览》第 88 页。

[乾隆]保德州风土记

联目 90

(清)陆耀纂

清乾隆三十年(1765)手稿本已佚。有清光绪十七年(1891)上海著易堂铅印《小方壶斋舆地丛钞》本,存于山西大学图书馆。录自梁锦秀《〈中国地方志联合目录〉山西篇补遗》(载《中国地方志》1998 年第 6 期,第 65 页)。《总目提要》4－58 有梁锦秀、酒烈芳提要。

[崇祯]晋疆(河曲)纪事一卷

联目 90

马天骙纂修

有稿本存上海图书馆。录自陈光贻《稀见地方志提要》第 170 页。又见梁锦秀《〈中国地方志联合目录〉山西篇补遗》(载《中国地方志》1998 年第 6 期,第 71 页)。

[万历]三关图说

联目 91

(明)康丕扬纂

有明万历三十五年(1607)刻本,存于中国台湾"国家图书馆"。明抄绘本存于上海图书馆。录自梁锦秀《〈中国地方志联合目录〉山西篇补遗》(载《中国地方志》1998 年第 6 期,第 71 页)。祁明《山西地方志综录》第 142 页有著录。

[民国]偏关县志

联目 91

林端修

有民国四年(1915)石印本,存于山西省委党校、山西省河津县图书馆。录自祁明《山西地方志综录》第 64 页。

[洪武]辽州志

联目 92

(明)解缙等纂

原志刻本佚,但收入《永乐大典》卷五二四五。有中华书局 1959 年缩版影印本,存于山西省图书馆、山西省文物局、山西大学图书馆。录自林木《〈辽州志〉简介》(载《山西地方志通讯》1982 年第 9 期,第 15 页)。梁锦秀《〈中国地方志联合目录〉山西篇补遗》(载《中国地方志》1998 年第 6 期,)、祁明《山西方志要览》第 88 页、《总目提要》4－73 均有著录。

辽州志

联目 92

《永乐大典》辑本,山西省地方志办公室曾重印过。录自林木《辽州志简介》（载《山西地方志通讯》1982 年第 9 期,第 15 页）。

和顺县乡土传

联目 92

和顺县人民政府建设科编

刊于《和顺经济》1946 年第 4 期。山西省和顺县地方志办公室有存。录自梁锦秀《〈中国地方志联合目录〉山西篇补遗》（载《中国地方志》1998 年第 6 期,第 66 页）。

［乾隆］平遥县志六卷

联目 93

（清）德贵修　（清）雷仁育纂

有清乾隆三十五年(1770)刻本,存于故宫博物院图书馆。录自梁锦秀《〈中国地方志联合目录〉山西篇补遗》（载《中国地方志》1998 年第 6 期,第 66 页）。祁明《山西地方志综录》第 73 页有著录。

平遥地志

联目 93

日伪平遥县政府编

有民国二十八年(1939)油印本,存于太原市图书馆。补自梁锦秀《〈中国地方志联合目录〉山西篇补遗》（载《中国地方志》1998 年第 6 期,第 70 页）。又见李豫《〈中国地方志联合目录〉山西部分旧方志著录与遗误补订》（载《山西地方志》1991 年第 2 期,第 61 页）。

［民国］灵石县西河底村四字联语志

联目 94

李贵申修　程文根、李春元校订

全书 69 联语,加有注释。有民国三十年(1941)天津久大印刷公司排印本,存于山西省灵石县政协。录自梁锦秀《〈中国地方志联合目录〉山西篇补遗》（载《中国地方志》1998 年第 6 期,第 66 页）。《总目提要》4－80 有李裕民提要。

［民国］平定县志

联目 94

冯延铸修　蔡侗等纂

有民国十一年(1922)残稿,存于山西省平定县地方志办公室。录自梁锦秀《〈中国地方志联合目录〉山西篇补遗》(载《中国地方志》1998 年第 6 期,第 62 页)。

[康熙]河汾集略二卷条义一卷

联目 97

(清)江阖纂

有清康熙三十八年(1699)补刻重印清康熙十二年(1673)《解州志》本,存运城市档案馆,山西省图书馆存有胶卷。补自梁锦秀《〈中国地方志联合目录〉山西篇补遗》(载《中国地方志》1998 年第 6 期,第 69 页)。

[民国]汾阳县乡土志二卷

联目 98

刘天成编

有民国二十五年(1936)手稿本,存于山西省汾阳县地方志办公室。录自梁锦秀《〈中国地方志联合目录〉山西篇补遗》(载《中国地方志》1998 年第 6 期,第 66 页)。《总目提要》4 - 67 有李裕民提要。

汾阳遗事十四卷

联目 98

刘天成编

民国二十八年(1939)纂成,记事止于民国二十七年。山西省汾阳县地方志办公室存有民国二十九年抄本的一、六、七、九至十二、十四等卷。另有 1986 年铅印本六卷。录自梁锦秀《〈中国地方志联合目录〉山西篇补遗》(载《中国地方志》1998 年第 6 期,第 67 页)。《总目提要》4 - 67 有李裕民提要。

汾阳县地理十五章

联目 98

刘天成纂

有民国二十六年(1937)铅印本,存于山西省汾阳县地方志办公室。录自梁锦秀《〈中国地方志联合目录〉山西篇补遗》(载《中国地方志》1998 年第 6 期,第 66 页)。《总目提要》4 - 67 有李裕民提要。

汾阳县地理调查概要

联目 98

刘天成纂

民国九年(1920)纂成。有民国二十五年(1936)抄本,存于山西省汾阳县地方志办公室。录自梁锦秀《〈中国地方志联合目录〉山西篇补遗》(载《中国地方志》1998年第6期,第67页)。

[万历]襄垣县志八卷

联目100

(明)王立爱纂修

有明万历四十四年(1616)刻本,存于国家图书馆。山西省图书馆有胶卷。录自祁明《山西地方志综录》第15页。

[民国]黎城县地理概要十五章

联目100

佚名纂

又名《黎城简志》。记事止于民国二十五年(1936)。有民国间太原德和信排印本,存于山西省黎城县地方志办公室。有1995年收入《黎城旧志五种》本。录自梁锦秀《〈中国地方志联合目录〉山西篇补遗》(载《中国地方志》1998年第6期,第62页)。

泽州图记

联目101

(元末明初)李俊民纂

收入李俊民《庄靖集》中,存于山西大学图书馆。录自王怀中《李俊民及其〈泽州图记〉》(载《山西地方志通讯》1981年第3期,第22页)。梁锦秀《〈中国地方志联合目录〉山西篇补遗》(载《中国地方志》1998年第6期,第63页)谓,1985年李裕民《山西古方志辑佚》标点本,山西大学图书馆亦有藏。《总目提要》4-33有李裕民提要。

[光绪]阳城新增志

联目102

佚名纂

阳城县地方志办公室存有抄本及1985年阳城县志办公室的油印本。录自祁明《山西地方志综录》第31页。

[民国]阳城县地理概要十五章

联目102

佚名修

修成于民国二十四年(1935)。有民国间铅印本、石印本,阳城县地方志办公室均有存。录自梁锦秀《〈中国地方志联合目录〉山西篇补遗》(载《中国地方志》1998年第6期,第63页)。《总目提要》4-83有王菡提要。

阳城县大宁乡小志初稿

联目 102

王璧修纂

初稿成于民国二十年(1931),后续补记事至民国三十三年(1944)。唯一的手抄本,现存于山西省阳城县地方志办公室刘伯伦家。录自梁锦秀《〈中国地方志联合目录〉山西篇补遗》(载《中国地方志》1998年第6期,第64页)。

[万历]沁源县志二卷

联目 103

(明)王纯修 (明)李守贞纂

有明万历三十六年(1608)刊本。国家图书馆有自日本摄回胶卷。录自吴景熙《国内现存稀见明代方志刊本及胶卷草目》(载《中国地方志通讯》1985年第5期,第68页)。

[洪武]平阳府志三十三卷

联目 105

(明)张昌纂修

有明洪武十五年(1382)刻本。国家图书馆存有卷一至九。录自祁明《山西地方志综录》第91页。梁锦秀《〈中国地方志联合目录〉山西篇补遗》(载《中国地方志》1998年第6期,第67页)有著录。

[天启]圣臣志

联目 109

(明)佚名编

又名《圣臣艺文志》《增补圣臣艺文志》。有1924年刘韶兴抄本。复印本存于山西大学图书馆。录自梁锦秀《〈中国地方志联合目录〉山西篇补遗》(载《中国地方志》1998年第6期,第71页)。

[民国]蜀村志

联目 109

杨恩俊纂修

又名《洪洞县蜀村志》。稿初成于民国二十一年(1932)。后又续至民国三十三年(1944)。有稿本存于山西省洪洞县档案馆。洪洞县地方志办公室存有抄本。录自梁锦秀《〈中国地方志联合目录〉山西篇补遗》(载《中国地方志》1998 年第 6 期,第 68 页)。《总目提要》4－98 有李裕民提要。

［民国］赵城县志三篇

联目 109

杨昭纂修

有民国间铅印本,存于山西省洪洞县档案馆、洪洞县地方志办公室。录自祁明《山西地方志综录》第 107 页。

［康熙］太平县志八卷

联目 110

(清)吴轸修 (清)张枚、王燮会纂

有清康熙二十二年(1683)刻本,存于天津图书馆。天津图书馆存卷五、六,记事至清康熙二十一年(1682)。杜建荣《〈中国地方志联合目录〉正误——〈联合目录〉未收之方志》(载《天津史志》1989 年第 1 期,第 61 页)有著录。

［弘治］襄陵县志十九卷(存卷十五至十七)

联目 111

(明)李高纂修

附刻于明《［隆庆］襄陵县志》卷十之后,存于国家图书馆。山西省图书馆存有胶卷。录自梁锦秀《〈中国地方志联合目录〉山西篇补遗》(载《中国地方志》1998 年第 6 期,第 67 页)、李豫《〈中国地方志联合目录〉山西部分旧方志著录与遗误补订》(载《山西地方志》1991 年第 2 期,第 60 页)。《总目提要》4－103 有李豫提要。

［万历］乡宁县志六卷

联目 111

(明)焦守己修

有明万历二十年(1592)刻本,存于国家图书馆。乡宁县地方志办公室存有复印本。录自梁锦秀《〈中国地方志联合目录〉山西篇补遗》(载《中国地方志》1998 年第 6 期,第 68 页)。

［民国］安邑县志续辑一卷

联目 112

郑裕孚纂

原附刻于清光绪《续修安邑县志》后。又有民国十三年(1924)《安邑三志汇函》本,存于国家图书馆、中国科学院文献情报中心、山西省运城市图书馆。录自梁锦秀《〈中国地方志联合目录〉山西篇补遗》(载《中国地方志》1998年第6期,第69页)。《总目提要》4-108有王菡提要。

[至正]河津县总图记

联目114

(元)王思诚纂

此书较《泽州图记》门类齐全,系山西现存第二部早的方志。全文收入清《[光绪]河津县志》卷十一内,山西省图书馆有藏本。又有1989年《晋志钩沉》点校本,存于山西大学图书馆。录自梁锦秀《〈中国地方志联合目录〉山西篇补遗》(载《中国地方志》1998年第6期,第68页)。《总目提要》4-114有李裕民提要。

[民国]平陆县图志歌略一卷

联目116

王从龙编

有民国十九年(1930)铅印本的影印本,存于山西省平陆县地方志办公室。录自祁明《山西地方志综录》第131页。梁锦秀《〈中国地方志联合目录〉山西篇补遗》(载《中国地方志》1998年第6期,第69页)著录谓有民国十六年(1927)石印本,存于太原市图书馆。《总目提要》4-121有李裕民提要。

[民国]万泉县志

联目117

万泉县中等以上学生学友会编(卫聚贤执笔)

原本为私人所藏,山西省史志院有复印本。录自梁锦秀《〈中国地方志联合目录〉山西篇补遗》(载《中国地方志》1998年第6期,第70页)。

[民国]黄旗营治村志一卷

联目117

苏俊杰、胡郁斋修

有民国三十五年(1946)抄本,存于山西省永济县地方志办公室。录自祁明

《山西地方志综录》第 132 页。梁锦秀《〈中国地方志联合目录〉山西篇补遗》（载《中国地方志》1998 年第 6 期,第 70 页）著录为《虞乡县第三区黄旗营治村志》。《总目提要》4-124 有李裕民提要。

［顺治］河东盐运司志十卷

（清）马逵道撰

有清顺治十八年（1661）刊本,存于国家图书馆、中国科学院文献情报中心。录自祁明《山西地方志综录》第 144 页。

［光绪］汉口、山西、陕西会馆志二册

（清）侯培峻、冀麟书编

有清光绪二十二年（1896）铅印本,存于山西省地方志办公室、平遥县地方志办公室、祁县地方志办公室。录自祁明《山西地方志综录》第 144 页。

［民国］合河政纪二卷

石荣暲编

有民国十六年（1927）铅印本。录自台北成文出版社《中国方志丛书目录》第 43 页,山西省第一期 71。

内蒙古自治区

［乾隆］内蒙古沿革二卷蒙古纪闻一卷

联目 121

（清）沈宗衍编

有清乾隆五十八年（1793）手抄本，存于北京民族文化宫图书馆，内蒙古自治区图书馆有转抄本。录自《内蒙古旧地方志第一类目录》（载《内蒙古旧志整理》第一辑）第 1 页，同书第 424 页有王毅作的简介，书名作《蒙古沿革志》。《总目提要》5－4 屼莫勒提要，亦著录为《［乾隆］蒙古沿革志》。张守和《内蒙古方志概考》（吉林省地方志编纂委员会、吉林省图书馆学会，1985 年印行本）第 19 页谓有存于北京大学图书馆者。

蒙古沿革考一卷

联目 121

（清）佚名撰

收入《小方壶斋舆地丛钞》第二帙。录自《中国丛书综录》第二册，第 526 页左栏。

［道光］蒙古图志

联目 121

（清）龚自珍撰

原载于《定庵文集》《龚自珍全集》《小方壶斋舆地丛钞》等。录自《总目提要》5－4 屼莫勒提要。

蒙旗志上下卷（今存下卷）

联目 121

佚名纂

撰人及成书年月未详。有下卷存于湖北省图书馆，内蒙古自治区图书馆存有 1962 年抄自湖北省图书馆的抄本。录自张守和《内蒙古方志概考》第 20 页。

全蒙盟旗沿革志一册

联目 121

包维翰撰

载于民国二十八年(1939)《新蒙古杂志》,有抄本存于内蒙古自治区图书馆。录自《内蒙古旧地方志第一类目录》第 1 页,第 438 页有简介。《总目提要》5 - 5 有忒莫勒提要。

蒙古地略

联目 121

(清)马冠群撰

收入《小方壶斋舆地丛钞》再补编第二帙。录自《中国丛书综录》第二册,第 526 页左栏。

蒙古考略一卷

联目 121

(清)龚柴撰

收入《小方壶斋舆地丛钞》第二帙。录自《中国丛书综录》第二册,第 526 页左栏。

[光绪]蒙古地志

联目 121

(清)王宗炎译纂

有清光绪二十九年(1903)启新书局铅印本,存于上海图书馆。录自陈光贻《稀见地方志提要》第 183 页。

蒙古五十一旗考一卷

联目 121

齐召南撰

收入《小方壶斋舆地丛钞》第二帙。录自《中国丛书综录》第二册,第 526 页左栏。

[光绪]蒙古山脉志三卷

联目 121

（清）谷思慎纂

民国初年编成,内蒙古自治区图书馆存有板印本。录自《内蒙古旧地方志第一类目录》第1页。忒莫勒《建国前内蒙古方志考述》(内蒙古大学出版社,1998年版)第31页有介绍。

内蒙古东部调查日记十卷

联目 121

冯承求纂

有民国二年(1913)吉长日报社铅印本,存于上海图书馆。录自陈光贻《稀见地方志提要》第184页。

［咸丰］河套图考一册

联目 122

（清）杨江撰

清咸丰七年(1857)成稿。有民国二十三年(1934)陕西省通志馆印行本,列入《关中丛书》。内蒙古自治区图书馆有存。录自《内蒙古旧地方志第一类目录》第12页,同书第465页有简介。

绥远城驻防志一种

联目 122

佚名纂

成书时间未详,但从内容可推定成于民国六年(1917)后。有抄本存于内蒙古大学图书馆,内蒙古自治区图书馆有再抄本。录自王志毅《内蒙古旧志介绍》(载《内蒙古旧志整理》,内蒙古地方志编纂委员会,第431页)。

绥远省各县乡村调查纪实

联目 122

佚名编纂

编纂者及纂成年代未详。有存于北京师范大学图书馆者。录自张守和《内蒙古方志概考》第27页。

察哈尔蒙旗暨各县概况

联目 122

民国蒙藏委员会察哈尔蒙旗特派员公署编纂

有油印本存于南京中国第二历史档案馆蒙旗委员会案卷。内蒙古自治区档案馆有复印本。录自觉莫勒《建国前内蒙古方志考述》第 249 页。

［民国］绥远河套治要

联目 122

周颂尧著

有民国十三年(1924)铅印本,存于内蒙古自治区图书馆。录自刘毅政《巴彦卓尔方志述评》(载《内蒙古方志概考》第 124 页)。觉莫勒《建国前内蒙古方志考述》第 124 页有详介。《总目提要》5－16 有提要。

调查河套报告书

联目 122

督办运河工程总局编辑处编

有民国十二年(1923)铅印本,存于内蒙古自治区图书馆。录自刘毅政《巴彦卓尔方志述评》第 123 页。

绥远考察记略

联目 123

郭颂铭著

原载《调查》杂志。内蒙古自治区图书馆存有照片。录自《内蒙古旧志整理》(第一辑)第 27 页。觉莫勒《建国前内蒙古方志考述》第 71 页、张守和《内蒙古方志概考》第 27 页、《总目提要》5－5,均有提要。

［民国］国防前线的绥远

联目 123

叶秋撰

有民国二十六年(1937)上海生活书店铅印本。录自觉莫勒《建国前内蒙古方志考述》第 94 页。

［民国］土默特特别旗调查报告

联目 123

蒙藏委员会西蒙调查组编纂

有民国三十七年（1948）稿本，存于南京中国第二历史档案馆。录自乩莫勒《建国前内蒙古方志考述》第 128 页。《总目提要》5 - 9 有乩莫勒提要。

归化纪略丛语二卷

联目 123

韩凤楼著

20 世纪 50 年代内蒙古师范学院尚存，今已下落不明。录自乩莫勒《建国前内蒙古方志考述》第 103 页。

［民国］绥远集宁县志略

联目 123

许辑五编

连续刊载于民国二十五年（1936）《西北刍议》第一、二、三、四期。内蒙古自治区图书馆有存。录自张守和《内蒙古方志概考》第 107 页。乩莫勒《建国前内蒙古方志考述》第 151 页有详介。《总目提要》5 - 12 有提要。王志毅《内蒙古旧志介绍》谓，修于民国十三年（1924），为时集宁县知事杨葆初撰。

公主府志

联目 123

（清）文睿华撰

有抄本存于内蒙古自治区图书馆。内蒙古自治区地方志办公室存影印本。录自《内蒙古旧地方志第一类目录》第 9 页。《总目提要》5 - 9 有提要。王志毅《内蒙古旧志介绍》谓，"现版本为公主后裔祁多寿家藏"，民族文化宫亦有藏。

鹿野纪闻

联目 124

孙斌撰

有稿本，存于内蒙古包头市档案馆。录自乩莫勒《建国前内蒙古方志考述》第 122 页。

清水河厅志二十卷

联目 124

（清）阿克达春修　　（清）文秀纂

清光绪九年(1883)修成。有抄本存于内蒙古自治区图书馆。录自《内蒙古旧地方志第一类目录》第 3 页。

[民国]清水河县概略

联目 124

乔纪延撰

纂成于民国二十二年(1933),连载于该年四至五月《绥远民国日报》。录自忒莫勒《建国前内蒙古方志考述》第 143 页。《总目提要》5 - 11 有提要。

[民国]乌兰察布盟调查概况

联目 124

蒙藏委员会归绥调查组编纂

民国二十四年(1935)成稿。残抄本存于南京中国第二历史档案馆蒙藏委员会案卷中。录自忒莫勒《建国前内蒙古方志考述》第 150 页。《总目提要》5 - 12 有提要。

[民国]乌兰察布盟四子部落旗调查报告

联目 124

蒙藏委员会西蒙调查组编纂

未署编成时间。有抄件存于南京中国第二历史档案馆蒙藏委员会旧档中。录自忒莫勒《建国前内蒙古方志考述》第 154 页。《总目提要》5 - 12 有提要。

[民国]乌兰察布盟喀尔喀右旗调查报告

联目 124

蒙藏委员会西蒙调查组纂

有稿本存于南京中国第二历史档案馆蒙藏委员会案卷中。录自忒莫勒《建国前内蒙古方志考述》第 155 页。《总目提要》5 - 12 有提要。

[民国]乌兰察布盟茂明安旗调查报告

联目 124

蒙藏委员会西蒙调查组纂

民国三十七年(1948)完稿,稿本存于南京中国第二历史档案馆蒙藏委员会案卷中。录自忒莫勒《建国前内蒙古方志考述》第 156 页。《总目提要》5 - 12 有提要。

［民国］乌兰察布盟乌拉特中旗调查报告

联目 124

邹焕宇纂

民国二十六年(1937)编成,有稿本存于南京中国第二历史档案馆蒙藏委员会案卷中。录自忒莫勒《建国前内蒙古方志考述》第 190 页。《总目提要》5－17 有提要。

［民国］多伦诺尔厅调查报告

联目 124

刘钟芬纂

亦名《多伦诺尔厅调查记》,约纂成于 1912 年。1914 年 5 月刊发于《东方杂志》第 10 卷第 11 号。录自忒莫勒《建国前内蒙古方志考述》第 248 页。《总目提要》5－12 有提要。

察哈尔蒙旗及各县概况

联目 124

国民党察哈尔蒙旗特派员公署纂

民国三十二年(1943)纂成。录自《总目提要》5－13。

察哈尔地略一卷

联目 124

(清)马冠群撰

收入《小方壶斋舆地丛钞》再补第二帙。录自《中国丛书综录》第二册,第 526 页左栏。

包头市志十卷

联目 124

包头市修志委员会修　孙斌纂

始修于民国二十七年(1938),次年稿残毁。民国三十一年(1942)重纂成稿,未刊。录自《总目提要》5－9。《内蒙古旧地方志第一类目录》第 6 页著录作:佚名修纂,似日伪时作品。包头市大北纸庄印制的线装本有孙斌跋。有稿本存于内蒙古自治区图书馆、包头市档案馆。李绍钦《包头市方志考评》(载《内蒙古方志概考》第 57 页)著录为,刘澍修、孙斌纂,市志共十卷,1942 年成书。是否为同一书,待考确。

多伦县政概要

联目 124

韩精一主辑

伪康德二年(1935)十月纂成,存于国家图书馆、内蒙古社会科学院图书馆。补自忒莫勒《锡林郭勒盟方志述要》(载《内蒙古方志概考》第 91 页)。

[民国]安北设治局调查记

联目 125

陈佑诚撰

连载于《蒙藏月刊》1936 年 5 月卷 1 期至 1937 年卷 2 期。录自忒莫勒《建国前内蒙古方志考述》第 189 页。

[民国]伊克昭盟志

联目 125

边疆通讯社修　谢再善纂

有民国三十一年(1942)铅印本,存于内蒙古社会科学院纳古单夫处。录自刘毅政《伊克昭盟方志考略》(载《内蒙古方志概考》第 113 页)。《总目提要》5 - 15 有提要。

[民国]伊克昭盟七旗志略

联目 125

谢再善编

刊载于民国三十一年(1942)元月十五日至五月十五日《西北论衡》第 10 卷各期。录自刘毅政《伊克昭盟方志考略》(载《内蒙古方志概考》第 113 页)。

[民国]内蒙古伊盟七旗社会调查

联目 125

陈国钧撰

撰成时间未详。有复印本存于北京民族文化宫图书馆、内蒙古自治区图书馆。录自《总目提要》5 - 16。

［民国］伊盟右四旗调查报告书

联目 125

蒙藏委员会调查室驻归绥调查组编

民国二十五年（1936）撰成，有民国二十八年（1939）印行本，存于内蒙古自治区图书馆。补自忒莫勒《建国前内蒙古方志考述》第 173 页。《总目提要》5 - 15 有提要。

［民国］伊盟左三旗调查报告书

联目 125

蒙藏委员会调查室修纂

民国二十五年（1936）撰成，有民国三十年（1941）铅印本，存于北京民族文化宫图书馆。内蒙古自治区图书馆有手抄本。录自王志毅《内蒙古旧志介绍》（第二类，载《内蒙古旧志整理》第 461 页）。《总目提要》5 - 15 有忒莫勒提要。

［民国］临河风土志

联目 125

平（国民党绥远省党部绥远通讯社记者）撰

稿成于民国二十一年（1932）六月十四日，连载于当年六月二十二日至三十日《包头日报》。录自忒莫勒《建国前内蒙古方志考述》第 186 页。

［民国］鄂托克旗富源调查记

联目 125

周晋熙撰

有民国十七年（1928）三月绥远垦务局铅印本。又连载于 1929 年《绥远建设季刊》第一至四期。录自忒莫勒《建国前内蒙古方志考述》第 160 页。《总目提要》5 - 15 有提要。

［光绪］五原厅志略二卷

联目 125

（清）姚学镜修　（清）俞家骥纂

又名《五原厅志》。清光绪三十三年（1907）纂成，未刊。有清抄本、江苏广陵古籍刻印社影印本、台北成文出版社影印本。录自《总目提要》5 - 16。

沃野调查记

联目 125

韩泽敷撰

沃野设治局原系伊克昭盟鄂托克旗之牧地。连续刊发于 1934 年 8 月 11 日至 11 月 12 日《包头日报》，无单行本。录自忒莫勒《建国前内蒙古方志考述》第 162 页。

［光绪］赤峰调查记

联目 139

（清）赵允元撰

清光绪三十四年（1908）成稿。原载于清宣统二年（1910）《地学杂志》第 1 年第 2、4 期。录自忒莫勒《建国前内蒙古方志考述》第 227 页。《总目提要》5 - 10 有提要。

［民国］经棚县志二十八卷

联目 139

康清源纂修

民国十八年（1929）编成，未刊。编者之孙女康盛芝 1962 年 4 月，将珍藏手稿献出，藏于克什克腾旗档案馆。1978 年经刘锡文据原稿重抄，由克什克腾旗基建局复印流传。录自张守和《内蒙古方志概考》第 12 页。纳古单夫《赤峰市方志述略》有介绍。忒莫勒《建国前内蒙古方志考述》第 228 页、《总目提要》5 - 10 均有提要。

赤峰县事情

联目 139

伪赤峰县公署修纂

伪康德三年（1936）四月修成。有油印本。录自忒莫勒《建国前内蒙古方志考述》第 239 页。《总目提要》5 - 10 有提要。

赤峰县地方事情

联目 139

伪赤峰县公署总务科纂

伪康德四年(1937)七月纂成,有铅印本。录自忒莫勒《建国前内蒙古方志考述》第239页。《总目提要》5－10有提要。

宁城县志

联目139

吴春龄修

有伪康德二年(1935)油印本,存于沈阳市档案馆。1984年经王维新整理后,收入《宁城(喀喇沁中旗)史料》第一辑。宁城县地方志办公室有抄本。录自李绍钦《包头市方志考评》(载《内蒙古方志概考》第68页)。《总目提要》5－10有提要。

喀喇沁右旗蒙地概况

联目139

笃多博编

有伪康德八年(1941)铅印本,存于内蒙古自治区图书馆。录自纳古单夫《赤峰市方志述略》(载《内蒙古方志概考》第68页)。

［宣统］哲里木盟十旗调查报告书

联目150

佚名撰

撰成于清宣统三年(1911)。录自忒莫勒《建国前内蒙古方志考述》第218页。

［民国］哲盟实剂

联目150

王士仁撰

有民国二年(1913)石印本,存于内蒙古自治区图书馆。录自张守和《内蒙古方志概考》第81页。

［民国］开鲁县志

联目150

盖允恭修　曹浚纂

民国十八年(1929)始修,未成,仅有未成稿本。有民国二十二年(1933)抄本。录自忒莫勒《建国前内蒙古方志考述》第221页。《总目提要》5－14有提要。

［民国］突泉县乡土志

联目 150

佚名撰

书成于民国三至四年（1914 – 1915）间。有民国间抄本，存于辽宁省图书馆。录自忒莫勒《建国前内蒙古方志考述》第 220 页。郝瑶甫《东北地方志考略》（辽宁人民出版社，1984 年版）第 155 页、《总目提要》5 – 18 均有提要。

［民国］科西后旗志

联目 150

巴彦那木尔等修　卢伯航纂

又名《科尔沁右旗后旗志》。民国二十七年（1938）编成刊行。又有 1941 年伪新京（今长春）印刷所铅印本。录自《总目提要》5 – 18。

［光绪］呼伦贝尔纪略

联目 159

（清）赵春芳撰

清光绪三十四年（1908）撰成，收入《边务采辑报告书》，存于内蒙古自治区图书馆。录自纳古单夫《呼伦贝尔方志概述》（载《内蒙古方志概考》第 71 页）。忒莫勒《建国前内蒙古方志考述》第 207 页有详介。

按：《联合目录》第 159 页著录有程廷恒、张家璠编《［民国］呼伦贝尔志略》不分卷，有民国二十年（1931）铅印本。

［光绪］呼伦贝尔副都统衙门册报志稿

联目 159

（清）呼伦贝尔副都统衙门修纂

约成于清光绪二十三年（1897）七月。有清光绪三十年（1904）满文本、蒙文本及 1986 年《呼伦贝尔史料丛书》汉译铅印本。录自忒莫勒《建国前内蒙古方志考述》第 204 页。《总目提要》5 – 13 有忒莫勒提要。

呼伦贝尔总统事略

联目 159

佚名编纂

编者及成书年月不详,现存抄本。原为满文,后经金峰译成蒙文出版。录自张守和《内蒙古方志概考》第 15 页。

西蒙额济纳旗概况

联目 225

吴继高撰

约成于 1939 年。刊发于《新西北》月刊第二卷第 1、2 期。录自忒莫勒《建国前内蒙古方志考述》第 194 页。《总目提要》5-17 有提要。

额济纳旗沿革

联目 225

额济纳旗笔帖式(秘书)纂

当系额济纳旗札萨克所上民国政府有关部门之文件。原件未发现,现存于内蒙古自治区图书馆者,可能系原底稿。录自张守和《内蒙古方志概考》第 40 页。

额济纳旧土尔扈特旗调查报告书

联目 225

王德淦、杨昌炎纂

民国二十八年(1939)成稿,未刊。稿本存于南京中国第二历史档案馆民国政府蒙藏委员会案卷中。内蒙古自治区档案馆有复印件(全宗号 439,卷号 76)。录自忒莫勒《建国前内蒙古方志考述》第 195 页。《总目提要》5-17 有提要。

西盟阿拉善旗社会调查

联目 225

未具著者姓名,有 19 世纪 40 年代抄本,存于内蒙古自治区图书馆。录自冀森《阿拉善盟方志述评》(载《内蒙古方志概考》第 126 页)。忒莫勒《建国前内蒙古方志考述》第 197 页有详介。

阿拉善旗小志

联目 225

王建章纂

有 1942 年抄本(仅余 9 页),存于内蒙古自治区图书馆。录自冀森《阿拉善盟方志述评》第 127 页。忒莫勒《建国前内蒙古方志考述》第 197 页有详介。《总目提要》5 - 17 有提要。

阿拉善旗概况

联目 225

西北论坛资料室编

民国三十五年(1946)编成,刊发于《西北论坛》1947 年第一卷第 1 期,未有单行本。录自芯莫勒《建国前内蒙古方志考述》第 202 页。《总目提要》5 - 18 有提要。

阿拉善蒙古考察记

联目 225

冀绍儒撰

约撰成于民国三十二年(1943),连载于 1943 年《新西北》月刊第六卷 9 期、第七卷 1 至 3 期,未有单行本。录自芯莫勒《建国前内蒙古方志考述》第 199 页。《总目提要》5 - 18 有提要。

莎拉齐县志十六卷

韩绍祖修 张树培纂

1941 年成稿,有铅印本,存于内蒙古包头市档案馆。内蒙古自治区图书馆有抄本。录自《内蒙古旧地方志第一类目录》第 4 页,同书第 429 页有简介。

辽宁省

[至正]辽东志略

联目 127

(元)戚辅之撰

全书共 28 则,为现存东北最早之志书。有孙文良、李向军《〈辽东志略〉校理》本(载《辽宁大学学报》1986 年第 5 期)。录自《总目提要》6 - 5 陈加提要。《中国丛书综录》第二册第 526 页著录谓,收入《说郛》(宛委山堂本)弓六十二,商务印书馆本卷九十七。

全辽备考

联目 127

(明)李辅、陈绛纂

有稿本存于上海图书馆。录自陈光贻《稀见地方志提要》第 190 页。

全辽备考二卷

联目 127

佚名纂

收入《辽海丛书》中。录自陈光贻《稀见地方志提要》第 190 页。

[乾隆]八旗通志二百五十卷首三卷

联目 128

(清)鄂尔泰修　(清)涂天相、王安田纂

有清乾隆四年(1739)刊本,存于上海图书馆。录自陈光贻《稀见地方志提要》第 192 页。台北学生书局《中国史学丛书续编》第 189 册,《台湾地区图书总汇》第 64 页有著录。

钦定八旗通志三百四十三卷首十四卷

联目 128

(清)铁保总纂

录自台北学生书局《中国史学丛书续编》第 189 册,《台湾地区图书总汇》第 64 页。

八旗掌故四卷

联目 128

(清)佚名撰

有旧抄本存于上海图书馆。录自陈光贻《稀见地方志提要》第 193 页。

盛京疆域考六卷

联目 128

(清)杨同桂、孙宗翰辑

有《聚学轩丛书》本、《辽海丛书》本。录自郝瑶甫《东北地方志考略》第 19 页。

[宣统]东北三省沿革表六卷

联目 128

(清)吴廷燮纂

有铅印本 2 册。录自郝瑶甫《东北地方志考略》第 19 页。

[宣统]奉天郡邑志五卷

联目 129

(清)吴廷燮纂

乃系《奉天备志》中之郡邑志部分,以全书未成而单行。记事止于清宣统元年(1909)。存有稿本及清宣统三年(1911)刊本。录自《总目提要》6 – 8 陈加提要。

沈阳县政概况

联目 129

日伪沈阳县公署编

伪康德三年(1936)七月编成。有铅印本,存于辽宁省图书馆。录自陈加等《辽宁地方志考录》(辽宁省图书馆,1982 年版)第 35 页。

沈阳县一般状况

联目 129

日伪沈阳县公署编

伪康德四年(1937)七月编成。有铅印本存于辽宁省图书馆。录自陈加等《辽宁地方志考录》第 36 页。

辽阳乡土志

联目 130

辽阳市第二国民高等学校编

伪康德五年(1938)编成。有油印本,存于辽宁省图书馆。录自陈加等《辽宁地方志考录》第 127 页。

辽中县一般概况

联目 130

伪辽中县公署编

伪康德四年(1937)编。铅印本存辽宁省图书馆。录自陈加等《辽宁地方志考录》第 39 页。

新民县一般状况

联目 130

伪新民县公署编

伪康德三年(1936)编。录自陈加等《辽宁地方志考录》第 43 页。

[民国]本溪县志四卷

联目 131

徐家桓修

有民国十二年(1923)稿本。传抄本 1 册存于辽宁省图书馆。录自郝瑶甫《东北地方志考略》第 63 页。《总目提要》6 – 13 有郭君提要。

[光绪]怀仁县乡土志一种

联目 131

(清)景霖修

怀仁县,今桓仁县地。因与山西省怀仁县同名,故民国三年(1914)改名桓仁县。志书有清光绪三十三年(1907)呈送抄本。录自《总目提要》6 – 13 陈加提要。

怀仁县乡土志三卷

联目 131

（清）张兆骏纂修

记事至清光绪三十四年（1908）。有清光绪三十四年抄本及民国三十一年（1942）重抄本。录自《总目提要》6－13陈加提要。

［光绪］兴京厅志

联目 131

（清）马俊显修纂

今新宾县地也。有抄本六册（今缺一、三册）。录自郝瑶甫《东北地方志考略》第60页。

［光绪］铁岭县乡土志

联目 131

（清）廖彭修

存写本1册。有清光绪三十二年（1906）抄本。录自郝瑶甫《东北地方志考略》第31页。《总目提要》6－25有郭君提要。《联合目录》第133页著录有佚名编的《铁岭乡土志》，与此不是同一种。

海城县地方事务概略

联目 131

伪海城县公署编

伪康德元年（1934）编成。有铅印本，存于辽宁省图书馆。录自陈加等《辽宁地方志考录》第54页。

海城县一般状况

联目 131

伪海城县公署编

伪康德四年（1937）编成。有铅印本，存于辽宁省图书馆。录自陈加等《辽宁地方志考录》第56页。

台安县一般状况

联目 131

伪台安县公署编

伪康德三年（1936）编成。有铅印本，存于辽宁省图书馆。录自陈加等《辽宁地方志考录》第 57 页。

台安县建国十年史

联目 131

伪台安县建国十年地方庆典委员会编

伪康德九年(1942)编,有铅印本存辽宁省图书馆。录自陈加等《辽宁地方志考录》第 58 页。

抚顺县势一览(第一册)

联目 131

伪抚顺县公署编

伪大同二年(1933)编,铅印本存辽宁省图书馆。补自陈加等《辽宁地方志考录》第 63 页。

抚顺县一般状况

联目 131

伪抚顺县公署总务科编

伪康德三年(1936)编,有铅印本,存于辽宁省图书馆。录自陈加等《辽宁地方志考录》第 64 页。

清原县一般状况

联目 131

伪清原县公署编

伪康德三年(1936)编成。有铅印本,存于辽宁省图书馆。录自陈加等《辽宁地方志考录》第 70 页。

[宣统]西丰县乡土志

联目 134

(清)贾耕修

叙事至清宣统二年(1910)。有清宣统二年本,存于辽宁省图书馆、国家图书馆、中国科学院文献情报中心。录自陈加等《辽宁地方志考录》第 147 页。《总目提要》6 - 27 有郭君提要。《联合目录》第 134 页著录有陈正源编的《西丰县乡土志》,叙事至清光绪三十三年(1907),有清光绪三十三年抄本,与此不是同一书。

[民国]法库县志三十一卷

联目 134

魏运衡修

辽宁省图书馆有存。录自郝瑶甫《东北地方志考略》第 26 页。

[光绪]盘山厅志

联目 134

(清)柴朴修

有清光绪三十三年(1907)十月呈送本。录自《总目提要》6 - 22 郭君提要。

[光绪]盘山厅乡土志

联目 134

(清)柴朴修

有清光绪三十三年(1907)抄本。录自《总目提要》6 - 22 郭君提要。

[光绪]盘山厅乡土志

联目 134

(清)柴朴重修

有清光绪三十四年(1908)呈送本。补自《总目提要》6 - 22 郭君提要。

[民国]营口县志十九卷

联目 134

靳造华修　于香岩纂

有抄本 4 册,存于辽宁省图书馆。录自郝瑶甫《东北地方志考略》第 96 页。

营口杂志一卷

联目 134

(清)佚名撰

收入《小方壶斋舆地丛钞》第九帙。录自《中国丛书综录》第二册,第 527 页右栏。

[光绪]盖平县乡土志二卷

联目 134

（清）姚煜修　（清）沈庆飔纂

有清光绪三十四年（1908）抄本、民国三十一年（1942）抄本,存于辽宁省沈阳市图书馆。录自陈加等《辽宁地方志考录》第 119 页。《联合目录》第 134 页著录有张国珍编的同名志书一种。从《总目提要》6－21 著录来看,知为不同的两书。

［民国］大连要览

联目 135

傅立鱼编

有民国七年（1918）铅印本,存于辽宁省图书馆。录自陈加等《辽宁地方志考录》第 64 页。

［民国］凤城县志书

联目 135

佚名编纂

原修纂者及序、跋均无,记事止于清宣统三年（1911）。录自郝瑶甫《东北地方志考略》第 73 页。《总目提要》6－15 陈加提要谓,是志为清宣统元年（1909）至民国四年（1915）任凤凰厅同知的朱莲溪修纂。民国二年（1913）,以厅名与湖南省凤凰县重名,改为凤城县,其时县知事系朱莲溪。此为凤城县的最早志书。陈加等《辽宁地方志考录》第 104 页说,吉林大学图书馆存有抄本,国家图书馆存有另抄本,辽宁省图书馆有复印本。与《联合目录》第 135 页著录马龙潭、沈国冕等修,蒋龄益纂的《凤城县志》十六卷首一卷,不是同一种志书。

［光绪］庄河乡土志

联目 135

（清）张士达纂

清光绪三十三年（1907）成稿,沈阳市图书馆曾存有抄本,今已不得见。补自陈加等《辽宁地方志考录》第 48 页。

庄河县一般状况

联目 135

伪庄河县公署编

伪康德三年（1936）编成。有伪康德三年和四年两种铅印本,均存于辽宁省图书馆。录自陈加等《辽宁地方志考录》第 51 页。

金州志纂修稿

联目 135

佚名纂修

伪康德二年(1935)以后修成。有稿本 7 册,存于吉林省图书馆,辽宁省图书馆有复制本。录自陈加等《辽宁地方志考录》第 46 页。

[宣统]锦州厅乡土志

联目 136

(清)于凌霄、王桂岩编纂

有抄本存于中国科学院文献情报中心。录自郝瑶甫《东北地方志考略》第 78 页。《总目提要》6 - 16 郭君提要略谓,《联合目录》第 137 页著录有《锦州府乡土志》系清光绪三十四年(1908)本。此处所著录的《锦州厅乡土志》系据清光绪三十四年本之重修本,记事至清宣统二年(1910)。有清宣统三年抄本、民国六年(1917)抄本,亦有题为《锦西县乡土志》者。

[民国]彰武县乡土志

联目 136

彰德修　王德辉纂

民国十一年(1922)修成,存于辽宁省图书馆、大连市图书馆。录自陈加等《辽宁地方志考录》第 111 页。《总目提要》6 - 23 有郭君提要。郝瑶甫《东北地方志考略》第 95 页有著录。

[光绪]宽甸县乡土志

联目 136

(清)马梦吉修　(清)郑英澜纂

录自《总目提要》6 - 14。陈加于提要中辨明,《联合目录》第 136 页著录者,为马梦吉修,郑英澜于清光绪三十二年(1906)修纂成,有清光绪三十二年八月呈送本。此本则系清光绪三十三年八月重辑呈送本,记事至清光绪三十三年春。两者列目不尽相同。今传者有民国三十一年(1942)重抄本。1987 年收入《东北乡土志丛编》铅印本。

[光绪]义州乡土志四册

联目 137

陶应润修　温广泰等纂

存于沈阳市图书馆。录自郝瑶甫《东北地方志考略》第 80 页。《总目提要》6
-17 著录有清光绪三十二年(1906)本、清光绪三十三年本两种。清光绪三十二年
本为《联合目录》第 137 页所著录者。郭君于本书提要中辨之颇详。略谓:清光绪
三十二年本正文分十五目,有三个抄本:封面分别题为《义州乡土志》《奉天锦州府
义州乡土志》《奉天省锦州府义州乡土志》。三个抄本,目录略异,内容互有增删,
但均较简略。此清光绪三十三年本,则共有抄本 4 册:第一册为图(共 80 幅),第二
册历史,第三册地理,第四册物产,共分 26 目,记事较详,内容较丰富,颇具史料价
值,可称为清光绪间乡土志中之上品。与《联合目录》著录者不是同一书。

锦县乡土志

联目 137

朱孝威造送

有清光绪三十四年(1908)抄本,存于中国科学院文献情报中心。录自郝瑶甫
《东北地方志考略》第 78 页。与《联合目录》第 137 页著录的田徵葵编本不是同
一书。

[光绪]镇安乡土志(修订本)

联目 138

(清)佚名编纂

有清光绪间铅印本。录自《总目提要》6-18 郭君提要。《联合目录》第 138 页
著录张霁编《镇安乡土志》一卷,清光绪三十三年(1907)铅印本,国内多处有藏。
此处著录本则系在张霁本基础上之修订本。

广宁县乡土志

联目 138

(清)萧春雨编撰

有清光绪三十三年(1907)油印本传世。录自《总目提要》6-19。

[光绪]广宁县乡土志(补编本)十五卷

联目 138

(清)佚名修纂

清光绪三十四年(1908)编撰,正文分 16 目。录自《总目提要》6-19。《总目

提要》中《广宁县乡土志》共著录三条。除此处著录的两条外,尚有萧春雨清光绪三十四年(1908)编撰的《广宁县乡土志》。该志有清光绪三十四年铅印本(民国间抄本,题名为《北镇县乡土志》)。《联合目录》第138页所著录者即系此本。据郭君于清佚名纂《广宁县乡土志》(补编本)的提要中,理清三者的关系略云:萧春雨最先撰《广宁县乡土志》,于清光绪三十三年编成,呈报京师编书局审定,因体裁不合驳回另作。故有萧春雨清光绪三十四年修订本之成。志成即"呈提学宪,仍以内容简略,驳饬县令杨昌瀚延聘通才,另行编辑"。这便是本条著录的"补编本"之由来。但郭君在提要中不著录主持修纂者杨昌瀚,而题"佚名修纂",个中当另有曲折,待考。

[光绪]广宁县乡土志附韵文教科书

联目 138

有清光绪三十四年(1908)造送本4册。录自郝瑶甫《东北地方志考略》第87页。

[民国]黑山乡土概要

联目 138

麻肖天、杨程远编

有民国十三年(1924)本,存于国家图书馆。辽宁省图书馆有复印本。录自陈加等《辽宁地方志考录》第91页,郝瑶甫《东北地方志考略》第84页有介绍,《总目提要》6-18有郭君提要。

[宣统]绥中县志

联目 139

(清)徐埏芝修

清宣统二年(1910)修成,有涵芬楼写本,《辽海书征》有著录。录自陈加等《辽宁地方志考录》第93页。

[民国]建平县志九卷

联目 139

田万生修 张滋大纂

有民国二十年(1931)稿本,存于中国社会科学院近代史研究所。收入2006年《中国地方志集成》中。录自赵佳朱主编《中国社会科学院地方志联合目录》(中国社会科学出版社,2013 年版)第 87 页右栏。

［民国］东北县治纪要

熊知白编

有民国二十二年(1933)北平立达书局铅印本,存辽宁省图书馆。录自陈加等《辽宁地方志考录》第 27 页。

吉林省

［同治］吉林舆地图说略一卷

联目 141

（清）佚名纂

就其式样观之，当系吉林将军呈报吉林情况之书，叙述当时吉林地域制度。有清同治四年（1865）稿本，存于上海图书馆。录自陈光贻《稀见地方志提要》第198 页。

［光绪］吉林舆地图说

联目 141

（清）杨同桂、李桂林等纂

全 2 册，收图 14 幅，有图有说，所叙准确翔实。有清光绪二十四年（1898）石印本。录自《总目提要》7－5 金恩辉提要。

［民国］（增订）吉林地理纪要二卷

联目 142

魏声和纂

有民国十年（1921）吉东印刷社铅印本，存于吉林、天津、沈阳、哈尔滨等图书馆。录自金恩辉《国内主要图书馆收藏吉林地方志目录》（载金恩晖、梁志忠著释《吉林省地方志考论、校释与汇辑》，中国地方史志协会、吉林省图书馆学会，1981年印行本，第 12 页）。

［民国］吉林省人文地理第二编（人文之部）

联目 142

县治人员训练所编

有民国间吉林永衡印书局印行本，存于吉林省图书馆。录自金恩晖、梁志忠著释《吉林省地方志考论、校释与汇辑》第 12 页。《总目提要》7－6 有金恩辉提要。

［民国］大中华吉林省地理志

联目 142

林传甲编纂

有民国十年（1921）稿本，存于吉林省图书馆。铅印本存于辽宁省图书馆。录自郭君等编《吉林地方志目录》（载《辽宁地方志考录》第 157 页）。《总目提要》7 - 7 有金恩辉提要。

吉林省各县略志第一编

联目 142

伪吉林省公署总务厅调查科编

有伪康德元年（1934）铅印本，存于辽宁省图书馆、吉林省图书馆。录自陈加等《辽宁地方志考录》第 157 页。郝瑶甫《东北地方志考略》第 109 页有简介。

［民国］长春县志稿

联目 142

佚名纂

1921 年至 1931 年底编成，稿本存于吉林省图书馆。录自郝瑶甫《东北地方志考略》第 113 页。

［民国］永吉县志稿

联目 143

永吉县修志局修纂

有民国二十年（1931）抄本，存于北京大学图书馆、清华大学图书馆。录自金恩辉《国内主要图书馆收藏吉林地方志目录》（载《吉林省地方志考论、校释与汇辑》第 15 页）。郝瑶甫《东北地方志考略》第 122 页谓辽宁省图书馆存有抄本 24 册。

九台乡土志一卷

联目 143

无名氏纂

有抄本存于辽宁省沈阳市图书馆。录自金恩晖、梁志忠著释《吉林省地方志考论、校释与汇辑》第 15 页。

农安县地方事迹

联目 143

伪吉林省长官房编

有伪康德五年(1938)铅印本,存于吉林市图书馆。录自金恩辉《国内主要图书馆收藏吉林地方志目录》(载《吉林省地方志考论、校释与汇辑》第14页)。

[民国]桦甸县政治概要

联目 144

佚名编纂

有民国间油印本,存于东北师范大学图书馆。录自金恩晖、梁志忠著释《吉林省地方志考论、校释与汇辑》第17页。

桦甸县乡土事迹

联目 144

伪吉林省长官房编

有伪康德五年(1938)铅印本,存于辽宁省图书馆。录自金恩辉《国内主要图书馆收藏吉林地方志目录》(载《吉林省地方志考论、校释与汇辑》第17页)。

[民国]磐石县乡土志

联目 144

黄守愚监修　韩绍琦纂修

此为应清史馆征各省、县乡土志而编纂。有民国四年(1915)石印本。录自《总目提要》7-11。

[光绪]珲春地理志

联目 144

无编纂人名氏。有清光绪间抄本,存于辽宁省图书馆。另有《辽宁省图书馆藏稀见方志丛刊》(国家图书馆出版社,2012年版)本。录自郝瑶甫《东北地方志考略》第160页。《中国社会科学院地方志联合目录》第104页有著录。《总目提要》7-21有金恩辉提要。

[光绪]延吉边务报告四卷

联目 144

(清)吴禄贞、周维桢纂

有清光绪三十四年(1908)奉天学务会所印行本,存于吉林省图书馆。录自金恩晖、梁志忠著释《吉林省地方志考论、校释与汇辑》第17页。

[同治]临江府志

联目 145

（清）朱孙诒纂

有清同治十年（1871）刻本，存于辽宁省图书馆。录自郝瑶甫《东北地方志考略》第 166 页。

通化省概要

联目 145

伪通化省公署编

有伪康德六年（1939）本，存于辽宁省图书馆。录自金恩辉《国内主要图书馆收藏吉林地方志目录》（载《吉林省地方志考论、校释与汇辑》第 13 页）。

[宣统]通化县乡土志

联目 145

（清）潘德荃纂修

记事止于清宣统元年（1909），有清宣统二年抄本，与《联合目录》第 146 页所著录清光绪间佚名所修之《通化县乡土志》不分卷，不是同一种书。录自《总目提要》7 - 15。

[民国]辑安县乡土志一卷外交公牍一卷

联目 146

吴光国、于会清纂

先是编纂者于清光绪三年（1877）辑成《辑安县乡土志》一种，未刊刻。至民国四年（1915），二人复将前者略作删改，又新增《外交公牍》一卷而成本书。有民国四年铅印本。录自《总目提要》7 - 16。

[宣统]长白山江冈志略附东荒谭余

联目 146

（清）刘建封（天池钓叟）撰

有清宣统元年（1909）铅印本，书前有照片 41 帧。录自《总目提要》7 - 17。

长白县一般概况

联目 146

伪长白县公署编

有民国二十七年（1938）油印本。收入《辽宁省图书馆藏稀见方志丛刊》中。录自《中国社会科学院地方志联合目录》第 104 页。

梨树县志略

联目 147

佚名编纂

专记 1931 年至 1934 年间梨树县日伪时之事。录自郝瑶甫《东北地方志考略》第 134 页。

怀德县乡土事迹

联目 147

伪吉林省长官房编

有伪康德五年（1938）铅印本，存于辽宁省图书馆、吉林省图书馆。录自金恩辉《国内主要图书馆收藏吉林地方志目录》（载《吉林省地方志考论、校释与汇辑》第 23 页）。

双山县乡土志

联目 148

牛尔裕编

此地民国二年（1913）始设县，牛氏为首任县知事。书成仓促，有民国三年铅印本。录自《总目提要》7 – 12。

奉天双山县乡土志

联目 148

佚名编

记事至民国五年（1916），其内容大部与民国三年（1914）牛尔裕本相同，新增极少。有民国五年抄本。录自《总目提要》7 – 13。

［民国］双山县乡土志

联目 148

纂修者未详。有民国六年（1917）抄本，存于辽宁省图书馆。录自郝瑶甫《东北地方志考略》第 174 页。

按:《总目提要》7 - 13,著录有本县乡土志四种。分别为牛尔裕编民国三年(1914)铅印本、牛尔裕编民国四年(1915)铅印本、佚名氏纂民国五年(1916)抄本和赵仲达编民国十九年(1930)抄本。《联合目录》第 148 页著录有民国四年(1915)牛尔裕编本、赵仲达编民国十九年油印本和李筠生修、李安仁纂伪大同二年(1933)油印本,未及于上述三条。今录以待考。

洮安县志

联目 149

伪洮安县署编

有伪满油印本,存于吉林省图书馆。录自郝瑶甫《东北地方志考略》第 179 页。

[宣统]东平乡土志

联目 149

(清)黄徽纂

内分历史、政绩等 18 目。大部条目与《[光绪]奉天海龙府东平县乡土志》同,但内容大增,尤以地理目记载最详。有清宣统二年(1910)抄本,录自《总目提要》7 - 14 金恩辉提要。

[民国]开通县志四卷

联目 149

李成善、王瀛杰修　刚书林等纂

录自郝瑶甫《东北地方志考略》第 155 页。

[宣统]靖安县乡土志

联目 149

(清)朱佩兰纂修

此为《联合目录》第 149 页著录赵炳南编《靖安县乡土志》之增补本。记事至清光绪三十四年(1908)末。有清宣统元年(1909)抄本,存于沈阳市图书馆。吉林省图书馆有静电复印本。录自《总目提要》7 - 18。

[民国]扶余县乡土志

联目 150

佚名纂

　　有民国十六年（1927）打字本，存于辽宁省图书馆。1960 年吉林省图书馆油印本，存于吉林省图书馆、东北师范大学图书馆。录自郝瑶甫《东北地方志考略》第178 页。

黑龙江省

［民国］黑龙江省全图附说二十一编

联目 152

魏声和纂

记事止于民国二年（1913）。有油印本，存于吉林大学图书馆。录自《总目提要》8－4 王中明提要。

［民国］龙城旧闻节刊三卷

联目 153

杨乃时节编

此系据《联合目录》第 153 页著录魏毓兰编纂民国八年（1919）刊行的《龙城旧闻》四卷本节选而成。民国二十七年（1938）龙江印刷局铅印。录自《总目提要》8－9 方衍提要。杜建荣在《〈中国地方志联合目录〉正误——〈联合目录〉未收之方志》（载《天津史志》1989 年第 1 期）中，注为 1939 年印行。

［道光］卜魁纪略

联目 153

（清）和英撰

收入《小方壶斋舆地丛钞》中。录自《总目提要》8－9 方衍提要。

［宣统］巴彦州志略二卷

联目 154

（清）陈元慎修纂

有清宣统元年（1909）抄本，已非全本，但其所载内容，多为民国县志所采录。录自松驿《我省旧志整理工作的可喜成果》（载《黑龙江史志》1986 年第 6 期，第 47 页）。《总目提要》8－21 有方衍提要。

［民国］大通县志

联目 154

高登甲纂修

清置大通县,民国以后改通河县。是志民国四年(1915)成稿,记事至民国元年(1911)。有民国四年稿本,存于黑龙江省通河县档案馆。另有中国展望出版社1990年出版《通河县志》铅印本。录自《总目提要》8-22柳成栋、王中明提要。

双城厅乡土志(地理)

联目154

(清)佚名纂修

有清抄本,存于辽宁省图书馆。录自郝瑶甫《东北地方志考略》第184页。

[宣统]宾州府政书四编

联目154

(清)李树恩纂修

全书分甲、乙、丙、丁四编。有清宣统二年(1910)商务印书馆石印本、1984年宾县史志办公室铅印本。录自《总目提要》8-20柳成栋、王中明提要。

木兰县小志

联目154

佚名纂

有抄本(卷二至四),存于黑龙江省档案馆。录自陈加等《辽宁地方志考录》第183页。

[民国]方正县志

联目155

杨步墀修纂

有民国八年(1919)铅印本,存于辽宁省图书馆、东北师范大学图书馆。有1960年黑龙江省图书馆油印本,存于辽宁省图书馆、黑龙江省图书馆。有1974年《中国方志丛书》本,存于中国社会科学院图书馆(著录为《吉林方正县志》不分卷)、历史研究所图书馆、中国社会科学院研究生院图书馆。有2006年《中国地方志集成》本,存于中国社会科学院图书馆、近代史研究所图书馆。录自陈加等《辽宁地方志考录》第183页、《中国社会科学院地方志联合目录》第107页。郝瑶甫《东北地方志考略》第191页有介绍。《总目提要》8-23有方衍提要。

［光绪］长寿县乡土志十卷

联目 155

（清）刘清书等修　（清）王炳辰纂

清时吉林宾州府有长寿县，以东南境有长寿山、长寿河，故名。民国时以与四川之长寿县同名，故改为同宾县。本志有清光绪三十三年（1907）抄本，存于吉林省档案馆。录自松骥《我省旧志整理工作的可喜成果》（载《黑龙江史志》1986 年第 6 期，第 47 页）。《总目提要》8 - 23 有方衍提要。

绥阳县概况

联目 155

绥阳县政府编

有 1945 年铅印本，存于黑龙江省档案馆。录自《黑龙江省地方志目录》第 185 页。

［民国］绥化县图志

联目 155

常荫廷修　王国桢等纂

志成于民国六年（1917），记事至民国三年（1914）。有民国六年抄本，存于黑龙江省档案馆。录自《总目提要》8 - 15 柳成栋、王中明提要。

［民国］兰西县志书

联目 155

佚名纂

志成于民国六年（1917），记事至民国四年（1915）。有民国六年抄本，存于黑龙江省档案馆。录自《总目提要》8 - 16 柳成栋、王中明提要。

［民国］庆城县志

联目 155

佚名纂

志末载有《调查民族姓氏表》，署为民国七年（1918）一月调查，志书当修于是时。有民国七年本。录自《总目提要》8 - 16 方衍提要。

［康熙］宁古塔山水记

联目 156

（清）张缙彦撰

被称为"一部地名学专著"。有清康熙间松石斋刻本，又有 1984 年黑龙江人民出版社铅印本。录自《总目提要》8－10 柳成栋、王中明提要。

［民国］青冈县通志书

联目 156

兆麟修

有民国四年（1915）抄本，存于黑龙江省档案馆。录自《总目提要》8－17 柳成栋、王中明提要。

［民国］青冈县通志

联目 156

兆麟修　张书文等纂

记事至民国四年（1915）。有民国五年（1916）抄本，存于黑龙江省档案馆。录自《总目提要》8－17 柳成栋、王中明提要。

［民国］虎林县乡土志草

联目 156

高汝清纂修

有民国四年（1915）抄本，存于黑龙江省档案馆。又有 1992 年中国人事出版社《虎林县志》铅印本。录自《总目提要》8－11 柳成栋、王中明提要。

［民国］富锦县史录

联目 156

宋云桐修　曹霈恩编纂

有民国十二年（1923）铅印本。录自郝瑶甫《东北地方志考略》第 185 页。《总目提要》8－13 有方衍提要。

［民国］萝北县通志调查录

联目 156

佚名纂修

记事至民国三年(1914),有民国四年(1915)抄本,存于黑龙江省档案馆。录自《总目提要》8－11 柳成栋、王中明提要。

肇东县志

联目 156

伪肇东县公署编

有伪康德元年(1934)油印本,存于辽宁省图书馆。录自《黑龙江省地方志目录》第 191 页。

三姓乡土志

联目 157

(清)佚名纂修

有清光绪十七年(1891)呈送本,存于辽宁省图书馆。录自郝瑶甫《东北地方志考略》第 187 页。

[民国]依兰县开发略记

联目 158

薛增福编

有民国二十四年(1935)打印本。录自《总目提要》8－14 方衍提要。

[民国]黑河观察使筹办政务志略二卷

联目 159

张寿增纂辑

有民国三年(1914)黑龙江省吉庆山房铅印本。录自《总目提要》8－11 柳成栋、王中明提要。

[民国]黑河道尹政务志略五卷

联目 159

张寿增纂辑

记事自民国三年(1914)七月至民国四年(1915)九月。有民国四年黑龙江省图书馆铅印本。录自《总目提要》8－12 柳成栋、王中明提要。

［民国］瑷珲县志十四卷

联目 159

佚名纂

是志以礼、乐、射、御诸部分册,各十四卷。有民国九年(1920)抄本,存辽宁省图书馆。录自《总目提要》8－12 方衍提要。

［民国］奇克特志略

联目 159

陶炳然撰

记事至民国五年(1916),为黑龙江省唯一一部佐志局志书。有民国六年(1917)抄本,存于黑龙江省档案馆。录自《总目提要》8－12 柳成栋、王中明提要。

［民国］讷河县志

联目 159

崔培基修　胡永权等纂

有伪康德九年(1942)双城县精益书局铅印本,存于辽宁省图书馆。录自《黑龙江省地方志目录》第 191 页。《总目提要》8－19 方衍提要。郝瑶甫《东北地方志考略》第 177 页有介绍。

［民国］泰来设治局志书

联目 159

张毓华修　马庆长纂

民国五年(1916)十一月修成,记事至民国四年(1915)。有民国五年抄本,存于黑龙江省档案馆。录自《总目提要》8－9 柳成栋、王中明提要。

［民国］拜泉县采辑通志事项清册

联目 159

熊国璋修　姜景齐等纂

记事至民国四年(1915)十二月。有民国五年(1916)抄本,存黑龙江省档案馆。录自《总目提要》8－20 柳成栋、王中明提要。

附说:日伪时期曾编有不少资料,类似于乡土志。名目有概况、状况、概要、事情,或迳称为志书者。郝瑶甫《东北地方志考略》第 198 页至 200 页,附列有六七十种之多。

陕西省

三秦记

联目 161

辛氏撰

秦被灭,分其地为雍、塞、翟三国,谓之三秦,今陕西省中部及北部地也。汉辛氏纂古本已佚,今仅存辑本流传。有清马俊良辑《说郛杂著》本、王谟《汉唐地理书钞》辑本、张澍辑本、张国淦《永乐大典》辑本。王氏《汉唐地理书钞》辑得 74 条。张国淦《永乐大典》辑本较王氏辑本多收入一条。录自张国淦《中国古方志考》(中华书局,1962 年版)第 144 页。

三辅黄图一卷

联目 161

佚名撰

汉时以京兆、左冯翊、右扶风为三辅,今陕西省中部之地也。是书专记秦汉以来,长安之宫殿、门阙、楼观、池苑等。唐代已佚,仅有唐及后人所辑者。录自张国淦《中国古方志考》第 145 页。《四库全书总目提要》卷六十八《史部·地理类一》著录为六卷,谓《四库全书》编修励守谦家有藏本。《中国丛书综录》子目编第 563 页有著录,谓存有《古今逸史》本、《四库全书》本、《增订汉魏丛书》本等。

两京新记五卷

联目 161

韦述纂

隋创两京,唐代因之。是书记东、西两京废置迁徙之由。原书已佚,仅有民国曹元忠辑《南菁札记》本二卷。录自张国淦《中国古方志考》第 154 页。

长安图记一卷

联目 162

(宋)吕大防纂

有吕氏元丰三年(1080)五月五日序,书当成于此时也。录自张国淦《中国古方志考》第 159 页。

雍录十卷

联目 161

(南宋)程大昌撰

考订关中古迹,于宫殿、山水、都邑皆有图有说。录自张国淦《中国古方志考》第 160 页。《中国丛书综录》子目编第 529 页左著录,谓有《古今逸史》本、《四库全书》本、《关中丛书》本。《总目提要》25 - 5 有梁经旭提要。又收入中华书局编辑部编,1990 年 5 月出版的《宋元方志丛书》中。

雍胜略二十四卷

联目 161

(明)李应祥、俞安期篡

有明万历二十五年(1597)刻本,存于国家图书馆、上海图书馆。录自秦德印编《陕西地方志书目》(陕西省社会科学院图书资料室,1981 年印行本)第 2 页。

全陕政要四卷

联目 161

(明)龚辉撰

有明嘉靖间刻本,存于国家图书馆。录自北京图书馆古籍出版编辑组编《北京图书馆古籍珍本丛刊(拟目)》(国家图书馆出版社,1987 年版)第 12 页。秦德印编《陕西地方志书目》第 1 页有著录。

三省备边图记

联目 161

(明)苏愚撰

有明万历刻本,藏于国家图书馆。录自北京图书馆古籍出版编辑组编《北京图书馆古籍珍本丛刊(拟目)》第 12 页。

三辅黄图六卷补遗一卷

联目 161

(清)毕沅重校

有清乾隆四十九年(1784)刊本。录自台北成文出版社《中国方志丛书目录》

第55页,陕西省第一期306。

按:东汉时已有《三辅黄图》一卷,陈梁间有佚名氏增纂仍为一卷。唐代时有人增至六卷,今又有毕沅的重校本。历来均被视为是述地类的地方志书,但所有著录宋元以前方志之作,对此书均不加著录,未悉何故。

秦疆治略

联目 161

(清)卢坤撰

有清道光间刊本。录自台北成文出版社《中国方志丛书目录》第54页,陕西省第一期288。

[光绪]陕西乡土地理教科书第一册

联目 161

(清)臧励和撰

有清光绪三十四年(1908)铅印本,存于陕西师范大学图书馆。录自秦德印编《陕西地方志书目》第3页。

[至正]长安图志三卷

联目 162

(元)李好文绘图

有清乾隆四十九年(1784)灵岩山馆刻《经训堂丛书》本,存于陕西省博物馆。又有民国二十年(1931)长安县志局铅印本,多处均有藏。录自秦德印编《陕西地方志书目》第4页。《总目提要》25-8有杨居让提要。

按:《联合目录》第162页著录附于宋人宋敏求《[熙宁]长安志》之后,实际是独立的一部书,应当单列专条著录。

安西采访底本

联目 210

录自1984年上海书店出版《陇右稀见方志三种》。

长安乡土历史地理

联目 162

佚名纂

有抄本存于陕西师范大学图书馆。录自秦德印编《陕西地方志书目》第6页。

［弘治］咸阳县志十卷

联目 164

（明）赵德纂修

有明弘治七年（1494）刻本，存于宁波天一阁、国家图书馆，陕西省图书馆有胶卷。录自高峰《陕西方志考》（吉林省地方志编纂委员会、吉林省图书馆学会，1985年印行本）第21页。秦德印编《陕西地方志书目》第23页有著录。

［光绪］马嵬志

联目 164

（清）胡凤丹纂修

有清光绪三年（1877）刻本，存于南开大学图书馆、陕西省图书馆（不全）。录自秦德印编《陕西地方志书目》第27页。《总目提要》25-18有张武智提要。

［崇祯］增补户县志十一卷

联目 166

（明）张宗孟编纂

有抄本，存于西安市文管会。有明崇祯十四年（1641）残本，存于国家图书馆（仅存卷七）。陕西省户县县志办公室存有复印本。录自崔乃谦、解师曾《四百年间九修县志——户县旧志纂修始末》（载《陕西地方志通讯》1984年第7期，第12页）。秦德印编《陕西地方志书目》第117页有著录，要素略有异。

泾阳县志十五卷

联目 166

（清）佚名纂

有清刻本，存于陕西师范大学图书馆。录自秦德印编《陕西地方志书目》第35页。

礼泉县志二十六卷

联目 168

（清）黄应培纂修

有清嘉庆二十四年(1819)刻本,仅上海市历史文献图书馆有存。录自秦德印编《陕西地方志书目》第 28 页。

重修周至县志四卷

联目 168

(清)佚名纂修

有清光绪二十九年(1903)本,存于陕西省扶风县档案馆。录自秦德印编《陕西地方志书目》第 39 页。

[乾隆]恒州偶纪三卷

联目 168

(清)邹儒纂修

周至之古名恒州。有清乾隆十五年(1750)刊本,存于上海图书馆。录自陈光贻《稀见地方志提要》第 214 页。

[民国]彬县新志二卷

联目 168

佚名纂

有民国十七年(1928)本,存于陕西省彬县档案馆、西安市文管会。录自秦德印编《陕西地方志书目》第 31 页。

[乾隆]三水县志十卷

联目 169

(清)佚名纂修

有清乾隆二十二年(1757)刻本,存于陕西省三原县图书馆。录自秦德印编《陕西地方志书目》第 32 页。

[光绪]三水县新志七卷

联目 169

(清)冯朝祯修   (清)贺瑞麟纂

始修于清光绪七年(1881),记事至本年。有清光绪八年(1882)稿本,存于陕西省兴平县图书馆。录自《总目提要》25 - 25 张武智提要。

［民国］永征原稿

联目 171

冯景异修　张芳纂

民国二十一年（1932）始修，历经 13 年方成。有民国三十四年（1945）稿本。补自《总目提要》25－26 张武智提要。

［民国］永寿县志二十卷首一卷末一卷

联目 171

李同琏修　张寿祥、长孙邦俊纂

有民国三十七年（1948）稿本。录自《总目提要》25－26 张武智提要。

［民国］永寿县志八卷

联目 171

佚名纂

有民国三十四年（1945）铅印本，存于陕西省永寿县图书馆。录自《陕西地方志书目》第 30 页。

［光绪］大荔县乡土志

联目 174

（清）佚名纂

有抄本，存于陕西师范大学图书馆、陕西省图书馆。录自秦德印编《陕西地方志书目》第 54 页。高峰《陕西方志考》第 72 页有简介。《总目提要》25－29 书名著录为《陕西同州府大荔县乡土志》，有梁经旭提要。

［光绪］朝邑县幅员地粮总说

联目 176

（清）霍勤动等编

有清光绪十九年（1893）刊本。录自台北成文出版社《中国方志丛书目录》第 53 页，陕西省第一期 243。

［顺治］朝邑县志四卷

联目 176

（清）李楷撰

有清顺治时刻本。录自高峰《陕西方志考》第73页。高氏只说传本极少，未说存于何处。

［万历］重修合阳县志七卷

联目177

（明）叶梦熊纂修

有明万历二十年（1592）刻本。仅于陕西省合阳县图书馆存手抄本一部。录自高峰《陕西方志考》第79页。《总目提要》25－32有梁经旭提要。

蒲城县山川舆图

联目180

（清）佚名纂修

有清稿本，存于陕西省社会科学院图书馆。录自秦德印编《陕西地方志书目》第45页。

［民国］重修华阴县志稿八卷

联目180

郭涛修　顾洵耀纂

有1949年铅印本，存于西安市文物管理委员会。录自秦德印编《陕西地方志书目》第59页。

［光绪］续耀州志十一卷

联目180

（清）汪灏修　（清）钟研斋纂

有清光绪十六年（1890）郑思敬增刻本。录自《总目提要》25－14徐太平提要。

［万历］同官县志十卷

联目181

（明）刘泽远、寇慎纂修

有明万历四十六年（1618）刻本，仅国家图书馆存1部。录自高峰《陕西方志考》第135页。

同官县志摘要

联目181

佚名纂

有抄本,存于陕西省图书馆。录自《陕西地方志书目》第8页。

[民国]同官县方言谣谚志

联目181

沈兼士修

民国三十三年(1944)六月六日定稿。录自杜发隆《也谈铜川旧志版本》(载《铜川史志通讯》1986年第8期,第59页)。

[民国]续修商志工作方案采访标准

联目182

王焕猷纂修

有民国十九年(1930)稿本,存于陕西省博物馆。录自《陕西地方志书目》第69页。

[民国]续修商志

联目182

商县续修商志馆编

有民国三十五年(1946)稿本,存于陕西省社会科学院(仅有残本14册)。录自秦德印编《陕西地方志书目》第69页。《总目提要》25 – 39著录有何镜清修、冯光裕等纂《[民国]续修商志稿》二十四卷首一卷,约修于民国三十年(1941),记事止于民国二十九年(1940),仅存稿本。两者关系若何,录待研究。

[光绪]陕西商州直隶州乡土志

联目183

(清)佚名纂修

有清光绪间抄本,藏于国家图书馆。录自《总目提要》25 – 40郝瑞平提要。

[民国]洛南县续志初稿

联目183

佚名编纂

有民国二十四年(1935)铅印本,存于陕西省洛南县档案馆。录自秦德印编《陕西地方志书目》第70页。

［同治］重修山阳县志二十一卷

联目 183

（清）孙云纂修

有清同治十二年（1873）刻本，存于陕西师范大学图书馆。录自秦德印编《陕西地方志书目》第 73 页。

［民国］续纂山阳县志二十四卷

联目 183

邱源修　段朝端纂

有民国间刻本，存于陕西师范大学图书馆。录自秦德印编《陕西地方志书目》第 73 页。

［民国］增修山阳县志十二卷

联目 183

树伯方纂修

有民国十八年（1929）抄本，存于陕西省博物馆。录自秦德印编《陕西地方志书目》第 73 页。

［民国］山阳县志六卷

联目 183

韩光裕纂修

有民国二十五年（1936）铅印本，存于陕西省档案馆。录自秦德印编《陕西地方志书目》第 73 页。

　　按：《联合目录》第 183 页著录有民国增修《山阳县志》十二卷，方之屏修，陈愈愚、魏子征纂，民国十八年（1929）修，有民国二十五年（1936）抄本，存陕西省博物馆。与此处所录两条近似，录待考确。

［乾隆］凤翔志略三卷

联目 184

（清）刘组曾纂修

有清乾隆二十六年（1761）刻本，存于国家图书馆。天津图书馆存抄本一部。录自高峰《陕西方志考》第 113 页。

［民国］商南县志

联目 184

佚名纂修

陕西省商县档案馆存有 1949 年本（残存 6 册）。录自秦德印编《陕西地方志书目》第 72 页。

［民国］宝鸡乡土志

联目 185

佚名纂修

有民国三十五年（1946）本，存于陕西省宝鸡市图书馆、宝鸡市档案馆、北京师范大学图书馆。录自秦德印编《陕西地方志书目》第 10 页。

［光绪］眉县乡土志一卷

联目 187

（清）程埙纂修

有清光绪三十三年（1907）抄本，存于陕西省眉县档案馆。录自秦德印编《陕西地方志书目》第 22 页。《总目提要》25 – 48 有张鼎玉提要。

［民国］麟游县志

联目 187

佚名编纂

存于陕西省图书馆、上海图书馆。录自秦德印编《陕西地方志书目》第 15 页。高峰《陕西方志考》第 121 页著录谓仅中国科学院文献情报中心存 1 部。

［民国］新千阳县志（草稿）十八卷

联目 187

张克敏、赵和甫纂修

有稿本存于陕西省千阳县档案馆。录自高峰《陕西方志考》第 132 页。

［民国］武功县志三卷

联目 188

佚名撰

有民国七年(1918)本,存于陕西省宝鸡市图书馆。录自秦德印编《陕西地方志书目》第20页。

[光绪]陇县新续志三十二卷

联目188

(清)康嗣晋纂修

有抄本存于陕西省陇县档案馆。录自高峰《陕西方志考》第130页。《总目提要》25－47有张鼎玉提要。

[民国]陇县新志六卷

联目188

史恒信、范紫东纂修

仅有抄本,存于陕西省陇县档案馆。录自高峰《陕西方志考》第130页。

新修凤县志

联目190

佚名纂修

存于陕西省博物馆。录自秦德印编《陕西地方志书目》第22页。

[光绪]靖边县乡土志三卷

联目191

(清)吴新命纂

陕西省博物馆存有1部。录自高峰《陕西方志考》第181页。

[康熙]定边县志

联目191

(清)杨书纂修

有清康熙四十七年(1708)刻本,存于国家图书馆。录自秦德印编《陕西地方志书目》第106页。

定边厅志十四卷

联目191

(清)黄沛修　(清)宋谦纂

存处颇多。录自秦德印编《陕西地方志书目》第 106 页。

[嘉庆]怀远县志二十八卷

联目 191

(清)倪思淳纂修

有清嘉庆十八年(1813)刻本,藏于中国科学院南京地理与湖泊研究所。录自秦德印编《陕西地方志书目》第 104 页。

[雍正]神木县志四卷

联目 192

佚名纂

无撰人姓氏,前无序,后无跋,约纂成于清康熙末雍正初。有台北成文出版社影印《中国方志丛书》本,陕西第一期 285。录自光瞬《神木旧志究竟有几种》(载《陕西地方志通讯》1985 年第 3 期,第 44 页)。

绥德州乡土志四卷

联目 193

(清)佚名纂

含历史、地理、格致三方面。有清光绪三十三年(1907)抄本,存于陕西省图书馆。录自高峰《陕西方志考》第 168 页。秦德印编《陕西地方志书目》第 103 页、《总目提要》25 – 53 均有著录。

[万历]新修安定县志七卷

联目 194

(明)恽应翼修　(明)张嘉孚纂

有明万历二十五年(1597)刻本。国家图书馆存有一至四卷。录自秦德印编《陕西地方志书目》第 109 页。陈光贻《稀见地方志提要》第 247 页、高峰《陕西方志考》第 157 页均有简介。

安定县志八卷

联目 194

(清)张尔介纂修

有清康熙十九年(1680)刻本,存于故宫博物院。录自秦德印编《陕西地方志书目》第 109 页。高峰《陕西方志考》著录同。

[嘉庆]甘泉县志二十卷续志一卷首一卷

联目 194

（清）吴鹓峙修　（清）叶长扬等纂　（清）陈观国等增辑

有清嘉庆十五年（1810）刻本，存于国家图书馆。录自秦德印编《陕西地方志书目》第 117 页。

[光绪]甘泉县志二十四卷首一卷

联目 194

（清）徐成畬等修　（清）范用宾等纂

有清光绪十一年（1885）刻本，存于国家图书馆、陕西师范大学图书馆。录自秦德印编《陕西地方志书目》第 118 页。

[民国]甘泉县志二十九卷首一卷

联目 194

钱祥保等修　杜邦杰纂

有民国十四年（1925）刻本，存于国家图书馆、陕西师范大学图书馆。录自秦德印编《陕西地方志书目》第 118 页。

[光绪]保安州续志四卷

联目 195

（清）寻銮晋修　（清）刘复隆纂

有清光绪三年（1877）刻本，存于国家图书馆。录自秦德印编《陕西地方志书目》第 119 页。

[光绪]保安州志八卷

联目 194

（清）杨桂森等纂修

有清光绪十五年（1889）刻本，存于国家图书馆。录自秦德印编《陕西地方志书目》第 118 页。

[民国]延川县续志六卷

联目 195

柯益谦纂修

有民国二十四年(1935)抄本、油印本,均存于陕西省文物管理委员会。录自秦德印编《陕西地方志书目》第 111 页。

重修鄜县志十六卷

联目 196

佚名纂

有抄本,存于西安市文物管理委员会。录自秦德印编《陕西地方志书目》第 117 页。

[光绪]南郑县志十六卷

联目 198

(清)孙万春纂

有清光绪二十年(1894)刻本。录自陈显远《孙万春私纂的〈南郑县志〉为什么被淹没?》(载《陕西地方志通讯》1986 年第 2 期,第 74 页)。

南郑重修县志材料集(工业志、商业志)二卷

联目 198

蔡洁丞采编

有民国三十七年(1948)铅印本。录自郭鹏《汉中地区历代志乘述略》(载《陕西地方志》1992 年第 4 期,第 37 页)。

[同治]褒谷古迹辑略

联目 198

(清)徐廷玉、万方田等辑注

清同治十三年(1874)付梓,刻本尚好,流传较广。录自《总目提要》25 - 63 张鼎钰提要。

续修洋县志

联目 199

佚名编

录自郭鹏《汉中地区历代志乘述略》(载《陕西地方志》1992 年第 4 期)。该文著录谓,"近年发现,民国时期曾编有《续修洋县志》手稿,内容丰富,考证精详,资

料价值极高",但未注明稿存何处。

洋县志校勘记

联目 199

李云纂修

有民国十三年(1924)抄本,存于陕西省图书馆。录自秦德印编《陕西地方志书目》第 89 页。

西乡县志十二卷

联目 200

佚名纂

有民国二十二年(1933)石印本,存于陕西省洋县档案馆。录自秦德印编《陕西地方志书目》第 91 页。

安康县续志

联目 202

佚名纂

有 1949 年本(已残),存于陕西省安康县图书馆。录自秦德印编《陕西地方志书目》第 77 页。

[民国]佛坪县志二卷

联目 202

张机高纂修

有民国十八年(1929)抄本。录自台北成文出版社《中国方志丛书目录》第 54 页,陕西省第一期 269。

洵阳县志二卷

联目 203

(明)南兆纂修

有明抄本,存于陕西省图书馆。录自秦德印编《陕西地方志书目》第 77 页。

[民国]续修平利县志十四卷

联目 203

吴惠畴、张炳山纂修

有民国三十六年(1947)抄本,存于陕西省平利县档案馆。录自高峰《陕西方志考》第220页。

平利县志书

联目 203

佚名纂

有抄本,存于陕西省图书馆。录自秦德印编《陕西地方志书目》第80页。

[民国]汉阴县志

联目 203

汉阴县县志局编纂

是稿成于民国三十七年(1948)。新中国成立后县人民政府秘书从一位编纂人员家中得到,收藏于县档案馆。经县志办公室整理点校后,1988年油印成册。录自张世民《〈[民国]汉阴县志〉油印成册》(载《中国地方志》1988年第3期,封三)。

[乾隆]石泉县志四卷

联目 204

(清)姜炳璋修　(清)张应鹏纂

有清乾隆三十三年(1768)刻本,存于国家图书馆。录自秦德印编《陕西地方志书目》第84页。

[民国]宁陕厅志二卷

联目 205

柯愈芳修　张祖仲纂

有民国三十六年(1947)石印本,存于陕西省陕县档案馆、西北大学图书馆。录自秦德印编《陕西地方志书目》第85页。

镇坪县志二十八卷

联目 205

佚名纂

有民国三十五年(1946)抄本,存于陕西省镇坪县档案馆。录自秦德印编《陕西地方志书目》第80页。高峰《陕西方志考》第222页著录为鲁长卿纂修。

甘肃省

甘肃镇图说

联目 207

(明)佚名撰

有《陕西四镇图说》本。抄本存于甘肃省图书馆。录自甘肃省图书馆历史文献部编《甘肃省地方志目录(省图书馆现存)》(载《甘肃地方志通讯》1985 年第 2 期,第 24 页)。

甘肃人物志二十四卷

联目 207

张维主编

民国十五年(1926)修成,有民国二十六年(1937)陇右乐善书局铅印本。收入《陇右文献丛书》(兰州大学出版社,1988 年版),存于西北大学图书馆。录自《总目提要》26 – 10 邵国秀提要。

钦定兰州纪略二十一卷

联目 207

(清)马培等纂修

有清乾隆间抄本。录自台北成文出版社《中国方志丛书目录》第 57 页,甘肃省第一期 323。

[道光]兰州新志十三卷

联目 208

(清)陈士桢修　(清)涂鸿仪编辑

有清道光十三年(1833)刊本。录自台北成文出版社《中国方志丛书目录》第 58 页,甘肃省第二期 564。

[康熙]皋兰载笔二卷

联目 208

(清)陈弈禧撰

有清康熙二十二年(1683)本,收入《小方壶斋舆地丛钞》中。录自邓明《兰州旧志述略》(载《兰州古今》1989 年第 1 期)。

皋兰县新志初稿十八册

联目 208

王烜总纂　杨沛霖、李孔炤、颜刚甫分纂

民国三十八年(1949)始修,直至 1957 年仍在补充。稿本绝大部分存于甘肃省图书馆、兰州市图书馆。录自邓明《兰州旧志述略》(载《兰州古今》1989 年第 1 期)。《总目提要》26 - 13 有邵国秀提要。

[民国]皋兰县风土志一册

联目 208

皋兰县政府纂

有民国十九年(1930)写本,存于甘肃省图书馆。录自邓明《兰州旧志述略》(载《兰州古今》1989 年第 1 期)。

兰州古今注一册

联目 208

张维纂

民国三十二年(1943)纂成。录自邓明《兰州旧志述略》(载《兰州古今》1989 年第 1 期)。

[宣统]兰州地理调查表一册

联目 208

(清)赖恩培编

有清宣统元年(1909)写本,存于甘肃省图书馆。录自邓明《兰州旧志述略》(载《兰州古今》1989 年第 1 期)。

兰州琐记一册

联目 208

剑雄著

民国初年编成,收入《新游记汇刊》。录自邓明《兰州旧志述略》(载《兰州古今》1989 年第 1 期)。

兰州要览一册

联目 208

兰州市政府编

有民国三十四年(1945)抄本,存于甘肃省档案馆。录自邓明《兰州旧志述略》(载《兰州古今》1989 年第 1 期)。

[民国]永登县志三卷

联目 208

周树清等纂修

有民国间抄本。录自台北成文出版社《中国方志丛书目录》第 57 页,甘肃省第一期 344。

襄武人物志一卷

联目 208

(清)吴之廷撰

陇西,宋以前称襄武。有清康熙间刻本。录自《总目提要》26 - 21 邵国秀提要。

[光绪]甘肃巩昌府会宁县乡土志一卷

联目 210

佚名编纂

录自 1984 年上海书店出版《陇右稀见方志三种》。邓明《〈陇右稀见方志三种〉考释》(载《兰州古今》1996 年第 1 期,第 11 页)有介绍。《总目提要》26 - 16 邵国秀提要著录为蒋康修纂,有清光绪三十一年(1905)写本。

新增岷州志一种

联目 210

又名《岷州乡土志》,记事至清同治十三年(1874)。录自《陇右稀见方志三种》(上海书店出版社,1984 年版)。

[万历]庄浪汇纪八卷

联目 213

(明)李作舟纂

有明万历四十四年(1616)刊本,存于国家图书馆。录自陈光贻《稀见地方志提要》第 253 页。《总目提要》26 - 13 邵国秀提要谓,据张维《陇右方志录》考证,为王之采修纂,有明万历四十四年刻本。

[民国]崇信县志四卷

联目 214

杨承基等重修

有民国十五年(1926)抄本。录自台北成文出版社《中国方志丛书目录》第 57 页,甘肃省第一期 336。

按:《联合目录》第 214 页有张明道修、任瀛翰纂《重修崇信县志》四卷,有民国十七年(1928)石印本。书名、卷数、印行时间均较相近。以未睹原书,不知是否为一书,仅录此以备考。

秦州记九卷

联目 215

郭仲产撰　冯国瑞辑

有民国三十二年(1943)天水县县志局陇西丛书编印社石印本,存于甘肃省图书馆。录自《甘肃省地方志目录》第 36 页。

[民国]秦安县志稿十四卷(今存十一卷)

联目 216

高秉衡纂

稿本原存纂者之家,1989 年高氏后人献出,现存于县地方志办公室。录自天水市地方志办公室刘雁翔先生给编者的来信。刘先生已写出提要,现存于笔者手中,因未公开发表,更多内容未便著录(以下数条同)。

[民国]天水乡土教材

联目 216

李天煦编

有民国十六年(1927)油印本,存于甘肃省图书馆。录自《甘肃省地方志目录》第 21 页。《总目提要》26 - 18 有邵国秀提要,著录为《天水乡土教材稿》三卷。

按:甘肃天水市地方志办公室刘雁翔先生给笔者来信谓,编纂者当是李天熙。油印本除藏于甘肃省图书馆之外,民间亦偶有收藏者。

[民国]天水指南一册

联目 216

武耀南编

有约于民国二十八年(1939),由西安秦风日报社印刷、天水图书馆发行本,有存于甘肃省图书馆西北文献资料库。录自天水市地方志办公室刘雁翔先生给笔者的来信。

麦积山石窟志

联目 216

冯国瑞撰

山在天水东南,望之若民间麦积之状,故名。志有民国三十年(1941)陇右丛书编印社石印本,1989 年改版重印本。录自《总目提要》26－18 邵国秀提要。

文县风土调查录

联目 216

佚名纂

有民国间抄本,存于甘肃省图书馆。录自《甘肃省地方志目录》第 20 页。

［民国］天水三字经二十八篇

联目 216

抗战时期战区中小学教师甘肃服务团教材编辑组编

以经文之下加小字注释的编纂形式,具方志性质。有铅印本存于甘肃省图书馆西北文献资料库,民间亦偶散有。录自甘肃天水市地方志办公室刘雁翔给笔者的来信。

［民国］武山县志七卷

联目 217

李克明纂

有稿本存于武山县地方志办公室。录自甘肃天水市地方志办公室刘雁翔先生给笔者的来信。

［天启］伏羌县志十卷

联目 217

(明)赵守成修　(明)叶应甲纂

民国十七年(1928)伏羌县改为甘谷县。是志原刻于明天启七年(1627),今仅有手抄本卷一至五存于甘谷县档案馆。录自甘肃天水市地方志办公室刘雁翔先生给笔者的来信。

［民国］甘谷县志十卷

联目 217

安履祥原稿　贾鸿逵重纂

有稿本存于重纂者贾鸿逵之子贾斌家。录自甘肃天水市地方志办公室刘雁翔先生给笔者的来信。

漳县志五卷

联目 218

周裕杭纂修

有抄本,存于甘肃省图书馆。录自陈光贻《稀见地方志提要》第 249 页,陈先生于提要中谓,漳县民国二年(1913)改陇西县丞分理制,志书即纂于此时。

［崇祯］成县新志十卷

联目 219

(明)谢镛修　(明)李在廷纂

有明崇祯间刻本,存于陕西省成县档案馆,甘肃省图书馆有复印本。录自《总目提要》26－35 易雪梅提要。

［道光］凉州府志备考四十卷

联目 221

(清)张澍撰

系张氏遗稿。有清道光间稿本,存于陕西省博物馆。有 1986 年武威市地方志编纂委员会办公室整理铅印本。录自何忠《甘肃旧方志整理概述》(载《贵州方志》,1988 年第 6 期,第 53 页)。《总目提要》26－39 有易雪梅提要。

［乾隆］五凉考治六德集全志五卷

联目 221

(清)张之俊修　(清)张绍美纂

初看书名似难理解,原来历史上晋时十六国中,有前凉、后凉、南凉、西凉、北凉,故唐时遂称甘肃之地为五凉,后亦有称凉州为五凉者。是志以《周礼·地官·

司徒》智、仁、圣、义、忠、和六德为卷次:智集志武威,仁集志镇番,圣集志永昌,义集志古浪,忠集志平番,和集则系张之俊所著《学道编》。有清乾隆十四年(1749)刻本。录自台北成文出版社《中国方志丛书目录》第 58 页,甘肃省第二期 560。《总目提要》26－39 有易雪梅提要。

［道光］武威耆旧传四卷

联目 221

(清)潘挹奎撰

有清道光间刻本。录自《总目提要》26－39 易雪梅提要。

［民国］甘肃省临潭县志

联目 221

宋子才撰

民国三十四年(1945)撰成,有抄本。录自《总目提要》26－46 易雪梅提要。

镇番遗事历鉴十二卷

联目 222

(清)谢树森撰　谢广恩续撰

以编年体记录民勤地方史事,未刻行,只有民国间稿本。录自《总目提要》26－40 易雪梅提要。

［民国］民勤县志

联目 222

马福祥等修　王之臣等纂

有民国间抄本,存台北成文出版社。录自台北成文出版社《中国方志丛书目录》第 57 页,甘肃省第一期 338。《总目提要》26－40 有易雪梅提要。

张掖县乡土志

联目 223

李含菁编辑

以四字韵语体式,内容分历史、政绩、兵事部分。收存于白册侯纂《［民国］新修张掖县志》中。录自张民林《张掖修志举要》(载王国华主编《金张掖风情》,兰州大学出版社,1998 年版,第 57 页)。

沙州记

联目 224

（刘宋）殷国纂 （清）张澍辑录

有清道光元年（1821）武威张氏刻《二酉堂丛书》本，存于甘肃省图书馆。录自《甘肃地方志总目》第 29 页。《总目提要》26－44 易雪梅提要、张国淦《中国古方志考》第 181 页均著录为宋段国编纂。《中国丛书综录》子目编第 530 页左著录为：刘宋段国撰，有清马俊良辑《说郛》本、《二酉堂丛书》本、《丛书集成初编》本。

［乾隆］敦煌杂抄二卷敦煌随笔二卷

联目 225

（清）常钧纂

有清乾隆七年（1742）清润斋刻本，存于上海图书馆。又有民国二十六年（1937）禹贡学会铅印《边疆丛书》本。录自陈光贻《稀见地方志提要》第 261 页。《总目提要》26－45 有易雪梅提要。

马鬃山调查报告

蒙藏委员会调查室编

有民国二十七年（1938）铅印本，存于甘肃省图书馆。录自《甘肃省地方志目录》第 20 页。

宁夏回族自治区

[宣德] 宁夏志

联目 227

(明) 朱栴纂

是书国内不传已近 400 年, 只于日本东京京都大学图书馆有藏。1992 年, 宁夏回族自治区社会科学院吴忠礼先生, 通过该图书馆馆长、语言文学部主任、著名西夏学者西田龙雄先生拍照引回, 加以笺证, 由宁夏人民出版社 1996 年出版。录自吴忠礼《宁夏志笺证》(宁夏人民出版社, 1996 年版) 第 428 页。《总目提要》28 - 7, 著录为"《[正统] 宁夏志》二卷"。

宁夏新志八卷

联目 227

(明) 杨守礼修 (明) 管律纂

被称为"素材丰富的军事封建主义边塞经济的标本"。有明万历间刊木、1961 年上海古籍出版社影印线装本、1982 年宁夏人民出版社铅印本。录自《总目提要》28 - 7 高树榆提要。晓明《宁夏方志存佚目录》(载《宁夏史志研究》1986 年第 1 期) 著录为: "明嘉靖十九年刻本(原刻孤本藏天一阁。影印本我区多有收藏)。"

[康熙] 朔方广武志二卷

联目 227

(清) 俞益谟纂

有清康熙五十六年(1717) 刊本, 存甘肃省图书馆。录自陈光贻《稀见地方志提要》第 266 页。晓明《宁夏方志存佚目录》(载《宁夏史志研究》1986 年第 1 期) 著录为: "(清) 俞益谟修, 高嶷等纂……原刻本甘肃有藏。"

[光绪] 朔方备乘图说

联目 227

(清) 何秋涛修纂

有清光绪三年(1877) 刊本。录自台北成文出版社《中国方志丛书目录》第 72

页,宁夏省第一期1。

重修灵州志

联目229

兰德昌等录

有1944年抄本,宁夏回族自治区图书馆存一册(107页)。录自晓明《宁夏地方志存佚目录》(载《宁夏史志研究》1986年第1期,第69页)。《总目提要》28-13高树榆提要著录谓:"清佚名撰……有的目录著为'兰德昌撰',显然有误。确切卷数因未见全帙,暂付阙如。"

[民国]盐池县志

联目229

陈步瀛撰

有民国三十六年(1947)油印本二册,存宁夏回族自治区盐池县档案馆。录自晓明《宁夏地方志存佚目录》(载《宁夏史志研究》1986年第1期,第70页)。高树榆等编著《宁夏方志述略》(吉林省地方志编纂委员会、吉林省图书馆学会,1985年印行本)第82页有介绍。《总目提要》28-14有提要。

[民国]固原县志十卷

联目229

固原县县志委员会编 叶超总纂

民国三十七年(1948)草本也。有手抄本,存于宁夏回族自治区固原县档案馆。有1981年固原县文物工作站翻刻油印本。录自牛达生《[民国]固原县志》(载《宁夏史志通讯》1986年第1期,第57页)。又见高树榆《宁夏方志录》(载《宁夏史志通讯》1988年第2期,第51页)。《总目提要》28-11有提要。

固原州宪纲事宜册

联目229

(清)佚名纂

仅有抄本,存于甘肃省图书馆。录自高树榆《宁夏方志录》(载《宁夏史志通讯》1988年第2期,第51页)。《总目提要》28-10有提要。

[乾隆]海城厅志

联目229

（清）朱亨衍纂修

有清乾隆十七年（1752）刻本。录自高树榆《宁夏文献》（载《宁夏史志研究》1986 年第 6 期,第 58 页）。高树榆等编著《宁夏方志述略》第 112 页有介绍。

［光绪］重修镇原志

联目 229

（清）焦国理编纂

镇原,今固原地也。有清光绪二十四年（1898）本。录自牛达生《［民国］固原县志》（载《宁夏史志通讯》1986 年第 1 期,第 58 页）。

［民国］海原县要览十三章

联目 230

佚名纂

未署撰人姓氏及撰作时间。有抄本,存于宁夏回族自治区海原县档案馆。录自佘贵孝《民国〈海原县要览〉简介》（载《宁夏方志研究》1987 年第 2 期,第 79 页）。又见高树榆《宁夏方志录》（载《宁夏史志通讯》1988 年第 2 期,第 45 页）。《总目提要》28－12 有提要。

［民国］西吉县志一卷

联目 230

庞育德修　马国与纂

有民国三十六年（1947）抄本的复印本,存于宁夏回族自治区社会科学院。录自晓明《宁夏地方志存佚目录》（载《宁夏史志研究》1986 年第 1 期,第 71 页）。《总目提要》28－12 有提要。

［宣统］新修硝河城志

联目 230

（清）王学伊修　（清）杨修德纂

附载于清宣统元年（1909）铅印的《［宣统］新修固原直隶州志》后。录自《总目提要》28－12。

青海省

［雍正］青海

联目 231

（清）佚名纂

记事止于清雍正九年（1731）。有抄本，存于青海省图书馆。录自《总目提要》27 - 5 陈超提要。

青海调查

联目 231

佚名纂

有清宣统二年（1910）抄本，存于青海省图书馆。录自陈超、刘玉清编著《青海地方志书介绍》（吉林省地方志编纂委员会、吉林省图书馆学会，1985 年印行本）第24 页。

［民国］青海概况

联目 231

沈焕章纂

修成于民国二十四年（1935），有稿本，存于青海省图书馆。录自《总目提要》27 - 6 陈超提要。

［民国］青海省通志凡例暨目录

联目 231

青海省通志编纂委员会纂

民国三十六年（1947）建立青海通志修纂机构，纂成本稿一册，有铅印本。录自《总目提要》27 - 7 陈超提要。

民国青海通志资料摘抄

联目 231

青海省通志编纂委员会编

有民国三十六年(1947)抄本 36 册,存于青海省图书馆。录自陈超、刘玉清编著《青海地方志书介绍》第 12 页。《总目提要》27 – 7 著录为:"《[民国]青海省通志稿志料汇编》二十一卷"。

到青海去

联目 231

顾执中、陆诒著

有民国二十三年(1934)商务印书馆版,存于青海省图书馆。录自陈超、刘玉清编著《青海地方志书介绍》第 23 页。

青海

联目 231

周觉生著

有民国二十五年(1936)版,存于青海省图书馆。录自陈超、刘玉清编著《青海地方志书介绍》第 21 页。

青海(上)

联目 231

吴均编著

有民国三十六年(1947)版,存于青海省图书馆。录自陈超、刘玉清编著《青海地方志书介绍》第 19 页。《总目提要》27 – 7 有提要谓,记事止于民国三十六年,有国立西宁师范学校石印本。

青海地志略

联目 231

(清)康敷镕纂

有手抄本。录自台北成文出版社《中国方志丛书目录》第 71 页,青海省第一期 23。

[嘉靖]西宁卫志

联目 231

(明)张芝撰

为现在所知的西宁,也是青海省最早的一部地方志书。录自《总目提要》27 – 7

陈超提要。

［万历］西宁卫志

联目 231

（明）刘敏宽、龙膺修纂

明万历时在前《西宁卫志》的基础上重新修纂而成。有明万历二十三年（1595）刊行本。录自《总目提要》27 - 7。

西宁

联目 231

中央政治学校附设蒙藏学校边疆教育实业考察团撰

记事止于民国二十四年（1935）。有民国二十五年（1936）中央政治学校铅印本，存于青海省图书馆。录自陈超、刘玉清编著《青海地方志书介绍》第 29 页。《总目提要》27 - 9 有提要。

［民国］青海省大通县风土调查概况

联目 232

佚名纂

记事止于民国十八年（1929）。有民国二十一年（1932）稿本，收入王昱、李庆涛编《青海风土概况调查集》（青海人民出版社，1985 年版）。录自《总目提要》27 - 10。

西宁、互助、乐都、民和、贵德、共和、门源风土调查记

联目 232

佚名编著

有民国二十一年（1932）油印本，藏于南京大学图书馆。又有青海省搜集民族展品办公室复制油印本，存于青海省图书馆。录自陈超、刘玉清编著《青海地方志书介绍》第 25 页。

［嘉庆］循化志八卷

联目 232

（清）龚景瀚修 （清）李本源校

内容与《［乾隆］循化厅志》相近。虽名为清嘉庆志，但增补了清道光间的资料，记事至清道光二十六年（1846），当是后人所增添。录自《总目提要》27 - 11。

［民国］循化县风土概况调查大纲

联目 232

佚名纂

记事止于民国十八年（1929）。有民国南京金陵大学油印本。录自《总目提要》27 – 12。

［民国］青海省湟源县风土概况调查大纲

联目 233

佚名纂

记事止于民国十八年（1929）。收入王昱、李庆涛编《青海风土概况调查集》。录自《总目提要》27 – 11。

［民国］同仁县风土概况调查大纲

联目 233

佚名纂

记事止于民国十八年（1929）。收入王昱、李庆涛编《青海风土概况调查集》。录自《总目提要》27 – 12。

［民国］共和县风土概况调查大纲

联目 233

佚名纂

记事止于民国十九年（1930）。收入王昱、李庆涛编《青海风土概况调查集》。录自《总目提要》27 – 12。

［民国］贵德县简志四卷

联目 233

姚钧纂修

记事止于民国十八年（1929）。未刊印，仅有稿本存于青海省图书馆。录自《总目提要》27 – 13。

［民国］果洛调查报告

联目 233

蒙藏委员会调查室纂

记事止于民国三十年(1941)。有民国三十三年(1944)蒙藏委员会铅印本。录自《总目提要》27 – 13。

［民国］玉树志略

联目 233

曹瑞荣撰

全书由《玉树志略》和《青海旅行记》两大部分组成,记事止于民国十六年(1927)。有民国十七年(1928)甘肃印刷局铅印本。录自《总目提要》27 – 14。

［民国］都兰县风土概况调查记

联目 234

梁炳麟修纂

记事止于民国二十一年(1932)。收入王昱、李庆涛编《青海风土概况调查集》。录自《总目提要》27 – 14。

新疆维吾尔自治区

[永乐]西域番国志

联目 235

(明)陈诚撰

又名《使西域记》。有明抄本、民国二十六年(1937)《国立北平图书馆善本丛书第一集》影印本。录自《总目提要》29－5 苗普生提要。

[乾隆]回疆志四卷首一卷

联目 235

(清)永贵、固世衡原撰　(清)苏尔德增纂

亦名《新疆回部志》,纂成于清乾隆三十七年(1772),有清乾隆间抄本。1950年吴丰培辑入《边疆丛书续编》,有油印本。录自《总目提要》29－5 齐清顺提要。

[光绪]西陲事略三卷

联目 235

(清)李云麟撰

书末署"光绪四年九月一日李云麟谨呈"。有清光绪间抄本,又有 1985 年 5 月新疆维吾尔自治区图书馆影印线装本。录自台北成文出版社《中国方志丛书目录》第 70 页,新疆省第一期 36。

[民国]新疆地理志六章

联目 235

张献廷纂

有民国三年(1914)石印本,又有新疆维吾尔自治区图书馆影印线装本。录自台北成文出版社《中国方志丛书目录》第 70 页,新疆省第一期 8。

旧刊新疆舆图二十九幅

联目 235

佚名绘集

有清光绪三十二年(1906)铅印本,又有新疆维吾尔自治区图书馆 1985 年影印线装本。录自台北成文出版社《中国方志丛书目录》第 70 页,新疆省第一期 5。

西北垦务调查汇册六册

联目 235

(清)西北垦务调查局编

有清宣统二年(1910)石印本。录自台北成文出版社《中国方志丛书目录》第 73 页,内蒙古第一期 40。

西域通览二编

联目 235

〔日〕山县初男原编　(清)吴季昌译

有清宣统元年(1909)铅印本。录自杜建荣《〈中国地方志联合目录〉正误——〈联合目录〉未收之方志》(载《天津史志》1989 年第 1 期,第 63 页)。

[民国]新疆兵要地志

联目 235

1947 – 1949 年间国民党当地驻军编

胡正华在《新疆地方志通讯》(1983 年第 1 期,第 28 – 41 页)著录有《兵要地志》31 种。他在《新疆兵要地志概述》(载《新疆地方志》1991 年第 3 期)一文中,将这些兵要地志,区分有区域型的 22 种,如《景化(今米泉)兵要地志调查报告》《哈密区镇(今巴里坤)县兵要地志》等;路线型的 8 种,如《天山兵要地志调查书》《阿(克苏)和(阗)路线兵要地志》;综合兵要地志调查表若干种,如《新疆兵要地志调查表(1948)》《新疆兵要地志调查表(1949)》等,总数又超过 31 种。

[道光]新疆赋一卷

联目 235

(清)徐松纂

有清道光间刊本,存于上海图书馆。录自陈光贻《稀见地方志提要》第 279 页。

西陲纪事本末三册

联目 239

(清)李云麟编纂

此为稿本。录自台北成文出版社《中国方志丛书目录》第 70 页,新疆第一期 3。

[光绪]迪化县乡土志

联目 243

佚名纂

编纂者及年份不详,记事至清光绪三十三年(1907)。修成未梓行,为日人林出贤次郎携去日本,1986 年日本片冈一忠辑入《新疆省乡土志三十种》刊行,经日本友人回赠给新疆社会科学院。录自《〈林出行次郎携来新疆乡土志三十种〉解说》(章莹译)(载《新疆地方志通讯》1988 年第 2 期,第 37 页)。

[光绪]昌吉县乡土志

联目 244

有清光绪三十四年(1908)十月奉命编修本,首都图书馆有藏,昌吉县地方志办公室有复印本。此在《联合目录》第 244 页中已有著录。据胡正华在《新疆乡土志》(载《新疆地方志》1989 年第 1 期)一文中说,署《昌吉县乡土志》者有两种版本,本编中当著录何种,尚待进一步考定。该文中介绍的多种乡土志都有两种版本,也当进一步考定后加以补入。

[光绪]孚远县乡土志

联目 244

有清光绪二十九年(1903)本。录自《〈林出行次郎携来新疆乡土志三十种〉解说》。《联合目录》第 244 页著录有清光绪三十三年(1907)本同名志书。据戴良佐在《昌吉州现存旧志述略》(载《新疆地方志》1989 年第 3 期)谓,日本大谷探险队成员野村荣三郎在《蒙古新疆旅行记》中也说,《孚远县乡土志》有清光绪二十九年、三十三年两种版本。

[万历]哈密志一卷

联目 244

(明)王世贞纂

有明万历四十三年(1615)刊本,存于上海图书馆。录自陈光贻《稀见地方志提要》第 281 页。

［咸丰］叶尔羌纪程稿

联目 245

（清）倭仁纂

有手稿本，存于上海图书馆。录自陈光贻《稀见地方志提要》第 282 页。

［民国］奇台县志

联目 245

佚名纂

民国三十二年（1943）纂成后，稿本曾一度失传。1958 年 10 月在县邮电局的零散文件中复寻得，1959 年 3 月 11 日报送昌吉州党委、政府。"文化大革命"中再度散佚，县志办 1989 年征集修志资料时，才在一堆零散文件中重得，现存于奇台县地方志办公室。录自戴良佐《昌吉州现存旧志述略》（载《新疆地方志》1989 年第 3 期）。

沙州伊州地志残卷

联目 245

（唐）佚名纂

此志于唐光启元年（885）十二月二十五日由张大庆抄录一过。现存其残卷文字 86 行，于清末为英人斯坦因从敦煌劫至英国，藏于不列颠博物馆，编号为 S.936。中国社会科学院历史研究所存有复印本。20 世纪 30 年代，日本学者羽田亨经研究，定名为《沙州伊州地志》。录自刘纬毅《中国地方志》（新华出版社，1991 年版）第 59 页。仓修良在《方志学通论》（齐鲁书社，1990 年版，第 258 页）中认为，书名应作《沙州伊州图经》为是。

［民国］新镇西县志

联目 246

林岳玉、易升骏编

有民国三十五年（1946）手稿本，存于新疆巴里坤哈萨克自治县档案馆。录自《新疆地方志目录》（载《新疆地方志通讯》1983 年第 1 期，第 36 页）。

［光绪］塔城直隶厅乡土志

联目 246

佚名纂

记事至清光绪三十二年(1906)。纂成未付梓,经历与前《[光绪]迪化县乡土志》同。录自胡正华《新疆的乡土志》(载《新疆地方志》1989 年第 1 期)。《总目提要》29-12 有苗普生提要。

[光绪]库尔喀喇乌苏直隶厅乡土志

联目 246

佚名纂

录自日本片冈一忠《〈林出贤次郎携来新疆乡土志三十种〉解说》。《总目提要》29-12 苗普生提要谓,库尔喀喇乌苏即今乌苏县。系清光绪末年,奉编书局之令,为充小学教材而纂辑者。

[民国]精河县志

联目 246

阎作霖编

有民国三十三年(1944)稿本,存于中国社会科学院民族研究所。录自《中国社会科学院地方志联合目录》第 650 页。

伊江汇览

联目 246

(清)珞璙额纂

有抄本、《复旦大学图书馆藏稀见方志丛刊》(国家图书馆出版社,2010 年版)本。录自《中国社会科学院地方志联合目录》第 651 页。

[光绪]塔尔巴哈台志略

联目 247

佚名纂

清光绪中期成书,亦名《塔尔巴哈台图说》,与《塔尔巴哈台事宜》系前后两书。收入 1978 年中央民族学院(今中央民族大学)图书馆编《中国民族史地资料丛刊》,有油印本。录自吴丰培《新疆、西藏等地志叙录〈塔尔巴哈台志略〉跋》(载《中国地方史志》1982 年第 3 期,第 27 页)。又见《新疆塔城地区史志工作》(载《中国地方史志》1987 年第 1 期,第 45 页)。《总目提要》29-12 有刘清顺提要。

［光绪］绥来县乡土志

联目 247

杨存蔚编纂　严国桢校订

编于民国十七年（1928）。志稿经历与前《［光绪］迪化县乡土志》同。录自戴良佐《昌吉州现存旧志述略》（载《新疆地方志》1989 年第 3 期）。《总目提要》29－15 苗普生提要谓，记事至清光绪三十四年（1908）。

［民国］绥来县志略

联目 247

佚名纂

编纂于民国三十七年（1948）。录自戴良佐《昌吉州现存旧志述略》（载《新疆地方志》1989 年第 3 期）。

［民国］沙雅县志（草稿）

联目 248

李晋年编

草成于民国八年（1919）。1963 年由李微捐赠给新疆维吾尔自治区图书馆。资料由新疆地方志编纂委员会办公室胡正华先生给编者来信提供（胡先生写来的提要，因未公开发表，相关数据未便详录——以下数条同）。

［咸丰］乌什事宜

联目 249

佚名纂

编成于清咸丰七年（1857）。有 1982 年吴丰培整理，与《塔尔巴哈台志略》合订本。录自吴丰培《新疆、西藏等地志叙录〈塔尔巴哈台志略〉跋》（载《中国地方史志》1982 年第 3 期，第 28 页）。

疏附县志二卷

联目 251

佚名纂

有抄本影印本,存于新疆维吾尔自治区档案馆。录自《新疆地方志目录》（载《新疆地方志通讯》1983 年第 1 期）。

［光绪］于阗县乡土志

联目 252

佚名编纂

记事止于清光绪三十二年（1906）。志稿经历同《［光绪］迪化县乡土志》。录自胡正华《新疆的乡土志》（载《新疆地方志》1989 年第 1 期）。《总目提要》29－16 有苗普生提要。

［民国］和阗县政概况附统计表八种

联目 252

安筱山、于焕章主修　王普滨编撰

民国三十八年（1949）成书。资料由新疆地方志编纂委员会办公室胡正华先生给笔者来信提供。

和阗、新平、叶城乡土志一卷（实为三卷）

联目 252

佚名纂修

有吴丰培序。收入 1978 年中央民族学院（今中央民族大学）图书馆编《中国民族史地资料丛刊》之七。新疆维吾尔自治区档案馆有藏。录自《新疆地方志目录》第 27 页。吴丰培在《中国地方史志》1982 年第 2 期，第 25 页刊发的《新疆、西藏等地志叙录〈新疆乡土志四种〉跋》中称，镇西、和阗、叶城、新平，实应分为四种。

［民国］叶城县志八卷

联目 251

邓缵先编著

新疆地方志编纂委员会资料室存有抄本的复印本（缺卷一至三）。资料由新疆地方志编纂委员会办公室胡正华先生给笔者来信提供。

山东省

[康熙]山东肇域记六卷

联目 255

(清)顾炎武撰

有清抄本,藏于国家图书馆。录自王桂云《山东方志汇要》(宁夏人民出版社,1989 年版)第 13 页。《总目提要》15 – 7 有提要。

[道光]山东通志局修志条款采访册

联目 255

(清)崔云辉等撰

有清道光间抄本 8 册,存于山东省图书馆。录自王桂云《山东方志汇要》第 15 页。《总目提要》15 – 7 有提要。

山东乡土教本六十课

联目 255

祁锡堉编

有民国十年(1921)铅印本,民国十一年再印本。山东省图书馆、北京师范大学图书馆有藏本。录自王桂云《山东方志汇要》第 21 页。《总目提要》15 – 8 有提要。

[民国]大中华山东省地理志

联目 255

林传甲纂

有大国图书局(原文著录如此)印行本,山东省图书馆有藏。录自王桂云《山东方志汇要》第 21 页。《总目提要》15 – 8 有提要。

[民国]山东省省志七卷

联目 255

白眉初编

这是编者纂的《鲁豫晋三省志》中析出之山东部分。有民国十四年(1925)北京师范大学史地系铅印本,山东省图书馆有藏。解放后,又有江苏省泰州市新华书店影印本。录自王桂云《山东方志汇要》第 22 页。《总目提要》15 - 9 有提要。

[民国]山东通志稿本

联目 255

佚名撰

系私人编纂稿本,存于山东省图书馆。录自王桂云《山东方志汇要》第 23 页。

[光绪]山东省文武明鉴

联目 255

(清)窦毓恩撰

有清光绪二年(1876)济南鸿文堂刻字铺刻本 5 册。录自王桂云《山东方志汇要》第 15 页。

[光绪]山东省沿革表四卷首一卷

联目 255

(清)张绍潜编

清光绪二十年(1894)刻本装为上下两册。国家图书馆、山东省图书馆有藏本。录自王桂云《山东方志汇要》第 16 页。

济南府志杂抄

联目 256

有清抄本,存于山东省图书馆。录自山东省图书馆特藏部编《山东省地方志联合目录》(1981 年印行本)第 5 页。

[民国]济南大观

联目 256

罗腾霄编

有民国二十三年(1934)铅印本 1 册。录自王桂云《山东方志汇要》第 31 页。

[万历](淄川)县志小序

联目 257

(明)王教撰

有明万历三十年(1602)刻本。录自杜建荣《〈中国地方志联合目录〉正误——〈联合目录〉未收之方志》(载《天津史志》1989年第1期,第61页)。

[乾隆]德州新志考误十二卷首一卷

联目259

(清)李有基撰

有清乾隆五十九年(1794)刻本。录自杜建荣《〈中国地方志联合目录〉正误——〈联合目录〉未收之方志》(载《天津史志》1989年第1期,第61页)。

[民国]齐河县乡土志教本

联目259

孙同文编

有民国六年(1917)县劝学所石印本,存于山东省图书馆。录自《总目提要》15-72。王桂云《山东方志汇要》第633页有介绍。

[光绪]宁津县志十卷

联目266

(清)姚沿田修　(清)张举三纂

有抄本,存于陕西省图书馆(不全)。录自《山东省地方志联合目录》第49页。

[光绪]宰惠纪略五卷

联目266

(清)柳堂修　(清)李凤冈纂

有清光绪二十七年(1901)尊经阁刻本2册。录自王桂云《山东方志汇要》第534页。

[民国]续修惠民县志

联目267

佚名纂

有手稿本、刊印本。录自王建国《山东旧志整理情况综述》(载《贵州方志》1989年第1期,第62页)。

长山县志十五卷

联目267

（明）詹莱纂修

有明刻、清修补刻本，藏于国家图书馆。录自《山东省地方志联合目录》第63 页。

［光绪］长山县乡土志二卷

联目 270

（清）刘维翰编

有清光绪三十三年（1907）抄本，存于北京大学图书馆。录自《山东省地方志联合目录》第 64 页。

［康熙］新城县续志二卷

联目 272

（清）孙元衡撰　（清）王启涑编

附于清康熙三十二年（1693）刻本《新城县志》书后，存于北京大学图书馆、中国科学院文献情报中心。录自于义芳《〈中国地方志联合目录〉择误》（载《中国地方志》1999 年第 1 期，第 75 页）。《总目提要》15－21 有提要。赵嘉朱主编《中国社会科学院地方志联合目录》第 335 页著录为马孔彰纂修，有清康熙十一年（1672）刻本。

［雍正］青州府志摘略

联目 272

佚名摘纂

有清光绪七年（1881）王文鸿抄本，存于山东省图书馆。录自《山东省地方志联合目录》第 86 页。

［道光］青州府志

联目 272

（清）李廷扬修

录自王桂云《潍坊市辖区方志述略》（载《潍坊史志》1987 年第 1 期，第 84 页）。

颜山杂记四卷

联目 273

孙廷铨纂修

此为记益都(今山东省青州市)长孝乡颜山一地之乡土志也。有清康熙五年(1666)刻本。录自陈光贻《稀见地方志提要》第 305 页。王桂云《山东方志汇要》第 168 页有介绍。

[光绪]齐东县志二卷

联目 273

(清)袁馥村修　(清)赵仁林纂

有清宣统二年(1910)刻本,存于山东省图书馆。有抄本存青岛图书馆、南京大学图书馆。录自《山东省地方志联合目录》第 65 页。《总目提要》15 – 83 有提要。

齐东县乡土志

联目 273

(清)叶宝昌修　(清)袁馥村、赵仁林纂

有清宣统二年(1910)铅印本、民国二十四年(1935)铅印本。1976 年台北成文出版社影印出版《中国方志丛书》本,中国社会科学院图书馆、历史研究所图书馆、中国社会科学院研究生院图书馆均有存。录自《中国社会科学院地方志联合目录》第 355 页。

[乾隆]寿光县志三十卷

联目 274

(清)王椿修　(清)杨廷枚等纂

有清乾隆二十年(1755)刻本,藏于美国国会图书馆。有残本存于烟台市博物馆。录自烟台市地方史志办公室宫栾鼎《从烟台一隅看普查方志的必要性》(载《中国地方志通讯》1985 年第 5 期,第 31 页)。

[民国]寿光县图志一卷

联目 274

王怀义编

有民国二十五年(1936)铅印本,存于山东省图书馆。录自王桂云《山东方志汇要》第 153 页。《总目提要》15 – 37 有提要。

[光绪]乐昌县乡土志一卷

联目 274

（清）刘显纲纂

有清光绪末抄本，存于山东省博物馆。录自《总目提要》15－30。

［民国］羊角沟咫见录

联目 274

王树楠编

此乃属寿光县一个镇之志书。有民国二十五年（1936）青岛市宜今印务局铅印本，存于山东省图书馆。录自《山东省地方志联合目录》第 83 页。《总目提要》15－38 有提要。

［雍正］临朐编年录七卷

联目 275

佚名纂

记事下限至清雍正四年（1726）。有清抄本，存于上海图书馆。录自陈光贻《稀见地方志提要》第 309 页。王桂云《山东方志汇要》第 130 页有介绍。

［乾隆］临朐县志八卷

联目 275

有清乾隆四十一年（1776）刻本，存于国家图书馆、北京大学图书馆。录自《山东省地方志联合目录》第 89 页。

昌国艅艎十二卷

联目 275

（明）傅国和撰

有清嘉庆二十四年（1819）抄本，存于临朐县地方志办公室。录自王桂云《潍坊市辖区方志述略》（载《潍坊史志》1987 年第 1 期）。同期还载有张玉昆《傅国和〈昌国艅艎〉》的介绍文章。《总目提要》15－31 有提要。

［民国］安丘全志一百六卷

联目 276

章光铭主修　马步元编纂

此系将明万历《安丘县志》二十八卷、清康熙《续安丘县志》二十五卷、清道光《安丘新志》二十八卷及民国《续安丘新志》二十五卷等四种县志汇编刊行。民国九年(1920)石印合刊,称为《安丘全志》。录自王桂云《山东方志汇要》第 124 页。

[道光]高阳志

联目 277

(清)张绍文纂修

昌邑县之高阳村志也。有清抄本,存于山东省昌邑县地方志办公室。录自《山东省地方志联合目录》第 81 页。王桂云《潍坊市辖区方志述略》(载《潍坊史志》1987 年第 1 期)有介绍。

[雍正](胶)州志别本二卷

联目 278

(清)张谦宜撰

有王少岑清光绪十一年(1885)抄本,存于山东省图书馆。录自《山东省地方志联合目录》第 12 页。《总目提要》15 – 15 有提要。

[民国]胶州湾八卷

联目 278

[日]田原天南著

有 1914 年铅印本。录自王桂云《山东方志汇要》第 62 页。

[民国]青岛概况十五章

联目 278

驻青日本总领事馆编

专记当时青岛工商业的状况,有民国十四年(1925)铅印本。录自王桂云《山东方志汇要》第 64 页。

[民国]青岛要览十九章

联目 278

青岛守备军民政署编纂

有日本田久江南发行的日文本,芦泽印刷所印行(原署大正十年十一月二十五日印)。录自王桂云《山东方志汇要》第 64 页。

青岛纺织劳动调查

联目 278

日本满铁调查部编著

日本昭和十五年(1940)出版。录自王桂云《山东方志汇要》第 66 页。

[乾隆] 灵山卫志

联目 278

(清)苏潜修纂修

有清乾隆三十九年(1774)抄本,存于山东省胶南市档案局。录自王桂云《山东方志汇要》第 93 页。《山东省地方志联合目录》第 13 页有著录,《总目提要》15 – 16 有提要。

[民国] 潍县乡土历史谭

联目 278

丁锡田编

又名《潍坊文献丛刊》。有民国石印本,存于山东省图书馆、国家图书馆。录自《山东省地方志联合目录》第 79 页,王桂云《山东方志汇要》第 93 页有介绍。

[民国] 潍坊古城考

联目 278

郭子嘉著

收入《小书巢丛刊》。录自王桂云《山东方志汇要》第 93 页。

[崇祯] 高密全城记一册

联目 279

(明)何平纂修

有稿本,存于青岛市图书馆。录自王桂云《山东方志汇要》第 141 页。

[民国] 烟台大观十二章

联目 280

耿乃熙修　池田薰、刘云楼纂

有民国二十九年(1940)铅印本。录自山东省烟台市地方史志办公室宫栾鼎《从烟台一隅看普查方志的必要性》(载《中国地方志通讯》1985 年第 5 期,第 31 页)。王桂云《山东方志汇要》第 206 页有介绍。

［民国］烟台要览二十六章

联目 280

郑千里编纂

有民国十二年(1923)铅印本,存于山东省烟台市档案馆。烟台市图书馆、烟台市地方史志办公室均有复印本。录自宫栾鼎《从烟台一隅看普查方志的必要性》(载《中国地方志通讯》1985 年第 5 期,第 31 页)。王桂云《山东方志汇要》第 205 页有介绍。

［民国］烟台概览

联目 280

刘精一编纂

有民国二十六年(1937)铅印本一册,存于烟台市档案馆、博物馆。录自宫栾鼎《从烟台一隅看普查方志的必要性》(载《中国地方志通讯》1985 年第 5 期,第 31 页)。王桂云《山东方志汇要》第 206 页有介绍。

［民国］即墨县志稿

联目 281

杨酉桂修　周正岐纂

民国二十一年(1932)成稿后,曾一度散佚,现只有县志办征集的部分残稿。录自即墨县志办公室《即墨历代修志概述》(载《青岛史志》1986 年第 2 期,第 47 页)。

即墨县志(增补稿)

联目 281

蓝仁介、王仁山纂

民国三十七年(1948),县长隋永谓征聘蓝仁介、王仁山对县志进行增补,以时局影响,事亦未成,仅存此稿数卷,今存于即墨县地方志办公室。录自即墨县地方志办公室《即墨县历代修志概述》(载《青岛史志》1986 年第 2 期,第 47 页)。《总目提要》15 – 15 有提要。

［光绪］即墨乡土志二卷

联目 281

(清)周铭祺撰

撰于清光绪三十四年(1908),有手抄本存于山东省潍坊市档案馆,即墨县地方志办公室存手抄复印本。录自即墨县地方志办公室《即墨县历代修志概述》(载《青岛史志》1986 年第 2 期,第 47 页)。《总目提要》15 – 15 有提要。

雄崖所建置沿革志

联目 281

姚梦白著

明代在即墨境内设鳌山卫和雄崖、浮山两所。志有刘心传手抄本,存于即墨县地方志办公室。录自即墨县地方志办公室《即墨县历代修志概述》(载《青岛史志》1986 年第 2 期,第 47 页)。《总目提要》15 – 15 有提要。

[乾隆]勺亭识小录八卷外集一卷

联目 281

(清)毛赞纂　(清)王桂堂重编

有民国十三年(1924)王氏曝经草堂稿本,存于山东省图书馆。录自《山东省地方志联合目录》第 104 页。王桂云《山东方志汇要》第 212 页有介绍。《总目提要》15 – 42 有提要。

[光绪]掖县全志十八卷首一卷

联目 281

(清)魏起鹏汇编

录自王桂云《山东方志汇要》第 217 页。王氏在提要中谓,系"将乾隆、嘉庆、道光四部县志汇编成"。所谓"四部"者,当是《联合目录》已著录的《[乾隆]掖县志》《[嘉庆]续掖县志》《[道光]掖乘》和《[道光]再续掖县志》。从《掖县全志》卷首的《全志弁言》"总会四志,各以类从,便于披阅,前后贯通,□俟作者,笔削折衷……"以及魏起鹏序言"前后四志,分类合编"来看,此《全志》并非是将四部前志简单叠合的汇刊,而是将四部志书内容的融汇重编,故可视作一部特别之志,在此著录。

[康熙]登州府志二十二卷

联目 282

(清)施闰章原修　(清)任璇续修

有清康熙三十三年(1694)续刻本 4 册,又有与清乾隆志的合刊本 14 册。录自王桂云《山东方志汇要》第 236 页。

[民国]蓬莱县地理讲义一卷

联目 282

袁式和编

有民国二十三年(1934)蓬莱县立初级中学铅印本,存于山东省图书馆。录自《山东省地方志联合目录》第 111 页。王桂云《山东方志汇要》第 242 页有介绍。

[民国]蓬莱地理说略

联目 282

刘远哉纂修

有蓬莱旬刊社 1925 年 9 月铅印本,存于蓬莱县档案局。录自王桂云《山东方志汇要》第 243 页。

[民国]龙口志八卷

联目 283

张殿邦纂修

有新中国成立后的抄本,存于黄县档案馆。录自《山东省地方志联合目录》第 120 页。王桂云《山东方志汇要》第 230 页有介绍,谓山东省图书馆有藏本。《总目提要》15 - 47 有提要。

[光绪]福山县志稿

联目 283

(清)康鸿逵修　(清)王懿荣纂

始修于清光绪十七年(1891),至清光绪二十六年(1900)仍未竟事,现仅有一些残篇,存于山东省烟台市博物馆。录自宫栾鼎《从烟台一隅看普查方志的必要性》(载《中国地方志通讯》1985 年第 5 期)。《总目提要》15 - 40 有提要。

[民国]福山县志稿

联目 283

于宋潼纂

民国九年(1920)纂。录自宫栾鼎《从烟台一隅看普查方志的必要性》(载《中国地方志通讯》1985 年第 5 期)。

［民国］招远县志

联目 284

杜化樟、温方玉纂

仅存残稿。录自宫栾鼎《从烟台一隅看普查方志的必要性》（载《中国地方志通讯》1985 年第 5 期）。

［民国］荣成县志十一卷

联目 285

袁绍昂修　鞠思敏纂

有残手稿六卷,存于山东省荣城县地方志办公室。录自宫栾鼎《从烟台一隅看普查方志的必要性》（载《中国地方志通讯》1985 年第 5 期）。王桂云《山东方志汇要》第 196 页有介绍。《总目提要》15 – 44 有提要。

［民国］荣城乡土地理参考一册

联目 285

孙德耕编辑　姚学海、龙启通校订

石岛新化印字馆铅印本,有插图多幅。系刘应忠编《［光绪］荣城县乡土地理志》之增订本。录自王桂云《山东方志汇要》第 195 页。

［康熙］靖海卫志四卷

联目 285

（清）彭孙贻修　（清）李延是补纂

明置靖海卫,在文登县南 120 里。志有 1936 年抄本,存于中共中央党校图书馆。录自《山东省地方志联合目录》第 113 页。

按:《联合目录》第 285 页著录有佚名纂的同名志书十二卷,两者关系若何,待查。

［康熙］威海卫志

联目 285

（清）毕懋第修纂

有清康熙十一年（1672）抄本,存于山东省威海市档案馆。录自王桂云《山东方志汇要》第 185 页。

［光绪］莒州志十卷

联目 287

（清）蒋楷纂修

有清光绪十六年（1890）刻本，分装 4 册。录自王桂云《山东方志汇要》第 400 页。

［嘉庆］莒志约抄

联目 287

（清）佚名纂

记事止于清嘉庆元年（1796），有清抄本 1 册，实为州志之简本也，存于山东省青岛市博物馆。录自《山东省地方志联合目录》第 131 页。《总目提要》15－93 有提要。

［光绪］费邑古迹考

联目 287

（清）王薪传纂

有清光绪二十二年（1896）印本 1 册。录自王桂云《山东方志汇要》第 415 页。

［雍正］泰安州志四卷

联目 288

（清）张迎芳纂修

有清雍正元年（1723）刻本，存于国家图书馆。泰安市图书馆有存本，不全。录自《山东省地方志联合目录》第 135 页。

［万历］莱芜县志十卷

联目 290

（明）吴来朝纂修

有明万历间刻本，存于吉林师范大学图书馆、中国社会科学院考古研究所图书馆。录自《山东省地方志联合目录》第 140 页。

［康熙］新泰县志六卷

联目 290

（清）宗之璠纂修

有清康熙二十二年（1683）增刻本，藏于国家图书馆。录自王桂云《山东方志汇要》第 358 页。

［光绪］新泰县志二十卷

联目 290

（清）徐致愉增修

有清光绪十七年（1891）增刻本 6 册。录自王桂云《山东方志汇要》第 360 页。

［正德］章丘县志

联目 291

（明）吴秉彝修　（明）刘栾景纂

有明正德八年（1513）刻本，存于浙江宁波天一阁。上海图书馆存有胶卷。录自《山东省地方志联合目录》第 8 页。王桂云、鲁海编著《山东地方史志纵横谈》（吉林省地方志编纂委员会、吉林省图书馆学会，1985 年印行本）第 49 页有介绍。

［弘治］章丘县志四卷

联目 291

（明）陆里修　（明）李循吉纂

有明弘治五年（1492）刻本、明嘉靖九年（1530）补刻本。录自《总目提要》15－11。

［光绪］东原考古录

联目 292

（清）蒋作锦辑

东平，古名东原。有清光绪十八年（1892）刻本 1 册。录自王桂云《山东方志汇要》第 372 页。

［光绪］宁阳县志二十四卷

联目 291

（清）陈文显修　（清）黄师闾纂

有清光绪十三年（1887）刻本，分装 12 册。录自王桂云《山东方志汇要》第

378 页。

［民国］续修平阴县志八卷

联目 292

孙俊昌、钱瑞桐修　朱铭炤纂

民国二十三年（1934）修成，仅有抄本传世，存于山东省平阴县档案馆及山东省
图书馆。录自王桂云《山东方志汇要》第 59 页。《总目提要》15 – 14 有提要。

［弘治］阙里志二十四卷

联目 294

（明）陈瑛原撰　（明）孔贞从订补

孔子故里之志书也。国家图书馆藏有明嘉靖三十一年（1552）孔承业刻本，又
有清康熙四十四年（1705）据明弘治版重印本 6 册。录自北京图书馆古籍出版编辑
组编《北京图书馆古籍珍本丛刊（拟目）》第 13 页。王桂云《山东方志汇要》第 272
页有提要。

［康熙］阙里新志二十四卷

联目 294

（清）孔尚任纂修

山东省曲阜孔府存有残本二十一卷。录自王桂云《山东方志汇要》第 273 页。

阙里志二十四卷

联目 294

（清）杨士聪编纂

山东省烟台市博物馆，存有一至八、十五至十八、二十二、二十三各卷。录自
宫銮鼎《从烟台一隅看普查方志的必要性》（载《中国地方志通讯》1985 年第 5
期）。

［万历］陋巷志八卷

联目 294

（明）吕兆祥撰

有明万历二十九年（1601）刻本 4 册。录自王桂云《山东方志汇要》第 272 页。

曲阜志略

联目 294

佚名纂

现仅有 13 页存于山东省图书馆。录自王桂云《山东方志汇要》第 278 页。

[万历]滕县志八卷

联目 295

(明)杨承父修　(明)王元宾纂

刻于明万历十三年(1585)的原书,国内早佚,1984 年从日本引回胶卷。录自王桂云《山东方志汇要》第 324 页。

泗水县志三卷

联目 295

(清)娄一均纂修

有清康熙五十四年(1715)刻本,存于湖北省图书馆。录自《山东省地方志联合目录》第 161 页。

[道光]邹县志十八卷

联目 295

(清)董纯修　(清)马星翼纂

是志修成后未刻,亦未为人著录。20 世纪 50 年代,邹县文物工作者王轩先生,于邹县城内饼肆中赎得(已缺第一卷),收入《历代邹县志十种》中,始为人知。录自孔宪尧等点校《历代邹县志十种》(中国工人出版社,1995 年版)第 403 页。

[民国]邹县新志

联目 295

臧家祎修　张丕矩主纂

有民国二十三年(1934)残稿五本,藏于邹县文物局王轩先生家。录自孔宪尧等点校《历代邹县志十种》第 649 页。

[民国]山东各县乡土调查(邹县部分)

联目 295

林修竹编　陈名豫校

录自孔宪尧等点校《历代邹县志十种》第 868 页。

邹县全县社正、村庄、户口、地亩册

联目 295

民国邹县县政府编

录自孔宪尧等点校《历代邹县志十种》第 875 页

[民国]邹县乡土调查记

联目 295

录自孔宪尧等点校《历代邹县志十种》第 893 页。

山东邹县地理志二十四章

联目 295

张丕矩编

有民国三十一年(1942)十月铅印本,存于山东省图书馆。录自孔宪尧等点校《历代邹县志十种》第 633 页。《总目提要》15 – 58 有提要。王桂云《山东方志汇要》第 298 页有介绍。

[光绪]邹县赋役全书

联目 295

佚名修纂

有清光绪二十二年(1896)本 1 册,藏于天津图书馆。录自王桂云《山东方志汇要》第 295 页

[民国]济宁直隶州志拟稿

联目 296

李继璋撰

有民国十六年(1927)稿本,存于山东省博物馆。录自《山东省地方志联合目录》第 152 页。王桂云《山东方志汇要》第 270 页有介绍。《总目提要》15 – 51 有提要。

[民国]金乡县志十三册

联目 296

佚名修纂

有手抄稿本,存于上海图书馆。录自王桂云《山东方志汇要》第 305 页。

[嘉庆]汶上纪略四卷

联目 298

(清)李锡书修

未刻,有抄本存于国家图书馆。录自王桂云《山东方志汇要》第 313 页。

[嘉庆]曹州府志四卷

联目 298

(清)朱续孜修

有清嘉庆十三年(1808)刻本,存于国家图书馆。录自《山东省地方志联合目录》第 169 页。

[民国]郓城县乡土志一卷

联目 300

赵翰銮编纂

记事至民国五年(1916)。录自《总目提要》15 – 99。

[民国]东明县志四卷

联目 301

周保琛、王德年修 薛凤鸣、李曾裕纂

有民国十三年(1924)、十八年(1929)两种铅印本,存于南京图书馆。录自《山东省地方志联合目录》第 183 页。王桂云《山东方志汇要》第 463 页有介绍。

[光绪]堂邑县志二十卷

联目 302

(清)卢承琰修 (清)黄奉璋补纂

有清光绪十八年(1892)雀城书院据清康熙四十九年(1710)本的重刻本。录自王桂云《山东方志汇要》第 474 页。

[民国]高唐县志稿

联目 306

赵仁泉修　王静一、张修一纂

稿成于民国二十五年(1936),后因"七七事变"发生,原稿遂遗失,直至 20 世纪末的新一轮修志中才重新现世。1987 年由高唐县人民政府拨专款,委托山东省社会科学院制版重印。录自高唐史志办公室《〈高唐县志稿〉简介》(载《中国地方志》1987 年第 5 期,第 78 页)。《总目提要》15 - 107 有提要。

江苏省

［江苏］各县志摘抄

联目 309

约纂成于明天启、崇祯间，仅有残本 4 册，存于台北"中央研究院历史语言研究所"。录自杨冬荃《〈中国地方志联合目录·江苏省〉正补》（载《中国地方志》1986年第 6 期）。徐复、季文通主编《江苏旧方志提要》（江苏古籍出版社，1993 年版）第11 页有提要。

按：书名当为后人所加，是时尚无"江苏"的说法也。

［民国］江苏省鉴二册

联目 309

赵如珩纂

民国二十年（1931）修，有民国二十四年（1935）上海新中国建设学会铅印本，存于南京图书馆、南京大学图书馆。录自夏万年《南京旧志综目》第 20 页，又见杨冬荃《〈中国地方志联合目录·江苏省〉正补》（载《中国地方志》1986 年第 6 期，第74 页）。《江苏旧方志提要》第 10 页有提要。

［民国］大中华江苏省地理志一百六十章

联目 309

林传甲编

有民国七年（1918）铅印本。录自《江苏旧方志提要》第 16 页。亦见杨冬荃《〈中国地方志联合目录·江苏省〉正补》（载《中国地方志》1986 年第 6 期，第 74页）。

［民国］江苏各县概况一览

联目 309

江苏省民政厅编

有民国二十年（1931）铅印本，存于南京大学图书馆。录自夏万年《南京旧志综目》第 20 页。《江苏旧方志提要》及《总目提要》均有提要。

江苏通志人物志稿

联目 309

陈去病撰

有稿本 42 册,存于上海图书馆。录自夏万年《南京旧志综目》第 20 页。

［洪武］京城图志一卷

联目 309

（明）王俊华修纂

有明弘治五年（1492）重刊本及民国三十六年（1947）铅印《南京文献》本等多种版本,存于苏州图书馆等多处。录自杨冬荃《〈中国地方志联合目录·江苏省〉正补》（载《中国地方志》1986 年第 6 期,第 74 页）。北京图书馆古籍出版编辑组编《北京图书馆古籍珍本丛刊（拟目）》第 13 页、夏万年《南京旧志综目》第 24 页均有著录。《江苏旧方志提要》第 41 页有提要。

［光绪］江宁乡土地理教科书

联目 310

（清）刘师培编著

有清光绪三十二年（1906）铅印本。录自《江苏旧方志提要》第 17 页。《总目提要》10 – 13 有提要。

江宁府七县地形考略一卷图一卷

联目 310

（清）吴崧庆纂

录自《江苏旧方志提要》第 37 页。

建康实录二十卷

联目 310

（唐）许嵩撰

收入《四库全书·史部·别史类》。录自纪昀《四库全书总目提要》（河北人民出版社,2000 年版）第 1363 页。

六朝事迹编类十四卷

联目 310

（宋）张敦颐撰

历来版本甚多,距今最近的有 1989 年南京出版社点校本。录自《江苏旧方志提要》第 58 页。

金陵世纪四卷

联目 310

（明）陈沂纂　（明）金鸾增订

有明隆庆时刻本两册,稽瑞楼旧藏,后存入国家图书馆。录自马千里《〈江苏旧方志提要〉(明代部分)书目补遗》(载《江苏地方志》1999 年第 1 期,第 36 页)。杨冬荃《〈中国地方志联合目录·江苏省〉正补》(载《中国地方志》1986 年第 6 期)中谓:"现存版本有明金鸾补刻隆庆三年序刊本、民国间江苏省立国学图书馆影印本及抄本。"《总目提要》10 - 15 有提要。

［民国］金陵岁时记

联目 310

渊宗鼎撰

有民国十八年(1929)铅印本。录自《江苏旧方志提要》第 44 页。

金陵志地录一卷

联目 310

（清）金鳌撰

收入《小方壶斋舆地丛钞》第一帙。录自《中国丛书综录》第二册,第 533 页右栏。

凤凰台记事

联目 310

（明）马生龙撰

主要记述明洪武建都事,收入《丛书集成初编·文学类》。补自《中国丛书综录》第 2 册,第 348 页左栏。

秣陵集六卷

联目 310

陈文述纂

春秋至明代南京大事记也。录自《江苏旧方志提要》第 61 页。

留都见闻录二卷

联目 310

（明）吴应箕撰

录自《江苏旧方志提要》第 59 页。

［康熙］建康古今记

联目 310

（清）顾炎武撰

有清康熙间抄本、1963 年台北成文出版社《中国方志丛书》本。录自《江苏旧方志提要》第 60 页。《总目提要》10 - 16 有提要。

金陵通纪十六卷

联目 310

（清）陈作霖撰

有清光绪三十三年（1907）刻本，存于中国科学院南京地理与湖泊研究所、南京博物院。录自夏万年《南京旧志综目》第 24 页。《江苏旧方志提要》第 43 页有提要。

金陵通传四十九卷

联目 310

（清）陈作霖纂

有清光绪三十年（1904）刻本。录自台北成文出版社《中国方志丛书目录》第 2 页，江苏省第一期 38。《江苏旧方志提要》第 42 页有提要。

金陵琐志五种十卷

联目 310

（清）陈作霖编

有清光绪间刻本，存于南京图书馆、南京大学图书馆、南京市地方志编纂委员会办公室。录自夏万年《南京旧志综目》第 24 页。《江苏旧方志提要》及《总目提要》均有提要。

［万历］金陵琐事四卷

联目 310

（明）周晖撰

有明万历三十九年（1611）刊本。收入 1983 年台北成文出版社影印《中国方志丛书》。录自《总目提要》10 - 16。

［道光］金陵待征录十卷

联目 310

（清）金鳌撰

有清道光间抄本、清同治十一年（1872）抄校本和清光绪二年（1876）刻本。录自杨冬荃《〈中国地方志联合目录·江苏省〉正补》（载《中国地方志》1986 年第 6 期，第 75 页）。《江苏旧方志提要》及《总目提要》10 - 17 均有提要。

金陵历代建置表一卷

联目 310

傅春官撰

有《金陵丛刻》本。录自《江苏旧方志提要》第 41 页。

［顺治］金陵地志图考

联目 310

（清）佚名撰

其中金陵历代年表，记事自东汉建安二年（197）起，至清顺治二年（1645）止。有清抄本、1983 年台北成文出版社影印《中国方志丛书》本。录自《江苏旧方志提要》第 41 页。《总目提要》10 - 16 有提要。

［民国］新南京

联目 310

南京市政秘书处编

有民国二十四年（1935）铅印本。录自《江苏旧方志提要》第 38 页。

［民国］首都乡土研究

联目 310

李清悚、蒋子奇主编

有民国十九年(1930)南京中区实验学校铅印本。录自《江苏旧方志提要》第40页。《总目提要》10－17有提要。

［民国］秦淮广记

联目310

缪荃孙编纂

有民国十三年(1924)铅印本。录自《江苏旧方志提要》第52页。

［民国］秦淮志十二卷

联目310

夏仁虎撰

民国三十七年(1948)收入《南京文献》第24号。录自《江苏旧方志提要》第53页。

清嘉录十二卷

联目310

(清)顾禄撰

有清道光十年(1830)刻本,其后的刻印本甚多,不具列。录自《江苏旧方志提要》第274页。

红兰逸乘四卷

联目310

张紫琳撰

有民国二十八年(1939)苏州图书馆《吴中文献小丛书》本。录自《江苏旧方志提要》第270页。

［康熙］百城烟水九卷

联目310

(清)徐崧、张大纯纂

有清康熙间刻本,存于上海图书馆。录自陈光贻《稀见地方志提要》第354页。

［民国］钟南淮北区域志三卷

联目310

陈诒绂编

有民国六年(1917)石印本,存于南京大学图书馆、中国科学院南京地理与湖泊研究所、南京市地方志编纂委员会办公室。录自夏万年《南京旧志综目》第 25 页,又见杨冬荃《〈中国地方志联合目录·江苏省〉正补》(载《中国地方志》1986 年第 6 期,第 75 页)。

[民国]石城山志一卷

联目 310

陈诒绂编纂

地区小志,非山水志也。有民国间刻《金陵琐志五种续志二种》本、1963 年十竹斋重印《金陵琐志八种》本。录自杨冬荃《〈中国地方志联合目录·江苏省〉正补》(载《中国地方志》1986 年第 6 期,第 75 页)。《江苏旧方志提要》第 49 页有提要。

东城志略一卷

联目 310

(清)陈作霖纂

有清光绪间刻《金陵琐志三种》本、清光绪间刻《金陵琐志五种》本、民国间刻《金陵琐志五种续志二种》本、1963 年十竹斋重印《金陵琐志八种》本。录自杨冬荃《〈中国地方志联合目录·江苏省〉正补》(载《中国地方志》1986 年第 6 期,第 75 页)。

凤麓小志四卷首一卷末一卷

联目 310

(清)陈作霖纂

存有清光绪间刻《金陵琐志三种》本、清光绪间刻《金陵琐志五种》本、民国间刻《金陵琐志五种续志二种》本、1963 年十竹斋重印《金陵琐志八种》本。录自杨冬荃《〈中国地方志联合目录·江苏省〉正补》(载《中国地方志》1986 年第 6 期,第 75 页)。《江苏旧方志提要》第 48 页有提要。

[民国]栖霞新志十章

联目 283

陈邦贤编

有民国二十三年(1934)上海商务印书馆铅印本。录自《江苏旧方志提要》第 45 页张冠星提要。《总目提要》10 - 18 倪波提要谓,是志为一镇志。编志时栖霞镇属江宁县东北第一区。

运渎桥道小志

联目 310

（清）陈作霖纂

存有清光绪间刻《金陵琐志三种》本、清光绪间刻《金陵琐志五种》本、民国间刻《金陵琐志五种续志二种》本、1963 年十竹斋重印《金陵琐志八种》本。录自杨冬荃《〈中国地方志联合目录·江苏省〉正补》（载《中国地方志》1986 年第 6 期，第 75 页）。

江宁布政司属厅州县舆图道里清册

联目 310

佚名纂

据内容推测，当为清同治七年（1868）纂。书存于中国台湾，有 1983 年台北成文出版社影印《中国方志丛书》本。录自《江苏旧方志提要》第 14 页。

［光绪］江宁布政司属疆域表

联目 310

佚名纂

清同治、光绪间修，抄本存于中国台湾，有 1983 年台北成文出版社影印《中国方志丛书》本。录自《江苏旧方志提要》第 13 页及《总目提要》10 – 12。

［光绪］江浦续志三十卷首一卷

联目 313

（清）谢延庚修　（清）刘寿曾纂

有清光绪十年（1884）刊本，存于南京大学图书馆。录自夏万年《南京旧志综目》第 26 页。

［民国］江浦县新志稿

联目 313

詹其桂纂

1982 年始发现存于私人手中，仅有抄本 7 册。记事止于民国十八年（1929）。1984 年江浦县党史资料征集办公室油印本题作《江浦县续志稿》。录自杨冬荃《〈中国地方志联合目录·江苏省〉正补》（载《中国地方志》1986 年第 6 期，第 75 页）。《江苏旧方志提要》第 94 页有提要。

吴录一卷

联目 314

（晋）张渤撰　（清）王仁俊辑

收入《玉函山房辑佚书补编》，苏州图书馆有存。录自《苏州方志文献资料要目》（苏州市地方志编纂委员会办公室编，1983 油印本）第 2 页 A。

吴地理志一卷

联目 314

（晋）张渤撰

有清王谟辑《重订汉唐地理书钞》本，存于苏州大学图书馆。录自《苏州方志文献资料要目》第 2 页 A。

［祥符］吴地记一卷后集一卷

联目 314

（唐）陆广微撰

有明《唐宋丛书》本、明万历《古今逸史》本、清《四库全书》本、清嘉庆十年（1805）《学津讨原》本、清同治十二年（1873）江苏书局本、民国二十六年（1937）商务印书馆《丛书集成初编》本等多种版本，流传甚广。录自《江苏旧方志提要》第 246 页。《总目提要》10－43 有提要。张国淦《中国古方志考》第 205 页有著录，谓后集为续陆书而作，记事止于宋大中祥符元年（1008），当系宋人所作，但编纂者佚名。

吴风录一卷

联目 314

（明）黄省曾纂

有明万历百陵学山刊本、清道光十一年（1831）六安晁氏《学海类编》木活字排印本、民国九年（1920）上海涵芬楼影印《学海类编》本、民国十五年（1926）上海扫叶山房《五朝小说大观》石印本、民国二十七年（1938）上海商务印书馆影印《元明善本丛书十种》本、台北《丛书集成》本。录自《江苏旧方志提要》第 285 页。

［万历］吴社编一卷

联目 314

（明）王稚登纂

系一本以庙会习俗为内容之专志,历来版本甚多。录自《江苏旧方志提要》第286 页。

蓬轩吴记二卷别记一卷

联目 315

（明）黄暐撰

有抄本存于国家图书馆。录自王重民《中国善本书提要》第 199 页。

[民国]吴郡通典

联目 316

吴昌绶纂

又名《吴郡通典备稿》。有民国十七年(1928)杨寿梅云在山房铅印本,仅存于苏州博物馆。录自《苏州方志文献资料要目》第 1 页 B。

平江纪事一卷

联目 317

（元）高德基纂

元代苏州为平江路。有清嘉庆沈氏十经斋抄本,存于上海图书馆。录自陈光贻《稀见地方志提要》第 350 页。

姑苏志六十卷

联目 317

（明）林纲远修　（明）王鏊纂　（明）王廷增补

有明正德元年(1506)刻本、明嘉靖十二年(1533)增补刻本、《四库全书》本等。录自《江苏旧方志提要》第 253 页。《总目提要》10 - 44 有提要。

吴门表隐二十四卷

联目 317

（清）顾震涛辑

有清道光十四年(1834)小辟疆园梓板,稿本存于苏州图书馆。录自《苏州方志文献资料要目》第 2 页 A。《江苏旧方志提要》第 270 页有陆振岳提要。

吴门表隐类编二十四卷

联目 317

(清)潘遵祁辑

仅有抄本行世,题名为《重编吴门表隐》。录自《总目提要》10-46。

苏门遗事

联目 317

(清)孙奇逢纂

有稿本存于上海图书馆。录自陈光贻《稀见地方志提要》第 353 页。

吴郡名贤图像赞二十卷

联目 317

(清)顾沅纂辑

有清道光长洲顾氏刻本。录自《江苏旧方志提要》第 272 页。

吴郡地理志一卷

联目 317

(清)陆甫庵编纂　崇辨蒙塾抄辑

有清刊本。陆甫庵原纂《吴郡地理志》,后为各塾所传抄,此即崇辨蒙塾所传抄本。录自《江苏旧方志提要》第 268 页。

苏州府志

联目 317

佚名纂

有清嘉庆元年(1796)刻本,存于南京图书馆。录自《苏州方志文献资料要目》第 16 页 B。

[雍正]姑苏采风类记

联目 317

(清)张大纯纂

有红格旧抄本,存于苏州图书馆。是书记苏州及其属邑之掌故杂事。录自陈光贻《稀见地方志提要》第 355 页。《江苏旧方志提要》第 287 页有提要。

苏州府显微志八卷

联目 317

（清）萧翀纂

有清乾隆五年（1740）刻本，存于南京博物院。录自《苏州方志文献资料要目》第 16 页 B。《总目提要》10 – 44 著录为"（明）萧翀纂《［洪武］苏州府显微志》……翀，字鹏举，泰和人。洪武中以贤良应当制，后授苏州同知历任山东（转）运副使。是志仅有乾隆五年刻本"。

苏州府志摘抄

联目 317

（清）汤斌撰

有清康熙三十四年（1695）抄本 5 册，存于中国科学院南京地理与湖泊研究所。录自杨冬荃《〈中国地方志联合目录·江苏省〉正补》（载《中国地方志》1986 年第 6 期）。

苏州府志摘抄四卷

联目 317

金待镕手定本

有抄本 4 册，存于中国科学院南京地理与湖泊研究所。录自杨冬荃《〈中国地方志联合目录·江苏省〉正补》（载《中国地方志》1986 年第 6 期，第 75 页）。

苏州小志

联目 317

王謇纂

有民国间兰格抄本 1 册，存于上海图书馆。原书无名，现名为上海图书馆所题。录自杨冬荃《〈中国地方志联合目录·江苏省〉正补》（载《中国地方志》1986 年第 6 期，第 75 页）。又见《苏州地理文献目录》（载《苏州史志》1988 年第 1 辑，第 113 页）。

　　按：以上三书，《江苏旧方志提要》第 296 页仅作"存目"，当是编者未见其书。

桐桥倚擢录十二卷

联目 318

（清）顾禄撰

有抄本存于苏州博物馆。录自《苏州方志文献资料要目》第 3 页 B。《江苏旧方志提要》第 274 页有提要。

[民国]吴县

联目 318

吴县县政府社会调查处编　乔增祥主纂　梅成分纂

有民国二十二年(1933)铅印本,存于苏州市公安局。录自《苏州方志文献资料要目》第 2 页 A。《江苏旧方志提要》第 309 页有提要。

[民国]吴县城区附刊

联目 318

黄蕴深修　乔增祥纂

有民国二十年(1931)铅印本。录自《江苏旧方志提要》第 310 页。

善人桥区政录

联目 318

吴县善人桥区公所编

有民国间刊本,存于苏州博物馆。录自《苏州方志文献资料要目》第 3 页 B。

蔚溪杂志一卷

联目 318

(清)佚名纂

有稿本,存于苏州图书馆。录自《苏州方志文献资料要目》第 3 页 B。

[嘉靖]石湖志略二卷

联目 318

(明)卢师陈撰

有黄丕烈跋。有旧抄本存于苏州图书馆。录自《苏州方志文献资料要目》第 3 页 A。《江苏旧方志提要》第 284 页有提要。

横山志略

联目 318

(清)顾嘉誉纂

有潘圣一手抄本、清乾隆十三年(1748)香雪巢刻本等多种版本,分存于苏州图书馆、苏州博物馆、苏州大学图书馆等处。录自《苏州方志文献资料要目》第 2 页 B。《江苏旧方志提要》第 326 页、《总目提要》10 - 52 有提要。

[民国]东山杂录初编

联目 318

秦长煃撰

有稿本存于苏州图书馆、苏州大学图书馆。录自《苏州方志文献资料要目》第 3 页 A。《江苏旧方志提要》第 325 页有提要。杨冬荃《〈中国地方志联合目录·江苏省〉正补》(载《中国地方志》1986 年第 6 期,第 75 页)著录为"《东山杂录》不分卷……记事至清光绪三十一年(1905)。此书为吴县洞庭东山镇志"。笔者现存有苏州市地方志编纂委员会办公室姚伟先生提供的内容提要稿。

洞庭纪实一册

联目 318

(明)郑杰纂

有抄本,存于苏州博物馆。录自《苏州方志文献资料要目》第 2 页 B。

洞庭杂缀十二册

联目 318

无疑居士撰

有抄本,存于苏州博物馆。录自《苏州方志文献资料要目》第 3 页 A。

林屋民风十二卷

联目 318

(清)王维德撰

有清康熙五十二年(1713)凤梧楼刻本。洞庭西山,又称林屋,此实是一部洞庭志。录自《江苏旧方志提要》第 324 页周天提要。

按:从《提要》所涉内容来看,以上 3 部小志,均非单纯的湖志,而是区域小志。

[道光]甲山志略

联目 318

(清)孙尔嘉撰

附刻于清道光二十七年(1847)本《甲山北湾孙氏宗谱》内。录自李嘉球《一部鲜为人知的小志——〈[道光]甲山志略〉》(载《江苏地方志》1995 年第 3 期,第 35 页)。

[万历]长洲县志十卷

联目 319

(明)徐必泓修　(明)皇甫汸纂

录自中国台湾《中国史学丛书三编》(载《台湾地区图书总汇》第 65 页)。《联合目录》第 319 页著录有明《[隆庆]长洲县志》十四卷,纂者皇甫汸,主修者为张德夫,卷数为十四卷。是否为同书,其关系若何,姑录待考。

[光绪]长洲县志三十五卷

联目 319

(清)刘国光等纂

有清光绪五年(1879)刊本 14 册,存于苏州图书馆。录自《苏州方志文献资料要目》第 2 页 B。

长元吴三邑采访稿

联目 319

佚名纂

有抄稿本,存于苏州博物馆。录自《苏州方志文献资料要目》第 2 页 A。

[宣统]吴长元三县合志

联目 319

(清)吴秀之修　(清)曹允源等纂

有民国二十二年(1933)铅印本,存于苏州博物馆。录自《苏州方志文献资料要目》第 3 页 B。《江苏旧方志提要》第 308 页提要谓,从稿纸版心看,此乃由《长元吴三邑采访稿》《长元吴三县合志编纂稿》《长元吴三县合志》三稿合成。《联合目录》第 319 页又著录有《[宣统]吴长元三县合志初稿》一种,为清宣统间佚名纂稿本,南京图书馆存 8 册。数者之间关系,有待进一步厘清。

[万历]浒墅关志四卷

联目 319

(明)王之都纂

明万历三十四年(1606)纂,序题为《榷关录》,卷二至四卷端题为《浒墅关续志》。录自杨冬荃《〈中国地方志联合目录·江苏省〉正补》(载《中国地方志》1986年第6期,第75页)。

[乾隆]浒墅关志二十卷前一卷

联目319

(清)孙鼎续纂

有清乾隆间增续重印本,记事至清乾隆四年(1739)。录自杨冬荃《〈中国地方志联合目录·江苏省〉正补》(载《中国地方志》1986年第6期,第76页)。

重修吴长元三县合志浒关市采访稿

联目319

佚名撰

有抄本,存于江苏省苏州博物馆。录自《苏州方志文献资料要目》第3页B。

宋平江城考五卷首一卷附录二卷

联目319

王謇撰

宋《平江图》乃国内罕见之古代城市图,是编对图中所记要素一一加以考订,被视为"别具一格的城坊志"。有民国十四年(1925)初刊本、1958年抄本、1986年纺维明校理《江苏地方文献丛书》本。录自《江苏旧方志提要》第269页。

[道光]甫里人物考二十二卷

联目320

(清)徐山民编

有清道光九年(1829)刊本,存于吴县档案馆。录自《江苏旧方志提要》第327页李嘉球提要。

[同治]昆山先贤冢墓志四卷附录一卷

联目323

(清)潘道根辑

有清同治十年(1871)抄本、台北成文出版社1983年据抄本影印的《中国方志丛书》本。录自《江苏旧方志提要》第402页。《总目提要》10-67有提要。

（昆新）邑志订讹补遗一卷

联目 323

（清）潘道根纂

系对清《[道光]昆新两县志》的订补。有稿本,存于北京大学图书馆。录自杨冬荃《〈中国地方志联合目录·江苏省〉正补》(载《中国地方志》1986 年第 6 期,第 76 页)。《江苏旧方志提要》第 412 页列为存目,加有简介。

太仓卫志五卷

联目 324

（清）佚名纂

有清抄本,存于国家图书馆。录自杨冬荃《〈中国地方志联合目录·江苏省〉正补》(载《中国地方志》1986 年第 6 期,第 76 页)。《江苏旧方志提要》第 388 页有著录。

[光绪]太仓直隶州志

联目 324

（清）王祖畬等纂

国家图书馆存有朱字刻印稿 6 册。录自杨冬荃《〈中国地方志联合目录·江苏省〉正补》(载《中国地方志》1986 年第 6 期,第 76 页)。

[光绪]光绪季年（太仓）志初稿八卷

联目 325

（清）王祖畬纂

系对吴承潞修清光绪四年(1878)《太仓直隶州志》之纠讹、补遗。有清光绪三十二年(1906)稿本。录自《江苏旧方志提要》第 371 页张乃格提要。

[民国]太仓乡土历史六十四课太仓乡土历史参考

联目 325

徐如圭编辑

有民国五年(1916)教育研究译定会铅印本。录自《总目提要》10 - 47。

[同治]双凤乡（志）

联目 325

（清）佚名编纂

记事至清同治十年（1871）。有 1963 年手抄本，存于南京大学图书馆。录自杨冬荃《〈中国地方志联合目录·江苏省〉正补》（载《中国地方志》1986 年第 6 期，第 76 页）。《江苏旧方志提要》第 388 页著录有明顾梦麟撰《双凤里志》和清顾湄撰《重编双凤里志》各一种，未及本编。

［康熙］琴川逸响一卷

联目 326

（清）陆云沛辑

有清康熙三十六年（1697）刊本，存于上海图书馆。录自陈光贻《稀见地方志提要》第 367 页。

［万历］常熟县儒学志八卷

联目 327

（明）缪肇祖、冯复京纂

有明万历三十八年（1610）刻本，存于国家图书馆。录自《北京图书馆古籍珍本丛书（拟目）》第 20 页。

海虞别乘十卷

联目 327

（明）陈三恪辑

有清乾隆十七年（1752）鱼元傅校抄本、1985 年再抄本，存于苏州图书馆。此条为苏州市地方志编纂委员会办公室姚伟先生及其友人提供，并写有提要。

鹿苑闲谈一卷

联目 327

（明）钱达道纂

载常熟事，记往事者半，小说丛谈者半。有抄本，存于上海图书馆。录自陈光贻《稀见地方志提要》第 367 页。

［顺治］启祯两朝常熟实录补编一卷

联目 327

（清）瞿四达、薛维岩纂修

记述明天启四年（1624）至明崇祯末年常熟县事。有清顺治六年（1649）稿本，存于江苏省苏州图书馆。录自杨冬荃《〈中国地方志联合目录·江苏省〉正补》(载《中国地方志》1986 年第 6 期,第 76 页)。《江苏旧方志提要》第 349 页有提要。

［民国］常熟乡土教科书二卷首一卷末一卷

联目 328

程遵、徐钟仁编

有民国十年(1921)常熟县海虞市教育会铅印本。录自《总目提要》10 - 62。

［民国］常熟县乡土地理讲义

联目 328

潘庆年编

有民国间油印本。录自《总目提要》10 - 62。

支塘小志

联目 329

(清)周昂纂

有清抄本,存于国家图书馆。录自《苏州地理文献目录》(载《苏州史志》1988 年第 1 期)。

唐墅征献录二卷

联目 329

(清)倪赐纂

录自《江苏旧方志提要》第 346 页,该条提要著录为两卷,且未注明书藏何处。苏州市地方志编纂委员会办公室姚伟先生 1989 年 12 月 13 日给笔者来信谓,书存于苏州大学,当著录为"一卷"。

唐墅征献续编二卷

联目 329

(清)张璐纂

有清光绪二十五年(1899)刻本。录自《江苏旧方志提要》第 346 页,该条提要未注明书藏何处。苏州市地方志编纂委员会办公室姚伟先生 1989 年 12 月 13 日给笔者来信谓,书存苏州大学图书馆。

虞乡续记八卷

联目 328

(清)黄廷鉴纂

此乃为续毛晋《虞乡杂记》而作,以《琴川三志补记》印行。录自杨冬荃《〈中国地方志联合目录·江苏省〉正补》(载《中国地方志》1986 年第 6 期,第 76 页)。原刊误将纂者著录作"鉴廷鉴",姚伟先生同前来信谓,纂者当为黄廷鉴,国家图书馆有藏本。

琴川志草十二卷续志草十卷续志草补二卷

联目 328

(清)陈撰纂辑

南京图书馆、上海图书馆、苏州图书馆、常熟图书馆均有藏。录自《苏州地理文献目录》(载《苏州史志》1988 年第 1 期)。

虞乘刊误十九卷

联目 329

(清)沈奎撰

有清抄本,存于国家图书馆。录自《苏州地理文献目录》(载《苏州史志》1988 年第 1 期)。

杨舍堡城志十四卷

联目 331

(清)叶长龄等纂

记事至清光绪八年(1882)冬。有清光绪九年(1883)江阴叶氏活字本。录自《江苏旧方志提要》第 389 页。

[崇祯]吴江县志二十二卷首一卷

联目 332

(明)史册纂　(清)史在湘补

有清抄本 10 册,存于南京图书馆。录自杨晓蓉《吴江县旧志概述》(载《江苏地方志》1991 年第 1 期,第 48 页)。

[康熙]续吴江县志

联目 332

（清）董尔基纂修

有清康熙间刻本,存于上海图书馆、国家图书馆。录自《苏州地理文献目录》（载《苏州史志》1988 年第 1 期）。《江苏旧方志提要》第 416 页有提要。

［万历］三吴杂记

联目 332

（明）潘子恒纂

以录太湖故事为主,有明万历间刊本,存于上海图书馆。录自陈光贻《稀见地方志提要》第 354 页。

吴江县志续

联目 332

佚名纂

有柳亚子先生抄本和佚名氏抄本,均存于上海图书馆。录自杨晓蓉《吴江县旧志概述》（载《江苏地方志》1991 年第 1 期,第 49 页）,杨氏谓,"从内容来看,大约是清道光年间人士所作"。《联合目录》第 332 页《［道光］吴江县志续编》条下注云："上海又有《吴江县续志》抄稿本,分 12 门,内容略同。"殆即此志欤?待查。

吴江人物志

联目 333

（清）钱云编

辑录明洪武至清光绪间人物 136 人。有清光绪间抄本,存于南京博物院。录自杨晓蓉《吴江县旧志概述》（载《江苏地方志》1991 年第 1 期,第 50 页）。

［道光］舜湖纪略十四卷

联目 333

（清）王致望辑

现存 6 卷,有抄本存于南京博物院。录自杨晓蓉《吴江县旧志概述》（载《江苏地方志》1991 年第 1 期,第 50 页）。杨冬荃《〈中国地方志联合目录·江苏省〉正补》（载《中国地方志》1986 年第 6 期）谓,此书即《吴江盛湖（即盛泽）志》。

湖隐外史一卷

联目 333

（明）叶绍袁纂

即吴江分湖志也。有抄本存于苏州图书馆，又收入《国粹丛书》第三集。录自杨冬荃《〈中国地方志联合目录·江苏省〉正补》（载《中国地方志》1986 年第 6 期，第 76 页）。杨晓蓉《吴江县旧志概述》（载《江苏地方志》1991 年第 1 期，第 51 页）有著录。《江苏旧方志提要》第 436 页有提要。

［乾隆］分湖志八卷

联目 333

（清）沈刚中纂　（清）陆耀订

有稿本存于上海图书馆。录自陈其弟《苏州地方志综录》（广陵书社，2008 年版）第 100 页。

松陵文献十五卷

联目 333

（清）潘柽章撰

松陵为吴江别称。有清康熙三十二年（1693）潘耒遂初堂刻本，存于苏州博物馆。录自杨晓蓉《吴江县旧志概述》（载《江苏地方志》1991 年第 1 期，第 49 页）。《江苏旧方志提要》第 437 页有提要。

［道光］松陵见闻录十卷首一卷

联目 333

（清）王鲲撰

有清道光七年（1827）刻本，存于江苏省吴江县图书馆。录自杨晓蓉《吴江县旧志概述》（载《江苏地方志》1991 年第 1 期，第 50 页）。杨冬荃《〈中国地方志联合目录·江苏省〉正补》（载《中国地方志》1986 年第 6 期，第 76 页）谓又有清道光十年（1830）活雨楼木刻本。《江苏旧方志提要》《总目提要》均有提要。

［道光］江震人物续志十卷补遗一卷

联目 333

（清）赵兰佩辑

有清道光二十一年（1841）刻本，存于南京博物院。录自杨晓蓉《吴江县旧志概述》（载《江苏地方志》1991 年第 1 期，第 50 页）。《江苏旧方志提要》第 438 页有提要。

历朝松陵人物汇编目录十三卷

联目 333

佚名纂

有清咸丰间刻本,存于江苏省吴江县图书馆。录自杨晓蓉《吴江县旧志概述》（载《江苏地方志》1991 年第 1 期,第 50 页）。《江苏旧方志提要》第 439 页有提要。

慰志汇编前后编

联目 333

张嘉荣著

共收录本、寄籍节妇,列妇,孝义,贞女,贞妇,孝女 150 余人。有民国十一年(1922)铅印本,存于江苏省吴江县图书馆。录自杨晓蓉《吴江县旧志概述》（载《江苏地方志》1991 年第 1 期,第 50 页）。《江苏旧方志提要》第 439 页有提要。

[天顺]同里先哲志四卷

联目 334

(明)吴骥纂

收录同里镇约百余人事迹。有抄本,存于江苏省吴江县图书馆。录自杨晓蓉《吴江县旧志概述》（载《江苏地方志》1991 年第 1 期,第 50 页）。

[康熙]续同里先哲志十卷

联目 334

(清)章梦易撰

所收人物始自明天顺朝,迄于清康熙朝。有抄本,存于江苏省吴江县图书馆。录自杨晓蓉《吴江县旧志概述》（载《江苏地方志》1991 年第 1 期,第 50 页）。

[民国]严墓区政概况十二门

联目 334

施涤新纂

严墓镇志也。有民国三十二年(1943)铅印本,存于江苏省吴江县档案馆。录自杨晓蓉《吴江县旧志概述》（载《江苏地方志》1991 年第 1 期,第 51 页）。

[民国]黎里乡土志二十课

联目 334

佚名纂

有民国间油印本,存于苏州图书馆。录自杨晓蓉《吴江县旧志概述》（载《江苏地方志》1991 年第 1 期,第 51 页）。

无锡志二十八卷

联目 335

（元）王仁辅纂

《艺风藏书记》卷三著录作《无锡县志》四卷，传抄本，元王仁辅撰。《千顷堂书目》有元王仁辅《无锡县志》二十八卷。《四库全书总目提要》因卷数不符，疑此书为明人所撰。录自张国淦《中国古方志考》第 267 页，张氏对总目之疑，有较合理之辨析，以为书名以州为县，当系后人追改。

无锡识小录补

联目 335

钱基溥纂

民国三年(1914)《新无锡》连载。录自《江苏旧方志提要》第 134 页。

[雍正]锡金志补

联目 336

（清）佚名纂

补元明两代无锡史事，下限至清雍正间。有稿本、抄本。录自《总目提要》10 － 26。

锡山志补一卷

联目 336

（清）钱泳纂

有民国十一年(1922)铅印《无锡先哲丛刊》第一辑本。录自钱建中《〈江苏方志考·无锡市方志概述〉补正》(载《江苏地方志》1988 年第 1 期，第 31 页)。

[光绪]锡金乡土历史二卷

联目 337

（清）侯鸿鉴编

有清光绪三十二年(1906)无锡艺文斋活字本，清光绪三十四年(1908)梁溪文苑阁活字本。录自《江苏旧方志提要》第 136 页。《总目提要》10 － 28 有提要。

[民国]修正无锡新乡土参考书

联目 337

朱正公、张正沂编

仅有民国十二年(1923)铅印本。录自《总目提要》10-28。

[康熙]梅里志四卷首一卷附一卷

联目 337

(清)吴存礼纂

有清康熙六十一年(1722)吴郡蔡氏刻本、清雍正二年(1724)修敬堂刻本、清道光四年(1824)刻本、清同治八年(1869)泰西庙西院刻本、清光绪四年(1878)重刻本。录自《江苏旧方志提要》第 146 页。《总目提要》10-29 有提要。

[雍正]锡山梅里志

联目 337

(清)安起东、浦传桂纂

有清雍正二年(1724)刻本。录自《江苏旧方志提要》第 137 页。《总目提要》10-29 有提要。

[光绪]泰伯梅里志八卷

联目 337

(清)吴熙修　(清)刘继增等纂

清光绪二十二年(1896)吴熙再权金匮县事,嘱刘继增将前《锡山梅里志》芟芜存实,重加删定,更名为《泰伯梅里志》。有清稿本和抄本。录自《江苏旧方志提要》第 137 页。

[同治]梅里文献小志稿附邻近事迹一卷

联目 337

(清)黄炳宸纂

记事至清同治间。存有抄本。录自杨冬荃《〈中国地方志联合目录·江苏省〉正补》(载《中国地方志》1986 年第 6 期,第 76 页)。

新续梅里小志一卷

联目 337

(清)佚名纂

有抄本,记事至清光绪二十七年(1901)。存于上海图书馆、南京大学图书馆。

录自杨冬荃《〈中国地方志联合目录·江苏省〉正补》(载《中国地方志》1986 年第 6 期,第 76 页)。

按:据笔者自存民国十八年(1929)版《中国古今地名大辞典》第 816 页有梅李 (里)乡条,谓地在江苏无锡县东南三十里,旧称泰伯城。梅李镇条谓地在江苏常 熟县东三十五里,以吴越钱氏时遣梅世忠、李开山戍此,因取二将之姓以名其地。 两地均不属浙江省。然《联合目录》第 391 页著录《梅里志》3 条,均置于浙江省内。 而《江苏旧方志提要》亦著录 3 条,又非《联合目录》所著录者。杨冬荃在《〈中国地 方志联合目录·江苏省〉正补》(载《中国地方志》1986 年第 6 期)中补入以上 6 条 之外的两条。《中国地方志总目提要》浙江省内著录陈仰光写的提要 4 条(11 - 48),同书江苏省内著录倪波写的提要 3 条。互交叉,情况较乱,笔者一时无法理 清,谨仍其旧,以供参考,亦盼解惑。

[光绪]重修马迹山志八卷首一卷

联目 337

(清)许槤等纂

马迹山地方之小志也,非单纯山志。有清光绪六年(1880)活字本、民国十八年 (1929)抄本。录自钱建中《〈江苏方志考·无锡市方志概述〉补正》(载《江苏地方 志》1988 年第 1 期,第 30 页)。《江苏旧方志提要》第 141 页有提要。

漆沙小志一卷

联目 337

周肆南辑

亦名《开沙续志》。漆沙属无锡。抄本存于上海图书馆。录自杨冬荃《〈中国 地方志联合目录·江苏省〉正补》(载《中国地方志》1986 年第 6 期,第 76 页)。

泾里志十卷首一卷

联目 338

(清)程国昶、邵彩纂修

有清雍正十二年(1734)夏德舆抄本,存于江阴长泾袁振宁家,系由"破四旧" 烈火中抢救出来的劫后余存。录自张耀宗《一部未见著录的地方志书——〈泾里 志〉》(载《中国地方志通讯》1983 年第 1 期,第 44 页)。杨冬荃《〈中国地方志联合 目录·江苏省〉正补》(载《中国地方志》1986 年第 6 期,第 76 页)有著录。

[嘉靖]闾史

联目 338

(明)周时复撰

收载于清光绪二年(1876)本《顾山周氏宗谱》中。录自《江苏旧方志提要》第159页,又见张耀宗《江阴地方小志简述》(载《江苏地方志》1992年第2期,第52页)。

顾山镇记

联目338

(明)周其新撰

附刻于《顾山周氏宗谱》中。录自《江苏旧方志提要》第159页。

北漍志略一卷

联目338

(清)缪敬持撰

镇志也。附刻于清同治十年(1871)《东兴缪氏宗谱》卷三十七中。录自《江苏旧方志提要》第161页。张耀宗《江阴地方志简述》(载《江苏地方志》1990年第2期)有著录。

[民国]江阴近事录三卷

联目339

缪荃孙纂

有民国九年(1920)刊本。录自台北成文出版社《中国方志丛书目录》第一期江苏省25。《总目提要》10－31有提要。

[宣统]镇江城内乡土地理志略五章

联目340

(清)佚名纂

有清宣统二年(1910)稿本,存于江苏省镇江市图书馆。录自殷光中《镇江方志考略》。

[康熙]丹徒县志五卷

联目340

佚名纂

有旧抄本存于南京图书馆。录自殷光中《镇江方志考略》。《江苏旧方志提要》第 733 页张乃格的提要谓此书记事至清康熙二十二年(1683),与《联合目录》第 340 页著录的、佚名纂记事至清顺治十七年(1660)的《丹徒县志》五卷本不同。故录此以备考。

[乾隆]续修丹徒县志

联目 340

(清)蒋春梦辑

补记清康熙二十三年(1684)至六十年(1721)间事。录自《总目提要》10 – 106。

[万历]毗陵高山志五卷高山志续一卷

联目 345

(明)顾世登、顾伯平辑　　(明)恽应翼重辑

毗陵,常州古称。高山志者,志一乡也,非专门之山志。有清吴镛续,清光绪二年(1876)刻本(不存)。民国二十五年(1936)的活字本藏于南京图书馆、常州市图书馆、武进市图书馆等处。录自《江苏旧方志提要》第 233 页查洪年提要。杨冬荃《〈中国地方志联合目录·江苏省〉正补》(载《中国地方志》1986 年第 6 期,第 76 页)有著录。

常州赋

联目 345

(清)褚邦庆纂

有清光绪七年(1881)重刊本,存于上海图书馆。录自陈光贻《稀见地方志提要》第 375 页。

武阳县志

联目 346

佚名撰修

有抄本存于南开大学图书馆。录自杨冬荃《〈中国地方志联合目录·江苏省〉正补》(载《中国地方志》1986 年第 6 期,第 77 页)。

[乾隆]宜兴县志刊讹

联目 346

(清)徐濒撰

有清乾隆六十年(1795)刻本。录自《江苏旧方志提要》第169页。

荆溪疏二卷

联目 347

(明)王稚登纂

收入明万历《王百谷全集》中,有刻本存于上海图书馆。录自陈光贻《稀见地方志提要》第384页。

[嘉靖]荆溪外纪二十六卷

联目 347

(明)沈敕纂

录自《江苏旧方志提要》第167页。《总目提要》10－33有提要。

双溪物产疏十五卷

联目 347

(清)陈经纂

有清嘉庆间刻本,存于上海图书馆。录自陈光贻《稀见地方志提要》第384页。

[道光]扬州营志十六卷

联目 348

(清)陈述祖修　(清)郑余堂、李北山等纂

有清道光十一年(1831)刻本、1961年扬州古旧书店油印本,国家图书馆均有存。录自杨冬荃《〈中国地方志联合目录·江苏省〉正补》(载《中国地方志》1986年第6期,第77页)及杜建荣《〈中国地方志联合目录〉正误——〈联合目录〉未收之方志》(载《天津史志》1989年第1期,第62页)。《江苏旧方志提要》第608页有提要。

扬州府图说一卷

联目 349

佚名撰

有明写本存于美国国会图书馆。录自许卫平《〈联合目录〉扬州地区方志收录补遗》(载《江苏地方志》1988年第3期)。《江苏旧方志提要》第597页有提要。

扬州赋一卷续扬州赋一卷

联目 349

（宋）王观纂　（宋）陈洪范纂

清扬州阮氏传抄天一阁藏本，存于上海图书馆。录自陈光贻《稀见地方志提要》第396页。

［民国］扬州风土记略三卷

联目349

徐谦芳撰

有手稿本，存于扬州师范学院（今扬州大学）图书馆。江苏广陵古籍刻印社曾加以重印。录自许卫平《〈联合目录〉扬州地区方志收录补遗》（载《江苏地方志》1988年第3期）。《江苏旧方志提要》第601页有提要。

扬州足征录二十七卷

联目349

（清）焦循辑

国家图书馆藏有清云兰阁抄本。录自北京图书馆古籍出版编辑组编《北京图书馆古籍珍本丛刊（拟目）》第13页。《江苏旧方志提要》第599页有许卫平提要。

扬州画舫录十八卷

联目349

（清）李斗撰

有清乾隆六十年（1795）自然庵初刻本、清嘉庆间刻本、清同治十一年（1872）方浚颐石印本、1960年中华书局铅印本、1984年江苏广陵古籍刻印社铅印点校本，存处甚多。录自《江苏旧方志提要》第602页。

扬州丛刻四十七卷

联目349

李艾塘撰　陈恒和辑刻

有民国间刊本存于中国台湾。录自台北成文出版社《中国方志丛书目录》第1页，江苏省第1期3。

［嘉庆］广陵览古七卷

联目352

（清）顾銮撰

有清嘉庆十三年(1808)刻本,存于扬州师范学院(今扬州大学)图书馆。录自许卫平《〈中国地方志联合目录〉扬州地区方志收录补遗》(载《江苏地方志》1988 年第 3 期)。

[民国]广陵私乘一册

联目 349

汤宣臣撰

有江苏广陵古籍刻印社刻印线装本。录自《古籍整理出版简报》1991 年总 240 期。

扬州西山小志

联目 349

(清)林溥撰

以渔唱文体编成。有民国三十六年(1947)徐谦芳抄本,存于扬州师范学院(今扬州大学)图书馆。录自许卫平《〈中国地方志联合目录〉扬州地区方志收录补遗》(载《江苏地方志》1988 年第 3 期,第 52 页)。《江苏旧方志提要》第 607 页有提要。

[民国]甘泉县续志采访稿

联目 352

汪丙炎、王保如撰

有民国十五年(1926)稿本。南京大学图书馆存地理、河渠两门。录自杨冬荃《〈中国地方志联合目录·江苏省〉正补》(载《中国地方志》1986 年第 6 期,第 77 页)。《总目提要》10 - 98 有提要。《江苏旧方志提要》第 630 页著录为存目。

甘泉县乡土志

联目 352

佚名编纂

收入民国二十六年(1937)燕京大学图书馆印《乡土志丛编》中,扬州师范学院(今扬州大学)图书馆有存。录自许卫平《〈中国地方志联合目录〉扬州地区方志收录补遗》(载《江苏地方志》1988 年第 3 期,第 52 页)。

[同治]甘棠小志(节录)

联目 351

(清)王开益编

有清光绪十三年(1887)刻本。录自《总目提要》10 - 97。

［嘉庆］邗记六卷

联目 352

（清）焦循佐撰

有清光绪十年（1884）吴丙湘校刊本，存于扬州市图书馆。录自许卫平《〈中国地方志联合目录〉扬州地区方志收录补遗》（载《江苏地方志》1988 年第 3 期，第 52 页）。《江苏旧方志提要》第 599 页有提要。

［民国］仪征县志稿（民国江苏通志征访册稿）

联目 352

有仪征县采访主任柳承元汇送、扬属省征访员朱学曾谨呈稿本 10 册，存于南京图书馆。录自杨冬荃《〈中国地方志联合目录·江苏省〉正补》（载《中国地方志》1986 年第 6 期，第 77 页）。《江苏旧方志提要》第 652 页有提要。

真州竹枝词一卷

联目 353

（清）惕斋主人撰

宋时有真州，为今江苏仪征县地也。有清咸丰十年（1860）刊本，存于上海图书馆。录自陈光贻《稀见地方志提要》第 400 页。

［民国］高邮县志

联目 354

佚名编纂

有民国四年（1915）稿本，仅存城池、慈善二类，藏于南京大学图书馆。录自杨冬荃《〈中国地方志联合目录·江苏省〉正补》（载《中国地方志》1986 年第 6 期，第 77 页）。许卫平《〈中国地方志联合目录〉扬州地区方志收录补遗》（载《江苏地方志》1988 年第 3 期，第 53 页）有著录。《江苏旧方志提要》第 670 页、《总目提要》10 -91 均有提要。

［民国］高邮乡土志

联目 354

张孝则编

有民国间油印本，存于高邮县档案馆，有吴伯颜氏加以勘补译注，作成《高邮乡土志选译（初稿）》，1982 年 8 月高邮县档案馆油印本。录自许卫平《〈中国地方志联合目录〉扬州地区方志收录补遗》(载《江苏地方志》1988 年第 3 期,第 53 页)。
《联合目录》第 354 页著录有佚名编《高邮州乡土志》一卷,可互查考。

[民国]江苏通志宝应县征访稿

联目 355

征访及编纂人员未详

原稿 1 函 4 册,有民国间稿本(仅存 2 册),亦有题作《江苏通志征访稿》者。
录自《江苏旧方志提要》第 680 页。

(宝应县)邑乘志余一卷

联目 355

(清)朱彬撰

因系私撰,且有些资料有待考证,故名志余。有清食旧德斋传抄本,今存于中
国台湾。录自《江苏旧方志提要》第 683 页。

[康熙]泰州志稿六卷

联目 356

(清)宫伟镠、陆廷抡纂修

清康熙十三年(1674)修成,初名为《微尚录存》,收入宫氏《春雨草堂集》中,民
国九年(1920)韩国钧编印《海陵丛刻》时又加收入。录自许卫平《〈中国地方志联
合目录〉扬州地区方志收录补遗》(载《江苏地方志》1988 年第 3 期,第 53 页)。
《江苏旧方志提要》第 633 页有提要。

[光绪]续纂泰州志三十四卷首一卷

联目 357

(清)郑辅东等修   (清)王贻年等纂

有民国十年(1921)石印本,存于扬州市图书馆、扬州师范学院(今扬州大学)
图书馆。录自许卫平《〈中国地方志联合目录〉扬州地区方志收录补遗》(载《江苏
地方志》1988 年第 3 期,第 53 页)。《江苏旧方志提要》第 636 页冠作"续修"。《总
目提要》10-101 著录有胡维藩修,卢福堡纂《[光绪]续纂泰州志》三十五卷,有民
国初年油印本。其间关系,有待作进一步研究。

[民国]泰兴乡土教材一种

联目 357

朱荣松编

设四个单元48课,有民国三十六年(1947)中央印务局铅印本。录自《总目提要》10 – 99。

[万历]西溪镇志一卷

联目 357

佚名撰

西溪,亦名晏溪,旧隶泰州,今属盐城东台市。有泰州新华书店古旧部抄录本。录自《江苏旧方志提要》第 580 页。

[万历]靖江县志十二卷

联目 358

(明)赵应旋修　(明)朱家辑、刘文枕纂

有明万历四十六年(1618)刊本,存于日本国会图书馆。录自杨冬荃《〈中国地方志联合目录·江苏省〉正补》(载《中国地方志》1986 年第 6 期,第 77 页)。

[光绪]通州志补正二册

联目 360

佚名纂

民国间红格工楷稿本,书名题作《[光绪]通州志补正》,但页内书口有印为《泰兴县志稿》者。提要者谓系借用泰兴县志稿纸故也,并推测可能为张謇所修。存于中国科学院文献情报中心。录自《江苏旧方志提要》第 456 页张乃格提要。

(南通)州志辑要

联目 360

原题作玉沙氏辑

有抄本存于上海图书馆。录自杨冬荃《〈中国地方志联合目录·江苏省〉正补》(载《中国地方志》1986 年第 77 页)。《江苏旧方志提要》第 463 页著录作存目,当是未见其书也。

[民国]南通县乡土志

联目 360

佚名编

有民国初年本(已残缺不全,仅余 68 目),存于南通市图书馆,南通市博物馆存有油印本。录自《江苏旧方志提要》第 466 页。

[民国]南通县乡土志

联目 360

南通县教育科编

有民国二十四年(1935)、民国三十年(1941)两种铅印本。录自杨冬荃《〈中国地方志联合目录·江苏省〉正补》(载《中国地方志》1986 年第 6 期,第 77 页)。

南通县乡土课本一卷

联目 360

南通县公署教育科编

有民国二十八年(1939)翰墨林书局铅印本。录自杨冬荃《〈中国地方志联合目录·江苏省〉正补》(载《中国地方志》1986 年第 6 期,第 77 页)。

[民国]二十年来之南通

联目 360

陈翰珍纂

刊载于民国十五年(1926)《民言日报》(未刊毕)。民国十九年(1930)《南通日报》又分期连载。有 1938 年伪南通县自治会铅印本。录自《江苏旧方志提要》第 465 页。

[同治]金沙场志稿

联目 360

(清)佚名纂修

有抄本存于上海图书馆。录自陈光贻《稀见地方志提要》第 419 页。杨冬荃《〈中国地方志联合目录·江苏省〉正补》(载《中国地方志》1986 年第 6 期,第 77 页)有著录谓"仅存人物、古迹、物产三门"。

海曲方域小志一卷

联目 361

(清)金榜撰

有清光绪十七年(1891)上海著易堂《小方壶斋舆地丛钞》排印本。录自《江苏旧方志提要》第 458 页。《总目提要》10 - 71 有提要。

启东设冶汇牍五卷

联目 361

陈弘编辑

有民国二十年(1931)铅印本。录自台北成文出版社《中国方志丛书目录》江苏省第二期 175。

[民国]海门县续志

联目 362

范钦孟撰

记事自民国初至民国二十四年(1935),有手抄本 1 册,存于海门县地方志办公室。录自《江苏旧方志提要》第 484 页。

[嘉靖]淮郡文献志二十六卷首四卷补遗一卷

联目 362

(明)潘埙编撰

修成于明嘉靖四十三年(1564),有抄本。录自《总目提要》10 - 77。

淮郡文渠志二卷

联目 362

(清)何庆芬等辑

有清同治十年(1871)刊本。录自台北成文出版社《中国方志丛书目录》第 1 页,江苏省第一期 7。

淮安小志

联目 363

(清)顾炎武撰

有清初抄本。录自《总目提要》10 - 82。

山阳县初志稿

联目 364

(清)佚名纂修

记事至清道光三十年(1850),南京图书馆存稿本 1 册,内容为形胜、风俗、疆域、物产、河防、漕运、水利等。录自杨冬荃《〈中国地方志联合目录·江苏省〉正补》(载《中国地方志》1986 年第 6 期,第 77 页)。

[民国]淮安县志稿

联目 364

佚名修纂

记事至民国二十二年(1933)。20 世纪 60 年代得于旧书肆中,今藏于淮安县档案馆,仅残存疆域、建置、记事、党治等 4 卷。录自杨冬荃《〈中国地方志联合目录·江苏省〉正补》(载《中国地方志》1986 年第 6 期,第 77 页)。

淮安乡土地理教科书

联目 364

杨荣撰

有民国十年(1921)铅印本。录自《总目提要》10-83。

车桥闻见记一卷

联目 365

(清)潘亮彝纂

记事止于清光绪中,有稿本存于上海图书馆。录自陈光贻《稀见地方志提要》第 391 页。

山阳风物志一卷

联目 365

(清)吴昆田纂

有清光绪十七年(1891)上海著易堂《小方壶斋舆地丛钞》排印本。录自《江苏旧方志提要》第 519 页张修银提要。

[民国]淮阴风土记二卷

联目 365

张震南纂修

有民国二十五年至二十六年(1936-1937)秋怀室主人铅印本。录自《江苏旧方志提要》第 528 页王德云提要。

[民国]重修沭阳县志十六卷首一卷

联目 365

戴仁等修　钱崇威纂

纂成于民国十五年(1926),卷一至十五为正编,卷十六为外卷,有民国间抄本、1991 年影印《中国地方志集成》本。录自《中国地方志集成》江苏辑。《江苏旧方志提要》第 533 页王乃友提要著录作《沭阳重修县志》。

清河风俗物产志一卷

联目 365

(清)鲁一同纂

有清光绪十七年(1891)上海著易堂《小方壶斋舆地丛钞》排印本。录自《江苏旧方志提要》第 528 页。

[康熙]淮南中十场志十卷

联目 370

(清)汪兆樟修　(清)杨大经纂

有清康熙十二年(1673)刊本,存于上海图书馆。录自杜建荣《〈中国地方志联合目录〉正误——〈联合目录〉未收之方志》(载《天津史志》1989 年第 1 期,第 62 页)。陈光贻《稀见地方志提要》第 392 页有提要。杨冬荃《〈中国地方志联合目录·江苏省〉正补》(载《中国地方志》1986 年第 6 期,第 77 页)谓十场指富安、东台、安丰、何垛、梁垛、丁溪、拼茶、草堰、角斜、小海,后大多划入东台县,故此实为最早之东台县志也。

东台县志

联目 370

(清)佚名编

南京大学图书馆仅存清抄本的"水利"一门。录自杨冬荃《〈中国地方志联合目录·江苏省〉正补》(载《中国地方志》1986 年第 6 期,第 77 页)。《江苏旧方志提要》第 578 页高永清提要推测"似成于咸(丰)同(治)间"。

时堰村志

联目 370

佚名纂

有民国三十二年(1943)抄本 3 册,存于江苏东台档案馆。录自杨冬荃《〈中国地方志联合目录·江苏省〉正补》(载《中国地方志》1986 年第 6 期,第 77 页)。《江苏旧方志提要》第 581 页著录有清冯道立撰《[道光]时村志》二十五卷,东台市地方志办公室存有民国抄本二十二卷(缺卷十二至十四)。两者关系若何,待考。

[顺治]徐州志八卷

联目 370

(清)余志明等修　(清)李向阳等纂

有清顺治十一年(1645)刻本。录自《江苏旧方志提要》第 183 页赵明奇提要。《总目提要》10 - 34 著录作同治志,注有清同治十一年(1872)刻本,文中称"是为清初第一部志书"。在同书其前明明已经著录有臧兴祖修《[康熙]续徐州志》八卷,姜焯纂修《[康熙]徐州志》三十六卷,石杰修、王峻纂《[乾隆]徐州府志》三十卷首一卷,其自相矛盾如此,今依《江苏旧方志提要》著录。

铜山上下编

联目 371

佚名编纂

乃当时江苏省农民银行为业务需要而编印的《江苏各县农村经济调查丛书》之一种,具体编者未详,有民国二十年(1931)六月铅印本,徐州师范学院历史系资料室有藏。录自赵明奇《徐州地方志通考》(中国文史出版社,1991 年版)第 56 页。《总目提要》10 - 37 有提要。

[乾隆]丰县志十六卷

联目 371

(清)卢世昌纂修

有清乾隆二十四年(1759)刻本,中国科学院文献情报中心、天津图书馆均有足本收藏。清道光三年(1823)德丰补纂刻本,有时有恒先生捐赠藏于徐州师范学院图书馆特藏录室者。录自《总目提要》10 - 35。《江苏旧方志提要》第 194 页有赵明奇提要。

[万历]补修沛志二十五卷

联目 372

(明)罗士学原修　(明)符令仪原纂　(明)李汝让补修

现存明万历三十七年（1609）序刻本和抄本。录自杨冬荃《〈中国地方志联合目录·江苏省〉正补》（载《中国地方志》1986 年第 6 期，第 77 页）。《江苏旧方志提要》第 198 页著录为：有明万历二十五年（1597）刻本，明万历三十八年（1610）李汝让增刻本。

沛县社会调查三篇

联目 372

汤同书主编

有 1984 年沛县县志办公室据冯亦吾藏本重印本。录自赵明奇《徐州地方志通考》第 105 页。

[民国]邳县续志

联目 372

佚名撰

记事至民国七年（1918），有稿本 17 册存于南京图书馆，其中若干卷卷端题为"邳县事实汇录""邳县事实汇稿"。录自杨冬荃《〈中国地方志联合目录·江苏省〉正补》（载《中国地方志》1986 年第 6 期，第 77 页）。

[民国]睢宁县志稿

联目 373

傅毓祥修

民国二十六年（1937）修。这是一部私人编纂的志稿，奈稿初成，纂者遂遭车祸，故未及刊行，书名亦为后人所加。原本由哈尔滨中国船舶工程学院（今哈尔滨工程大学）姚明收藏，1985 年献出，为江苏省睢宁县地方志办公室珍藏。录自赵明奇《徐州地方志通考》第 146 页。《江苏旧方志提要》第 211 页有提要。

[民国]睢宁县新志稿二十二卷

联目 373

于人俊私纂

"文革""破四旧"中，稿被抄出，扔入焚书堆中，睢宁县图书馆馆长李春明先生抢出前 2 册（卷一至十），后半部失落，不知已毁，还是为另人收藏。录自赵明奇《徐州地方志通考》第 151 页。《江苏旧方志提要》第 212 页有提要。

按：以上二稿，在《江苏旧方志提要》中，赵明奇提要著录为两书，修纂时间相同，不可能同一年内修成两部县志。或为不同稿次软？待考析。

［民国］连云一瞥十篇

联目 373

灌云县志局许绍遽编

有民国二十五年（1936）六月，无锡协成印务局出版本。录自冯桂祥、陈鹏《许绍遽与〈连云一瞥〉》（载《江苏地方志》1988 年第 3 期，第 53 页）。

（新昆）邑志订讹补正一卷

（清）潘道根纂

北京大学图书馆存抄本 1 册。记事至清咸丰四年（1854）。录自杨冬荃《〈中国地方志联合目录·江苏省〉正补》（载《中国地方志》1986 年第 6 期，第 76 页）。

浙江省

三吴土地记一种

联目 375

(晋)顾长生撰

原书已亡,仅有王谟《汉唐地理书钞》辑本流传,冠书名为《三吴记》。录自洪焕椿《浙江方志考》(浙江人民出版社,1984 年版)第 15 页。

会稽典录二十四卷

联目 375

(晋)虞预纂

传本久绝,历来辑本有《汉唐地理书钞》本、陶宗仪《说郛》本、鲁迅《会稽郡故书杂集》本等多种。录自洪焕椿《浙江方志考》第 16 页。

会稽记一卷

联目 375

(晋)贺循撰

原本久佚,有《汉唐地理书钞》辑本、鲁迅《会稽郡故书杂集》本流传。录自洪焕椿《浙江方志考》第 18 页。

会稽记

联目 375

(南朝宋)孔灵符撰

原书久佚,流传者有《汉唐地理书钞》辑本、陶宗仪《说郛》本(题为孔晔撰)、鲁迅《会稽郡故书杂集》本等。录自洪焕椿《浙江方志考》第 20 页。

吴兴记三卷

联目 375

(南朝宋)山谦之撰

原书不传,但有明人董斯张,清人严可均、范锴、缪荃孙、王谟等多种辑本流传。

录自洪焕椿《浙江方志考》第 22 页。

会稽地志一卷

联目 375

(南朝梁)夏侯曾先纂

有王谟《汉唐地理书钞》辑本、鲁迅《会稽郡故书杂集》本流传。录自洪焕椿《浙江方志考》第 23 页。

会稽三赋四卷

联目 416

(宋)王十朋纂

有明南逢吉注、尹坛补注、陶望龄评本,存于上海图书馆。录自陈光贻《稀见地方志提要》第 493 页。

[光绪]浙志便览七卷

联目 375

(清)李应珏纂

有清光绪十七年(1891)杭州吏隐斋刊本 4 册,传本尚多。录自洪焕椿《浙江方志考》第 32 页。

浙志便览十卷

联目 375

(清)李应珏重辑

乃在前书基础上续增兵事三卷。有清光绪二十二年(1896)刊本 4 册。录自洪焕椿《浙江方志考》第 32 页。有台北成文出版社《中国方志丛书》本(见其丛书目录第 9 页,浙江省第二期 180)。

浙江地略

联目 375

(清)马冠群撰

有清光绪十七年(1891)铅印《小方壶斋舆地丛钞》本。录自洪焕椿《浙江方志考》第 706 页。

［光绪］分疆录十二卷

联目 375

（清）林鹗等纂辑

有清光绪四年（1878）刊本。录自台北成文出版社《中国方志丛书目录》第 10 页，浙江省第二期 222。

大中华浙江省地理志

联目 376

林传甲编

有民国七年（1918）浙江印刷公司铅印本。录自洪焕椿《浙江方志考》第 34 页。

浙江省史地纪要

联目 376

张其昀编著

编于民国十四年（1925），民国十七年（1928）商务印书馆出版。录自洪焕椿《浙江方志考》第 35 页。

浙江省一瞥

联目 376

徐宝山编

有民国二十年（1931）商务印书馆出版本。录自洪焕椿《浙江方志考》第 35 页。

浙江省情

联目 376

浙江省情展览会编

有民国二十四年（1935）杭州正中书局出版本。录自洪焕椿《浙江方志考》第 35 页。

续修浙江通志·海塘长编

联目 376

唐咏裳编

有稿本 13 册,存于上海图书馆。录自洪焕椿《浙江方志考》第 32 页。

浙江通志补编·经籍志

联目 376

孙德谦编

未刊,有吴兴刘氏嘉业堂抄本 6 册,存于上海图书馆。录自洪焕椿《浙江方志考》第 34 页。

浙江

联目 376

葛绥成编

乃全国分省地志之一种,有民国二十八年(1939)上海中华书局出版本。录自洪焕椿《浙江方志考》第 35 页。

梦梁录二十卷

联目 378

(宋)吴自牧撰

有明抄本存于国家图书馆,分存于各地之其他版本甚多,最近者为浙江人民出版社 1980 年版。录自王重民《中国善本书提要》第 199 页。

都城纪胜一卷

联目 378

(宋)耐得翁撰

南京图书馆藏有旧抄本,其他印行本有多种,最近者为 1956 年古典文学出版社《东京梦华录》(外四种)本。录自洪焕椿《浙江方志考》第 705 页。

武林旧事六卷

联目 378

(宋)周密撰

国家图书馆藏有清乾隆间刻本,分存于各地之其他版本甚多。录自王重民《中国善本书提要》第 199 页。

钱塘遗事十卷

联目 378

(元)刘一清撰

有旧抄本,存于南京图书馆,其他刊本尚多。录自洪焕椿《浙江方志考》第718页。

增补武林旧事八卷

联目 379

(明)朱廷焕辑

有明崇祯十年(1637)刊本,存于上海图书馆,浙江图书馆存有清康熙间重刻本。录自洪焕椿《浙江方志考》第709页。

武林纪略二卷

联目 379

(明)黄鸣俊撰

浙江图书馆藏有明刻本。录自洪焕椿《浙江方志考》第712页。

武林志余三十二卷

联目 379

(明)张旸撰

浙江图书馆存有原稿残卷。录自洪焕椿《浙江方志考》第714页。

武林旧闻一种

联目 379

(清)朱文藻撰

有稿本2册,存于瞿世瑛清吟阁。录自洪焕椿《浙江方志考》第714页。

武林杂录一种

联目 379

(清)卢文弨撰

有抄稿本2册,存于瞿世瑛清吟阁。录自洪焕椿《浙江方志考》第714页。

武林坊巷志

联目 379

录自俞佐萍《浙江省旧志整理概况》(载《贵州方志》1989 年第 1 期,第 60 页)。

[乾隆]越中杂识二卷

联目 379

(清)悔堂老人撰

清乾隆抄本国内原无存。1980 年由陈桥驿先生通过斯坦福大学人类学系施坚雅教授,自美国国会图书馆引回。今有浙江人民出版社 1983 年出版本。录自陈桥驿《乾隆抄本〈越中杂识〉》(载《中国地方史志》1982 年第 2 期,第 61 页)。

东城杂记二卷

联目 379

(清)厉鹗撰

南京图书馆存有手稿本,其他刊本甚多。录自洪焕椿《浙江方志考》第 717 页。

杭州府建置沿革考二卷

联目 379

(清)张大昌撰

有作者自校付梓前之底本,藏于南京图书馆。录自洪焕椿《浙江方志考》第 59 页。

[民国]杭州市新志稿三十二卷

联目 379

千人俊撰

始修于民国二十四年(1935),纂成于民国三十七年(1948),未刊。录自《总目提要》11 - 13 林正秋提要。

桑梓闻见记一卷续记一卷

联目 379

（清）鲍逸纂

记杭州山水、风土、士习、土产等，有稿本存于上海图书馆。录自陈光贻《稀见地方志提要》第 432 页。

定乡小识十六卷

联目 379

（清）张道撰

有清光绪八年（1882）武林丁氏刊本，又收入《武林掌故丛编》第 8 集。录自洪焕椿《浙江方志考》第 461 页。

北新关志十六卷首一卷

联目 379

（清）李卫修　（清）许梦闳纂

修于清雍正九年（1731），有刊本 6 册，存于上海图书馆。国家图书馆、南京大学图书馆存有旧抄本。录自洪焕椿《浙江方志考》第 461 页。

清波小志二卷

联目 379

（清）徐逢吉撰

记钱唐西门附近一区"街坊琐事，足资谈柄者"。有《昭代丛书》本、《读画斋丛书》本、《武林掌故丛编》本等多种刊本流传。录自洪焕椿《浙江方志考》第 720 页。

清波小志补一卷

联目 379

（清）陈景钟撰

著录同上。

湖墅小志四卷

联目 379

（清）高鹏年纂

有清光绪二十二年（1896）仁和黄氏石印本，南京大学图书馆、北京大学图书馆、上海图书馆、浙江图书馆均有收藏。录自洪焕椿《浙江方志考》第 461 页。

补订艮山杂志

联目 380

（清）翟灏纂

所记属仁和县地。有稿本存于上海图书馆。录自陈光贻《稀见地方志提要》第 432 页。

栖乘类编一种

联目 380

（清）张之鼐编

有清乾隆三十年（1765）刊本，存于北京大学图书馆。录自洪焕椿《浙江方志考》第 460 页。

［嘉庆］栖里景物略十二卷

联目 380

（清）张之鼐纂

所记属仁和县地事。有清嘉庆十四年（1809）传抄本，存于浙江图书馆、中山大学图书馆。录自洪焕椿《浙江方志考》第 459 页。陈光贻《稀见地方志提要》第 433 页有提要。

余杭县志补遗

联目 380

（清）褚成亮编

成稿未刊，传抄本曾于民国二十五年（1936）浙江文献展览会展出，归余杭图书馆收藏。录自洪焕椿《浙江方志考》第 83 页。

［雍正］临安县志十卷

联目 382

（清）张淑郿纂修

清雍正元年（1723）增修。上海图书馆存有 1962 年抄本。录自洪焕椿《浙江方志考》第 85 页。

［康熙］于潜县志十八卷

联目 382

（清）刘国儒纂修

清康熙二十二年（1683）修成，有刊本，存于南京图书馆。录自洪焕椿《浙江方志考》第 86 页。

于潜乡土地理大纲（初稿）

联目 382

余烈编

有民国二十三年（1934）铅印本，存于广西第一图书馆（今桂林图书馆）。录自洪焕椿《浙江方志考》第 690 页。

［道光］昌（化县）志备考四卷

联目 383

（清）章荣纂　（清）王兆杏续纂

清道光三年（1823）编成，湖北省图书馆存有抄本一部。录自洪焕椿《浙江方志考》第 95 页。

［康熙］淳安县志二十卷

联目 386

（清）张三让修　（清）闵圻申纂

有清康熙十三年（1674）刊本，存于国家图书馆。录自洪焕椿《浙江方志考》第 390 页。《总目提要》11－22 有陈仰光提要。

［民国］淳安县志初稿二十五编

联目 386

有民国三十八年（1949）本，存于淳安县公安局。录自淳安县志编纂室王晓灵《淳安县发现民国〈淳安县志〉》（载《杭州市志通讯》1986 年第 1 期）。

［民国］杭县县志二十五卷

联目 387

汪坚青、姚寿慈等修纂

修于民国三十五至三十七年（1946－1948）间。录自朱先新《〈杭县志稿〉的历史价值》（载《杭州市志通讯》1986 年第 1 期）。

［民国］桐庐县志十八卷首一卷

联目 387

颜士晋主修　朱邦彦、臧承宣等纂

民国十五年（1926）修成，有未刊稿本。录自范樟友、陈光熙《新发现的〈［民国］桐庐县志稿〉简介》（载《浙江方志》1989 年第 1 期，第 47 页）。

［宣统］萧山县志

联目 388

佚名纂

修于清宣统间，南京大学图书馆存兰格抄本 1 册（内容为田赋上）。录自洪焕椿《浙江方志考》第 245 页。

［乾隆］嘉兴典故纂要八卷续编八卷

联目 390

（清）王惟梅纂

有清乾隆五十四年（1789）刊本，存于上海师范大学图书馆。录自陈光贻《稀见地方志提要》第 444 页。

东畲杂记一卷

联目 390

（清）沈廷瑞撰

记濮院镇乡土掌故，有清光绪十三年（1887）红叶山房刊本。录自洪焕椿《浙江方志考》第 731 页。

［乾隆］天香录十二卷

联目 390

（清）李遇孙纂

记嘉兴王店（一名梅里）镇明初至清乾隆间之相关事迹及轶闻等。录自陈光贻《稀见地方志提要》第 447 页。《总目提要》11－48 有提要。

古禾杂识四卷

联目 391

（清）项映薇纂　（清）王寿增补

有清道光二十年(1840)刊本,存于上海图书馆。录自陈光贻《稀见地方志提要》第447页。洪焕椿《浙江方志考》第727页有著录。

［雍正］梅里志四卷图一卷

联目391

（清）吴存礼编

有清雍正二年(1724)蔡名烜刻本,存于北京大学图书馆。于义芳《〈中国地方志联合目录〉择误》、洪焕椿《浙江方志考》均著录于浙江省。但《江苏旧方志提要》第146页、《总目提要》10-29均置于江苏省内(见江苏省相应条目)。

梅里志

联目391

（清）佚名修纂

存有稿本。录自《总目提要》11-49陈仰光提要。

梅里志校勘记二卷

联目391

祝廷锡校

有手抄本存于嘉兴图书馆,南京大学图书馆存有传抄本。录自洪焕椿《浙江方志考》第466页。

枫泾小志十卷

联目392

曹相骏辑　陈宗溥续补　许光墉等增补

有清光绪十七年(1891)刊本,北京大学图书馆、南京图书馆、中国科学院南京地理与湖泊研究所均有藏。录自洪焕椿《浙江方志考》第474页。

嘉善地略一卷

联目392

（清）黄中杰编

稿成未刊,抄稿本曾于民国二十五年(1936)浙江文献展览会上展出,后存于嘉善县图书馆。录自洪焕椿《浙江方志考》第114页。

当湖外志八卷

联目 393

（清）马承昭纂

有清咸丰平湖徐锦华刻本,存于上海图书馆。录自洪焕椿《浙江方志考》第126页。

续当湖外志八卷当湖忠义纪略一卷

联目 393

（清）马承昭纂

清光绪元年(1875)编,有刊本6册,上海图书馆、南京图书馆、北京大学图书馆、浙江图书馆均有藏。录自洪焕椿《浙江方志考》第126页。

平湖通览一种

联目 394

钱公治编

有民国二十一年(1932)铅印本。录自洪焕椿《浙江方志考》第127页。

［万历］桐乡县志十四卷

联目 398

（明）唐枢等修

有明万历间刊本,存于南京图书馆。录自洪焕椿《浙江方志考》第128页。

吴兴入东记一卷

联目 400

（南朝梁）吴均纂 （清）范锴辑佚

有清《范声山杂著》本,清刊本存于上海图书馆。录自陈光贻《稀见地方志提要》第477页。《总目提要》11-60 著录谓今存辑本千余字,有民国二十年(1931)石印本。

［嘉靖］吴兴掌故纪要

联目 400

（明）佚名纂

有旧抄本存于浙江图书馆。录自陈光贻《稀见地方志提要》第464页。《总目提要》11－61有陈仰光提要。

［成化］湖州府志二十四卷

联目400

（明）劳钺修　（明）张渊等纂

有明成化十一年（1475）刻本、明弘治补刻本、清归安姚氏咫进斋抄本、2011年《上海图书馆藏稀见方志丛刊》本。录自《中国社会科学院地方志联合目录》第181页。

吴兴杂记

联目400

（明）李乐纂

有抄本存于上海图书馆。录自陈光贻《稀见地方志提要》第464页。《总目提要》11－62有陈仰光提要。

吴兴合璧四卷首一卷

联目400

（清）陈文煜纂

清乾隆五十二年（1787）刻本，陈光贻私人有藏。上海图书馆存清光绪四年（1878）活字本及民国间铅印本。录自陈光贻《稀见地方志提要》第465页。姚民卫《现存湖州乡镇山水志目录辑要》（载《湖州志通讯》1992年第5期）著录谓湖北省图书馆亦存有清乾隆五十二年（1787）刻本。《总目提要》11－63有陈仰光提要。

吴兴旧闻二卷补四卷

联目400

（清）胡承谋辑　（清）章铨补辑

有清嘉庆九年（1804）校刻本，存于广东省立中山图书馆。录自洪焕椿《浙江方志考》第736页。

吴兴大事记

联目400

佚名撰

有抄本 2 册,存于中山大学图书馆。录自姚民卫《现存湖州乡镇山水志目录辑要》(载《湖州志通讯》1992 年第 5 期)。

[嘉靖]西吴里语四卷

联目 400

(明)宋雷纂

有明嘉靖二十六年(1547)刻本和民国三年(1914)《适园丛书》本,均存于上海图书馆。录自陈光贻《稀见地方志提要》第 462 页。《总目提要》11 - 62 有陈仰光提要。王重民《中国善本书提要》第 200 页有著录。

西吴支乘二卷

联目 400

(明)谢肇淛撰

南京图书馆藏有明刻本。录自洪焕椿《浙江方志考》第 735 页。

吴兴山墟名二卷

联目 400

(晋)张玄之纂

原书早佚,今存有自《永乐大典》中辑出本。虽名"山墟名",但内容涉及山、水、物产、名胜、寺庙、古迹、传闻逸事等。录自《总目提要》11 - 60 陈仰光提要。

[民国]小溪口农村改进会报告书

联目 400

雷震主编　周浩如编辑

有民国二十三年(1934)油印本,存于上海图书馆。录自陈光贻《稀见地方志提要》第 479 页。《总目提要》11 - 68 有陈仰光提要。

石柱记

联目 400

(唐)颜真卿纂

颜真卿为湖州刺史时,将境内山川、陵墓、古迹、古器于唐代宗大历十一年(776)撰成《石柱记》,镌刻于石柱,立于杼山,系存最早刻于石上之方志。至宋代,因传世既久,字迹漶漫,名字及岁月均不可考,欧阳修收入《集古录》中,认为此记笔法奇伟,非真卿不能为。孙莘觉守湖州时,曾集境内碑碣,于郡斋筑墨妙亭以贮之,此柱亦移入。宋后,因府治潮湿,人取亭内诸石填淤泥,石柱遂没。直至清康熙时,郑元庆修府志方重新寻得。宋人宋敏求编《颜鲁公集》收其录文时,仅存乌程、长城、安吉三县之内容。重现之碑柱亦如之。著名学者朱彝尊仿依其体例,为之辑补全德清、武康二县。郑元庆重获是柱后,曾采摭诸书,为之作注而纂成《石柱记笺释》。《四库全书总目提要》对此《笺释》评价为:"其征据考证,颇为赡博。虽于一郡之胜尚未能包括无余,而轶典遗词,其梗概已略具。因亦征文考献者所不废矣。"(卷七十《史部·地理类三》)录自张国淦《中国古方志考》第 344 页。

[康熙]湖录一百二十卷

联目 401

(清)郑元庆纂修

清康熙四十三年(1704)成稿,未刊,现仅存六卷,存于民国三年(1914)刘氏嘉业堂《吴兴丛书》中。录自洪焕椿《浙江方志考》第 142 页。《总目提要》11－63 有陈仰光提要。

[咸丰]湖雅九卷

联目 401

(清)汪日桢纂

志书修于清同治末,存有清光绪三年(1877)刻本。录自《总目提要》11－64 陈仰光提要。

湖阴汗简二卷首一卷末一卷

联目 401

(清)徐有珂纂

有旧抄本存于上海图书馆。录自陈光贻《稀见地方志提要》第 466 页。《总目提要》11－64 有陈仰光提要。

[民国]南浔志稿四卷

联目 402

周子美纂

约纂于抗日战争末,未刊,有手稿本,存于华东师范大学图书馆。录自洪焕椿《浙江方志考》第 483 页。《总目提要》11－67 有陈仰光提要。

长兴乡土述昔

联目 404

严育三纂

作者 1981 年故世,稿本存其家,长兴县文化馆有抄本。录自陈光贻《稀见地方志提要》第 477 页。《总目提要》11 – 70 有陈仰光提要。

［光绪］新市镇再续志四卷

联目 405

（清）费梧等续编

原抄本存于日本东京大学东洋文化研究所。1990 年由杭州大学陈桥驿先生,通过日本斯波义信先生从日本复印归来,现存于德清县地方志办公室。录自陈桥驿《〈新市镇志〉考录——兼介流落海外的光绪抄本〈新市镇再续志〉》（载《陈桥驿方志论集》）第 226 页。

［天启］德清县志二十四卷

联目 405

（明）敖荣继修 （明）蔡奕琛等纂

有明天启四年（1624）刻本,存于上海图书馆。录自洪焕椿《浙江方志考》第 156 页。《总目提要》11 – 70 有陈仰光提要。

武康县志录要

联目 406

（清）佚名纂

旧抄本存于上海图书馆。录自陈光贻《稀见地方志提要》第 484 页。《总目提要》11 – 71 有陈仰光提要。

［隆庆］鄞西桃源志五卷

联目 409

（明）张桃溪、杜思泉合编

南京图书馆、上海图书馆存有传抄清康熙二十七年（1688）重刊本。录自洪焕椿《浙江方志考》第 489 页。

[光绪]小溪志八卷

联目 409

(清)柴望月编

稿成未刊,民国二十五年(1936)浙江文献展览会上曾陈列原抄本。录自洪焕椿《浙江方志考》第 489 页。

[康熙]象山县志十六卷

联目 410

(清)李郁纂修

有清康熙二十一年(1682)刊本,由陈桥驿先生通过他的学生乐祖谋自美国斯坦福大学引回,现存于浙江省象山县地方志办公室。录自陈桥驿《浙江省流落海外的两种孤本方志——清〈[康熙]常山县志〉和清〈[康熙]象山县志〉》(载《浙江方志》1989 年第 1 期,第 30 页)。洪焕椿《浙江方志考》第 203 页则著录南京图书馆、北京师范大学图书馆有收藏。《联合目录》第 410 页著录有清康熙三十七年(1698)刻行胡祚远修、姚廷杰纂的《[康熙]象山县志》十六卷,条末注明:"据康熙二十年志编成,唯艺文、秩官略有增减。"

[康熙]定海县志八卷

联目 412

(清)缪燧修　(清)陈琯纂

有清康熙五十四年(1715)刊本 4 册,存于天津图书馆,中国台湾"国家博物馆"亦有收藏。录自洪焕椿《浙江方志考》第 200 页。

[嘉庆]镇海卫志一种

联目 412

(清)蔡志侯纂

有抄本,存于浙江图书馆。录自洪焕椿《浙江方志考》第 200 页。

[民国]慈溪县志略一卷

联目 413

胡善曾撰

录自童心《慈溪地方志简介》(载《慈溪修志通讯》1988 年第 3 期,第 18 页)。

《总目提要》未见著录。

［民国］慈溪县新志稿三十三卷首一卷

联目 413

干人俊编纂

有原线装 6 册稿本,存于慈溪县档案馆,经县地方志办公室标点校订整理后,重行铅字印行。录自童心《慈溪地方志简介》(载《慈溪修志通讯》1988 年第 3 期)。

慈溪建置疆界形胜

联目 413

陈屺怀编

仅存手稿本,慈溪县地方志办公室存有复印本。录自寿玉波《慈溪县志办征集到的地方文献要目》(载《慈溪修志通讯》1988 年第 2 期,第 19 页)。

重清杜白二湖全书

联目 413

(明)沈海鹏编纂　(清)王相能增补

重刻成清《[嘉庆]慈溪县杜白二湖全书》,有清嘉庆十年(1805)刻本,存于南京图书馆。民国七年(1918)吴锦堂重排印本,存于浙江省慈溪县水利局、慈溪县地名委员会办公室,慈溪县地方办公室有复印本。录自童心《慈溪地方志简介》(载《慈溪修志通讯》1988 年第 3 期,第 18 页)。

［民国］慈溪战时乡土常识一册

联目 413

陈中坚主编

慈溪县教育会民国二十九年(1940)出版,有复印本存于慈溪县地方志办公室。录自童心《慈溪地方志简介》(载《慈溪修志通讯》1988 年第 3 期)。

［康熙］海宁县志略

联目 414

(清)范元恒编

有清康熙十九年(1680)刊本,存于中国科学院南京地理与湖泊研究所。录自洪焕椿《浙江方志考》第 72 页。

海昌胜览二十卷附录一卷

联目 414

(清)周春撰

纂成于清乾隆间,未刊,有抄稿本存于浙江图书馆,南京图书馆、上海图书馆亦存有抄本。录自洪焕椿《浙江方志考》第 724 页。

[道光]缑城漫抄三卷

联目 414

(清)卢标纂

清道光十八年(1838)修成,有刊本,清道光十九年又附刻于映台楼的《婺志粹》中。录自《总目提要》11 – 33 舒仁辉提要。

[民国]宁海漫记四卷

联目 414

干人俊纂辑

始修于民国十九年(1930),有民国二十三年(1934)铅印本。录自《总目提要》11 – 34 舒仁辉提要。

[民国]宁海续记二卷

联目 414

干人俊纂辑

有民国二十年(1931)石印本、民国二十九年(1940)油印本。录自《总目提要》11 – 34 舒仁辉提要。

[民国]宁海六记一卷

联目 414

干人俊纂辑

有民国三十三年(1944)铅印本。录自《总目提要》11 – 34 舒仁辉提要。

[泰定]甬东山水古迹记一卷

联目 415

(元)吴莱纂

详述舟山主要岛屿之古迹与现状,有清刊《说郛》本传世。录自《总目提要》11-100 谢静波提要。

[天启]舟山志四卷

联目 415

(明)何汝宾修 (明)邵辅忠纂

又名《翁山志》,修于明天启五年(1625),明天启六年原刻本已佚,今有清康熙四十年(1701)抄本、台北成文出版社《中国方志丛书》本。录自成文出版社《中国方志丛书目录》第 11 页,浙江省第三期 49。《总目提要》11-100 谢静波提要。

[康熙]昌国县遗志稿一种

联目 415

(清)闻性道纂

编于清康熙间,未刊。有抄本(不全,原目 35 门,今存 14 门),存于浙江图书馆。录自洪焕椿《浙江方志考》第 212 页。

昌国典咏十卷

联目 415

(清)朱绪曾纂

纂成于清咸丰时,稿本存上海图书馆。又有清咸丰五年(1855)刊本。录自陈光贻《稀见地方志提要》第 488 页。《总目提要》11-101 有谢静波提要。

[光绪]定海乡土教科书十二章

联目 415

(清)王亨彦纂

记事止于清光绪三十二年(1906),有清光绪三十三年上海鸿文书局铅印本(分上、下两册)。录自《总目提要》11-102 谢静波提要。

[民国]翁洲简志

联目 415

汤景德编

全书 7 章,民国三十八年(1949)编成,有次年翁洲出版新印本。录自《总目提要》11-103 谢静波提要。

［民国］嵊泗列岛概况与分岛略志三章

联目 415

刘振凯纂

此系嵊泗县当时唯一之方志,民国三十八年(1949)编成,次年印行。录自《总目提要》11－103 谢静波提要。

保越武备志一卷绍兴考一卷

联目 416

(明)郭钰纂 (明)张培参汇

有明刊本存于上海图书馆。录自陈光贻《稀见地方志提要》第 496 页。

绍兴掌故琐记

联目 416

(清)董实秬撰补

存于天一阁。录自陈桥驿《绍兴地方文献之稀见抄本》(收入《陈桥驿方志论集》第 205 页)。

绍兴杂录稿本二册

联目 416

(清)佚名纂

存于绍兴鲁迅图书馆。陈桥驿先生推测系清人董钦德撰。录自陈桥驿《绍兴地方文献之稀见抄本》(收入《陈桥驿方志论集》第 205 页)。

［康熙］山阴县志三十八卷

联目 417

(清)顾庸补修

修于清康熙四十年(1701),系对高登先修清康熙十年志之补作,有刊本 16 册,知其存于日本国会图书馆东洋文库。录自洪焕椿《浙江方志考》第 235 页。《总目提要》11－76 有孟文铺提要。

［雍正］山阴县志三十八卷

联目 417

（清）丁弘补修　（清）鲁曾煜补纂

有清雍正二年（1724）补修本，中山大学图书馆、上海图书馆（残缺）有藏。录自洪焕椿《浙江方志考》第235页。《总目提要》11-76有孟文镛提要。

［咸丰］山阴旧志续考

联目418

（清）佚名修纂

有清抄本存于中国科学院南京地理与湖泊研究所。录自《陈桥驿方志论集》第206页。《总目提要》11-76有孟文镛提要。

［乾隆］会稽志略

联目418

（清）倪一桂辑

纂于清乾隆四十二年（1777），1963年时存于绍兴吴宅梵先生家。录自《陈桥驿方志论集》第206页。

［民国］会稽县志二十卷

联目418

王家襄编

有民国十五年（1926）印本，存处颇多。录自洪焕椿《浙江方志考》第239页。

［万历］云门志略五卷

联目418

（明）张元忭纂

有明万历二年（1574）刊本，存于上海图书馆。录自陈光贻《稀见地方志提要》第500页。

霞西过眼录抄本四册

联目418

（清）沈复粲手稿本

存于绍兴鲁迅图书馆。录自《陈桥驿方志论集》第204页。

［道光］安昌志

联目418

（清）高骧云辑　　（清）韩启鸿补辑

辑于清道光二十年（1840），民国二十七年（1938）铅印收入《绍兴县志资料》第一辑。录自洪焕椿《浙江方志考》第493页。《总目提要》11－78有孟文镛提要。

［康熙］皋部志一种皋部市东堰记一种

联目 418

（清）沈铨编

编于清康熙三十八年（1699），民国二十七年（1938）铅印收入《绍兴县志资料》第一辑。录自洪焕椿《浙江方志考》第493页。《总目提要》11－78有孟文镛提要。

［民国］天乐乡富家墩村志

联目 419

陈得明辑

编于民国二十四年（1935），有民国二十七年（1938）铅印本。收入该年《绍兴县志资料》第一辑第六册。录自洪焕椿《浙江方志考》第492页。《总目提要》11－78有孟文镛提要。

［光绪］曹娥江志八卷

联目 419

（清）胡丹凤纂

纂于清光绪三年（1877），有退补斋刊本，又收入《绍兴县志资料》第一辑第六册。录自《总目提要》11－78孟文镛提要。

［民国］上虞县新志稿

联目 420

干人俊辑

未刊，有民国三十七年（1948）稿本，存于浙江省上虞县图书馆。录自《上虞县志通讯》1985年第1期。《总目提要》11－80有孟文镛提要。

［康熙］嵊县志十卷

联目 421

（清）蒋炜修　　（清）姜君献纂

清康熙二十三年（1684）修成。录自《总目提要》11－82孟文镛提要。据陈桥

驿先生谓,美国斯坦福大学存有清康熙三十三年(1694)刊本(见浙江人民出版社,
1983 年版,《越中杂识》代前言)。洪焕椿《浙江方志考》第 269 页又谓日本国会图
书馆内阁文库亦藏有刊本 8 册。

[光绪]新昌县志稿十六卷首一卷末一卷

联目 422

(清)陈福辑

修成于清光绪七年(1881),稿本存于新昌县图书馆,原书共 8 册,现仅存 6 册,
缺卷六学校志、卷七风土志、卷八职官志、卷九选举志。录自《总目提要》11 - 83 孟
文铺提要。

[康熙]东峁志略四卷

联目 422

(清)闻性道撰

清康熙二十二年(1683)撰,稿本未刊,1984 年新昌县地方志办公室据梁一青
抄本刻印 200 册行世。录自《总目提要》11 - 84 孟文铺提要。

[光绪]续修台州府志刍议一卷

联目 423

(清)符璋纂

纂成于清光绪二十四年(1898),有民国十四年(1925)刊本。录自《总目提要》
11 - 105 舒仁辉提要。

新修台州六邑志书凡例

联目 423

(清)杨晋藩撰

有清同治十年(1871)稿本 2 册,存于台北历史语言研究所。录自洪焕椿《浙
江方志考》第 288 页。

台州外书订三卷

联目 423

(清)管世骏撰

撰成于清咸丰初年,手稿本曾于民国二十五年(1936)浙江文献展览会上展出。

录自洪焕椿《浙江方志考》第 287 页。

[万历]临海县志稿六十卷

联目 424

(明)陈懋森修

明万历三十三年(1605)修成,未刊。新中国成立后,旧稿由项士元交浙江省临海县博物馆收藏。录自梁光军主编《临海县志》(浙江人民出版社,1989 年版)第 705 页《陈懋森传》。

临海县建置稿

联目 424

(清)蔡锡昆纂

稿本未刊,有稿本存于临海项氏寒石草堂。录自洪焕椿《浙江方志考》第 293 页。

临海县志

联目 424

项士元主编

未刊行。录自梁光军主编《临海县志》第 710 页《项士元传》。

[民国]临海要览

联目 424

项元勋纂

纂成于民国五年(1916),有杭州原铅印本、1961 年杭州武林印书馆铅印本。录自杜建荣《〈中国地方志联合目录〉正误——〈联合目录〉未收之方志》(载《天津史志》1989 年第 1 期,第 62 页)。洪焕椿《浙江方志考》第 294 页有著录。《总目提要》11－106 有舒仁辉提要。

[康熙]天台治略十卷

联目 424

(清)戴兆佳(舒庵)撰

有清康熙六十年(1721)刊本,已收入台北成文出版社《中国方志丛书》中(见其《中国方志丛书目录》浙江省第一期 65)。录自洪焕椿《浙江方志考》第 305 页。

《总目提要》11 - 106 有舒仁辉提要。

[民国]天台风俗志二卷

联目 424

梁济康编 陈钟祺等纂

梁济康任天台县长时,组织陈钟祺等纂修《天台县志》,后因抗日战争爆发,志事中辍,仅成此风俗志二卷,有民国二十九年(1940)铅印本。录自《总目提要》11 - 106 舒仁辉提要。

[光绪]仙居县志附录一卷补遗一卷

联目 425

(清)王棻、李仲昭辑

稿藏仙居李氏兰雪堂,曾编入《仙居丛书》第二集中,后未刊成。录自洪焕椿《浙江方志考》第 308 页。

[咸丰]委羽山续志六卷首一卷

联目 425

(清)王维翰编

编成于清咸丰十一年(1861),有清同治九年(1870)委羽山双砚斋刻本,浙江图书馆存有临海项士元所赠抄本。录自《总目提要》11 - 108 舒仁辉提要。

路桥志略二卷

联目 425

杨晨编 徐兆章参校

黄岩县路桥镇志也。有民国四年(1915)石印本 2 册,附杨绍翰《补遗》一卷。录自洪焕椿《浙江方志考》第 494 页。

[民国]路桥志略六卷

联目 425

杨晨编修 杨绍翰增订

记事止于清宣统三年(1911),有民国三十四年(1945)杨氏《崇雅堂丛书》铅印本。录自《总目提要》11 - 109 舒仁辉提要。

东阳记一卷

联目 426

(南朝宋)郑缉之纂　(清)胡宗懋辑录

有王谟辑《汉唐地理书钞》辑本。录自《总目提要》11-84 陈仰光提要。

[至正]敬乡录二十三卷

联目 426

(元)吴师道纂

原著录为二十三卷,今行世本为十四卷,有《适园丛书》本行世。录自《总目提要》11-84 陈仰光提要。

[万历]金华杂识五卷

联目 426

(明)杨德周纂

纂成于明万历末,原著录为五卷,今传本为四卷,有明刊本。录自《总目提要》11-85 陈仰光提要。

[崇祯]婺书八卷

联目 427

(明)吴之器纂

明崇祯十四年(1641)编成刊行,原书十二卷,今仅存列传部分八卷,存于上海图书馆。录自陈光贻《稀见地方志提要》第513页。《总目提要》11-85 有陈仰光提要。

[嘉靖]金华县志四卷

联目 427

(清)迪咸雄纂辑

修于明嘉靖十九年(1540),有姜志望活字本。录自洪焕椿《浙江方志考》第323页。

[顺治]金华县志十卷

联目 427

（清）王世功修 （清）吴得余、王有悌纂

有清顺治十二年（1655）刻本 6 册，日本国会图书馆内阁文库有存。录自洪焕椿《浙江方志考》第 323 页。《总目提要》11 - 85 有陈仰光提要。

［光绪］金华县志一卷

联目 427

（清）谢骏德纂

有清光绪十七年（1891）刊本（仅刻成职官 1 册），存于南京大学图书馆。录自洪焕椿《浙江方志考》第 323 页。

［民国］金华县新志稿二十四卷

联目 427

干人俊编纂

有线装 5 册，金华县档案馆钱金坤先生 1964 年在宁波一小书摊上发现，现存于金华县档案馆。录自许永生《〈［民国］金华县新志稿〉的发现及其价值》（载《浙江方志信息》1986 年第 10 期，第 11 页）。

［光绪］武川备考十二卷

联目 428

（清）何德润撰

共 20 册，原藏于金华侍王府。在 20 世纪末那一轮修志中，为武义县地方志办公室重新发现，今仍存于侍王府。录自朱和沈、高金楼、朱章才《武义县发现〈武川备考〉》（载《浙江方志信息》1986 年第 5 期，第 13 页）。

［嘉靖］永康县志八卷

联目 429

（明）洪垣纂修

有刊本存于国家图书馆。北京大学图书馆、湖北省图书馆各存抄本一部。录自洪焕椿《浙江方志考》第 339 页。

［同治］永康县志考补

联目 429

（清）潘汝棠纂

亦有称为《丁酉永康县志考补》者,补订清道光十七年(1837)廖重机等所修《永康县志》,未刊,有抄稿本,存于金华胡氏梦选楼。录自洪焕椿《浙江方志考》第341页。《总目提要》11－92有陈仰光提要。

［民国］义乌县志稿

联目430

朱乾编

有未刊稿本,存于浙江图书馆。录自洪焕椿《浙江方志考》第336页。

［民国］义乌兵事纪略

联目430

黄侗纂

纂成于民国十九年(1930),有民国二十一(1932)年铅印本,内容实际包括兵事、人物、艺文三部分。录自《总目提要》11－93陈仰光提要。

［乾隆］龙游县志续编十二卷首一卷

联目432

(清)徐起岩纂修

此为续清《［康熙］龙游县志》而作,记事止于清乾隆五年(1740),有清乾隆六年刻本和清光绪八年(1882)重刻本存世,上海图书馆、天津图书馆有藏。录自洪焕椿《浙江方志考》第364页。《总目提要》11－99有陈仰光提要。

［顺治］常山县志十五卷

联目433

(清)王明道纂修

实际是明万历县志的一部续志,修成于清顺治十七年(1660),同年付梓,有刊本4册,存于国家图书馆,南京图书馆存有胶卷。录自洪焕椿《浙江方志考》第370页。《总目提要》11－96有陈仰光提要。

［康熙］常山县志

联目433

(清)杨滫修纂

是书《联合目录》第433页有著录,谓存于日本宫内省图书寮。1988年陈桥驿先生通过其日本友人斯波义信从日本引回国。录自陈桥驿《浙江省流落海外的两种孤本方志——清〈[康熙]常山县志〉和清〈[康熙]象山县志〉》(载《浙江方志》1989 年第 1 期,第 29 页)。

[道光]温州府志选举考正六卷

联目 434

(清)孙衣言撰

专门考正清乾隆府志选举门之错漏,有手稿本 3 册,存于温州市图书馆。录自《总目提要》11 – 36 潘国存、徐顺平提要。洪焕椿《浙江方志考》第 412 页有著录。

[道光]温州府志职官补正八卷

联目 434

(清)孙衣言撰

补正清乾隆府志职官门之错漏,有手稿本 8 册,存于温州市图书馆。录自《总目提要》11 – 37 潘国存、徐顺平提要。洪焕椿《浙江方志考》第 412 页有著录

[民国]江山县志稿九册

联目 434

毛以成主纂

民国三十五年(1946)修成,存江山县地方志办公室。录自毛东武《[民国]江山县志稿》新近发现》(载《浙江方志》1989 年第 1 期,第 47 页)。

[道光]永嘉县志稿三十七卷

联目 435

(清)汤成烈纂修

未刊,孙氏玉海楼存有传抄稿本。录自洪焕椿《浙江方志考》第 415 页。

永嘉要览一种

联目 435

民国永嘉县政府统计室编

有民国三十二年(1943)铅印本。录自洪焕椿《浙江方志考》第 416 页。

东瓯志余三卷

联目 435

佚名撰

有抄本存于温州市图书馆。录自洪焕椿《浙江方志考》第 791 页。

[道光]乐清新志后议一卷

联目 436

(清)林启亨撰

为纠正清《[道光]乐清县志》而作,有稿本和抄本,均存于温州市图书馆。录自《总目提要》11 - 39 徐顺平、潘国存提要。

[宣统]瑞安乡土史谭七卷

联目 437

(清)洪炳文撰

纂于清宣统元年(1909),记事止于清光绪末,有稿本存于温州市图书馆(缺 3 卷)。录自《总目提要》11 - 41 徐顺平、潘国存提要。洪焕椿《浙江方志考》第 694 页有著录。

瑞安乡土地理教科书

联目 437

佚名编

有民国元年(1912)油印本,存于温州市图书馆。录自洪焕椿《浙江方志考》第 694 页。

[康熙]平阳县志十卷

联目 437

(清)石金和修　(清)施铉纂

有清康熙十二年(1673)刊本,藏于中国科学院文献情报中心。录自洪焕椿《浙江方志考》第 426 页。

[嘉庆]金乡镇志

联目 437

(清)佚名纂修　夏绍俅校录

金乡镇属平阳县。本志记事止于清嘉庆十六年(1811),有抄本存于温州市图书馆。录自《总目提要》11 - 42 徐顺平、潘国存提要。

［民国］续修浙江通志征访册稿（丽水县册）

联目 439

佚名编

记事至清宣统三年（1911）。有抄本 1 册，存于上海图书馆。录自洪焕椿《浙江方志考》第 34 页。

安徽省

皖典类编八卷

联目 443

(清)潘才纂

有清乾隆三十八年(1773)集古堂刻本,存于安徽省图书馆。录自欧阳发等编《安徽省地方志联合目录(征求意见稿)》附录第 1 页。《安庆市图书馆馆藏本省史志资料目录》(安庆市图书馆,1982 年刻印本)第 2 页 B 亦有著录。

皖江武备专略一册

联目 443

(清)袁青绶纂

有清同治十三年(1874)刊本,存于安徽省图书馆。录自欧阳发等编《安徽省地方志联合目录(征求意见稿)》附录第 1 页。

[光绪]安徽舆图表说十卷

联目 443

(清)佚名纂

有清光绪二十二年(1896)石印本,存于安庆市图书馆。录自《安庆市图书馆馆藏本省史志资料目录》第 2 页 B。

[民国]大中华安徽省地理志六篇

联目 443

林传甲撰

有民国八年(1919)北京中华印书局铅印本,存于安徽省博物馆。录自欧阳发等编《安徽省地方志联合目录(征求意见稿)》附录第 1 页。

[光绪]江南安徽全图

联目 443

(清)刘筹纂 (清)方宾穆绘

有清光绪二十二年（1896）石印本，存于安庆市图书馆。录自《安庆市图书馆馆藏本省史志资料目录》第 2 页 A。

安徽省志

联目 443

日本东亚同文会编

传抄本存于安徽省图书馆、安庆市图书馆。录自欧阳发等编《安徽省地方志联合目录（征求意见稿）》第 2 页。

安徽大事记（自清顺治迄宣统）

联目 443

安徽通志馆辑

有抄本 1 册，存于安庆市图书馆。录自《安庆市图书馆馆藏本省史志资料目录》第 14 页 B。

安徽省历代大事二卷附太平军兵争期内省府州县经过兵事月表

联目 443

洪汝闿纂

有稿本 2 册，存于安庆市图书馆。录自《安庆市图书馆馆藏本省史志资料目录》第 24 页 A。

安徽清末大事记稿材料三辑

联目 443

安徽通志馆辑

有抄本 1 册，存于安庆市图书馆。录自《安庆市图书馆馆藏本省史志资料目录》第 14 页 B

安徽通志司法考（初编）

联目 443

安徽通志馆辑

有稿本 1 册，存于安庆市图书馆。录自《安庆市图书馆馆藏本省史志资料目录》第 18 页 B

安徽通志教育考稿八卷

联目 443

安徽通志馆辑

有稿本 7 册,存于安庆市图书馆。录自《安庆市图书馆馆藏本省史志资料目录》第 22 页 B。

安徽通志职官表稿上编

联目 443

安徽通志馆辑

有稿本 1 册,存于安庆市图书馆。录自《安庆市图书馆馆藏本省史志资料目录》第 23 页 B。

安徽通志交通考稿

联目 443

安徽通志馆辑

有稿本 1 册,存于安庆市图书馆。录自《安庆市图书馆馆藏本省史志资料目录》第 24 页 B。

安徽各县粮价表

联目 443

安徽通志馆辑

有稿本 1 册(含安庆府、徽州府、宁国府、池州府、太平府、庐州、凤阳、颍州、泗州、滁州、和州、广德州、六安),存于安庆市图书馆。录自《安庆市图书馆馆藏本省史志资料目录》第 25 页 B。

安徽通志物产考稿八卷

联目 443

安徽通志馆辑

有稿本 4 册(含谷部、蔬部、茶部、果部、药部、木部、卉部),存于安庆市图书馆。录自《安庆市图书馆馆藏本省史志资料目录》第 26 页 A。

［光绪］安徽乡土地理教科书一册

联目 443

（清）刘师培纂

有清光绪二十二年（1896）刊本，存于安徽省图书馆。录自欧阳发等编《安徽省地方志联合目录（征求意见稿）》附录第 1 页。

安徽地理志略一册

联目 443

（清）方言恂纂

有清宣统二年（1910）本，存于安徽省博物馆。录自欧阳发等编《安徽省地方志联合目录（征求意见稿）》附录第 2 页。

［光绪］皖志便览六卷

联目 443

（清）李应珏纂修

有清光绪二十四年（1898）安庆镂云阁刻本，存于安徽省图书馆、安徽省博物馆、安庆市图书馆。安徽师范大学图书馆存有清光绪二十八年（1902）刻本。录自安徽省图书馆、安徽省地方志办公室合编《安徽方志综合目录》第 4 页。又台北成文出版社《中国方志丛书目录》第 15 页，安徽省第二期 224 有著录。《总目提要》12 - 8 有江焕文提要。

［民国］皖志列传稿九卷

联目 443

金天翮撰

录自台北成文出版社《中国方志丛书目录》第 16 页，安徽省第二期 239。

安徽佛门龙象传四卷

联目 443

录自台北成文出版社《中国方志丛书目录》第 17 页，安徽省第三期 630。

皖志快观前集

联目 443

（清）刘启甲写本

存于安徽省图书馆。录自欧阳发等编《安徽省地方志综合目录（征求意见稿）》附录第 1 页。

庐州卫志六卷首一卷

联目 444

（清）尹焕纂

有清乾隆十二年（1747）刊本、1981 年抄本，安徽省图书馆存复印本。录自欧阳发等编《安徽省地方志联合目录（征求意见稿）》第 3 页。

合肥县采访概要一册

联目 445

张子开等采访

有稿本 1 册（含舆地门、教育门、实业门、物产门、社会门、宗教门），存于安庆市图书馆。录自《安庆市图书馆馆藏本省史志资料目录》第 13 页 B。

巢县采访概要二册

联目 446

董镇藩采访

有稿本 2 册（含舆地、教育、实业、物产、宗教、古物），存于安庆市图书馆。录自《安庆市图书馆馆藏本省史志资料目录》第 13 页 B。

[民国]含山风土志

联目 446

李挈非修

刊于《学风》民国二十二年（1933）第三卷。录自《总目提要》12 – 58 宫为之提要。

含山县采访概要一册

联目 446

庆砚农采辑

有初稿本 1 册（含教育、实业、物产、社会、科举），存于安庆市图书馆。录自《安庆市图书馆馆藏本省史志资料目录》第 14 页 A。

无为县采访概要一册

联目 447

金城等采访

有抄本 1 册(含舆地、财政、教育、物产、实业),存于安庆市图书馆。录自《安庆市图书馆馆藏本省史志资料目录》第 14 页 A。

江南安庆府志三十二卷

联目 448

(清)曹士奇、程邦定纂

有清康熙五十九年(1720)木刻本、石印本,存于安徽省宿松县图书馆。录自欧阳发等编《安徽省地方志联合目录(征求意见稿)》第 14 页。《总目提要》12 - 74 江焕文提要著录为:张楷纂修清《[康熙]安庆府志》三十二卷,有清康熙六十年(1721)刻本、1961 年石印本。

[民国]安庆旧影

联目 448

陈小苏纂

全书 11 篇,约成于民国三十六年(1947)至三十七年(1948)间,有铅印本、抄本流传。录自《总目提要》12 - 20 江焕文提要。

[宣统]大观亭志

联目 448

(清)李国模纂

纂成于清宣统三年(1911),存于安徽省档案馆。录自欧阳发等编《安徽省地方志联合目录(征求意见稿)》第 14 页。

桐城县人物志六册

联目 450

存于安徽省博物馆。录自欧阳发等编《安徽省地方志联合目录(征求意见稿)》附录第 7 页。

[同治]桐城乡艺文志一册

联目 450

有清同治间抄本,存于安徽省博物馆。录自欧阳发等编《安徽省地方志联合目录(征求意见稿)》附录第 7 页。

[康熙]全桐纪略

联目 450

(清)王雯耀纂

有民国二十六年(1937)据清康熙本的排印本,存于安徽省图书馆。录自欧阳发等编《安徽省地方志联合目录(征求意见稿)》第 15 页。

[民国]宿松文徵续编四卷

联目 450

刘昂纂

有民国十三年(1924)活字本。录自《安庆市图书馆馆藏本省史志资料目录》第 4 页 A。

安徽通志宿松县礼俗调查事项一册

联目 450

林甲栋采访

有抄本 1 册,存于安庆市图书馆。录自《安庆市图书馆馆藏本省史志资料目录》第 14 页 A。

[民国]潜山县志二十四卷

联目 451

吴俊年纂

有民国四年(1915)本,存于安徽省档案馆。录自欧阳发等编《安徽省地方志综合目录(征求意见稿)》第 18 页。

按:《安徽方志综合目录》正式印行时删除了此条。查《联合目录》第 451 页著录有民国九年(1920)铅印的吴兰生、王用霖修,刘廷凤纂《[民国]潜山县志》三十卷首一卷。仅隔 5 年,便有如此大规模的又一部《潜山县志》出现,详情待考。

六安采访概要一册

联目 452

王秋士采访

有稿本 1 册(含宗教门、物产门),存于安庆市图书馆。录自《安庆市图书馆馆藏本省史志资料目录》第 13 页 A。

[民国]舒城等县采访表一册

联目 453

安徽通志馆辑

包括舒城、歙县、石台、来安、嘉山、合肥、和县。录自《安庆市图书馆馆藏本省史志资料目录》第 13 页 A。

霍山县采访概要一册

联目 454

沈利川等采访

有稿本 1 册(含舆地、教育、实业、物产、社会、宗教),存于安庆市图书馆。录自《安庆市图书馆馆藏本省史志资料目录》第 13 页 B。

阜阳采访稿概要一册

联目 455

喻爻吉采访

有稿本 1 册(含舆地门、教育门、礼俗门、实业门、宗教门),存于安庆市图书馆。录自《安庆市图书馆馆藏本省史志资料目录》第 13 页 A。

三亳考一册

联目 455

杨守敬撰

有清末刻本。有胶卷,存于河南省地方志编纂委员会。录自河南省地方史志编纂委员会编(樊美于、贾连汉整理)《部分河南地方文献书目》(1984 年印行本),第 5 页。书存单位原注:"北柏(地 750,35)",但查其《藏书单位简称表》却未查得,殆"北京柏林寺"之谓欤?

[乾隆]凤台县志二十卷

联目 456

(清)林荔修　(清)姚学甲纂

有清乾隆四十八年(1783)刻本,存于中国社会科学院考古研究所、经济研究所。录自《中国社会科学院地方志联合目录》第 232 页。

蒙城采访概要一册

联目 456

张桂萼等采访

有抄本 1 册(含宗教、物产、舆地),存于安庆市图书馆。录自《安庆市图书馆馆藏本省史志资料目录》第 13 页 B。

［民国］颍上县志稿

联目 457

仇天民修　张星桥、常良伍等纂

记事至民国三十三年(1944),有残本存于颍上县档案馆(仅存大事记、舆地志、实业志、民族书、列传等)。录自安徽省图书馆、安徽省地方志办公室合编《安徽方志综合目录》第 46 页。《总目提要》12－28 有宫为之提要。

［民国］颍上县志校补一卷

联目 457

余炳成撰

有民国十九年(1930)铅印本。录自《总目提要》12－29 宫为之提要。

颍上县采访概要

联目 457

朱汉澄等采访

有抄本 1 册(含舆地、教育、物产、实业、宗教、古物、社会),存于安庆市图书馆。录自《安庆市图书馆馆藏本省史志资料目录》第 13 页 B。

［光绪］宿州志述要

联目 458

在台港宿州人辑

经美国转回本县,现存于私人手中,安徽省图书馆有复印本。录自《总目提要》12－31 宫为之提要。

［民国］泗县乡土志

联目 459

佚名纂

有民国油印本存于安徽省档案馆。录自《安徽方志综合目录》第 41 页。《总目提要》12 – 34 有宫为之提要。

凤阳县志十三卷

联目 460

佚名纂

有稿本存于安徽省滁县地区档案馆。录自欧阳发等编《安徽省地方志联合目录(征求意见稿)》第 23 页。

[民国]嘉山县志十八册

联目 462

汪雨相主纂

有 1946 年手稿本,存于安徽省嘉山县档案馆。录自欧阳发等编《安徽省地方志联合目录》第 26 页。《安徽方志综合目录》第 38 页有著录。

[民国]新修定远县志历代大事记初稿一卷

联目 462

杨炳坤纂

有民国二十一年(1932)石印本。录自《安庆市图书馆馆藏本省史志资料目录》第 8 页 A。

[康熙]太平府志四十一卷

联目 463

(清)李迪敏修 (清)曹守谦纂

清康熙四十六年(1707)增修本,存于日本国会图书馆。录自台北成文出版社《中国方志丛书目录》第 16 页,安徽省第三期 607。

凤书八卷

联目 463

(明)袁文新修 (明)柯仲炯纂

有明天启元年(1621)刊本,存于上海图书馆、安徽省图书馆。录自陈光贻《稀见地方志提要》第 585 页。《安徽方志综合目录》第 33 页著录谓,其又名《凤阳新书》。

芜湖采访稿概要一册

联目 464

安徽通志馆辑

有稿本 1 册(含宗教门、物产门、社会门、古物金石门、学术门),存于安庆市图书馆。录自《安庆市图书馆馆藏本省史志资料目录》第 13 页 A。

[乾隆]洞川志抄

联目 465

(清)周广业辑

洞川为广德之别名。有清乾隆间稿本,存于上海图书馆。录自陈光贻《稀见地方志提要》第 605 页。

广德县志兵寇门稿一卷

联目 465

佚名编

有民国间稿本,存于安徽省图书馆。录自《安徽方志综合目录》第 64 页。

广德县志艺文志稿一卷

联目 465

济威辑

有民国间抄本,存于安徽省图书馆。录自《安徽方志综合目录》第 64 页。《联合目录》第 465 页著录有钱文选纂《[民国]广德县志稿》五十九卷首一卷末一卷,有民国三十七年(1948)铅印本。以上两稿,为钱志之两篇,或此两篇之初稿欤,待考。

[乾隆]建平存稿三卷

联目 465

(清)贡震撰

乃一部修志笔记也,分上、中、下三卷,约 73000 字。稿成于清乾隆十七年(1752),当年付梓。1964 年广德县苏村石学华、郎溪县姚村乡石凤英共同献给郎溪县地方志办公室。该办公室于 1985 年据所得之清光绪十六年(1890)玉和堂活字本加以标点、注释重印。录自《总目提要》12 – 49 宫为之提要。

宣城县采访概要一册

联目 466

胡文明采访

有稿本 1 册(含物产、社会、古物、金石),存于安庆市图书馆。《安庆市图书馆馆藏本省史志资料目录》第 13 页 B。

[光绪]新安志十卷

联目 468

(清)季仲纂修

有清光绪十四年(1888)刻本,存于安徽省绩溪县档案馆。录自欧阳发等编《安徽省地方志联合目录(征求意见稿)》第 47 页。

[光绪]南陵县建置沿革表一卷

联目 468

(清)徐乃昌撰

安庆市图书馆有存。宫为之在《总目提要》中的提要谓,民国间县令张源溱与徐乃昌相约续修县志,并要别辑图经一书相辅而行。志未修成,乃昌因嘉庆邑志所述沿革颇有乖误,遂通考历代建置沿革,列成此表,冀将来续修邑志时有所采摘。

[民国]徽州乡土地理

联目 469

佚名编纂

有民国十一年(1922)油印本,存于安徽省图书馆。录自欧阳发等编《安徽省地方志联合目录(征求意见稿)》附录第 5 页。

[乾隆]歙县地舆志略

联目 470

佚名修纂

有清乾隆四年(1739)知味轩写本,存于安徽省图书馆。录自欧阳发等编《安徽省地方志联合目录(征求意见稿)》第 50 页。

［乾隆］歙县北乡八卷

联目 470

（清）凌应秋编纂

有清乾隆二十四年（1759）传抄本，存于安徽省图书馆。录自欧阳发等编《安徽省地方志联合目录（征求意见稿）》第 50 页。

歙县采访概要一册

联目 470

江友燮等采访

有稿本 1 册（含人物、才媛、贤淑、古物、金石、社会、婚礼、岁时礼俗、艺文、学术），存于安庆市图书馆。录自《安庆市图书馆馆藏本省史志资料目录》第 13 页 B。

沙溪集略八卷

联目 470

（清）凌应秋编纂

有传抄本存于安徽省图书馆。录自欧阳发等编《安徽省地方志联合目录（征求意见稿）》第 51 页。《安徽方志综合目录》第 73 页有著录。《总日提要》12－67 有宫为之提要。

（休宁）新抄塘志二卷

联目 471

夏尚忠编纂

安徽省博物馆有存。录自欧阳发等编《安徽省地方志联合目录（征求意见稿）》第 52 页。

旌德县志补遗二卷

联目 471

佚名编纂

存于安徽省档案馆、绩溪县档案馆。录自欧阳发等编《安徽省地方志联合目录（征求意见稿）》第 53 页。

［民国］祁门县志氏族考一卷艺文志一卷

联目 473

胡光钊纂

有民国三十三年(1944)铅印本,存于安徽省图书馆、安徽省博物馆、安徽师范大学图书馆。录自《安徽方志综合目录》第 78 页。

祁门县民情风俗采访稿

联目 473

方晓沧辑

有抄本 1 册。录自《安庆市图书馆馆藏本省史志资料目录》第 13 页 A。

绩溪县志馆采访表

联目 473

佚名编

为民国二十二至二十三年(1933－1934)采访所记,安徽省图书馆有存。录自《总目提要》12－63 宫为之提要。

[民国]黟县乡土地理

联目 474

胡存庆纂

有民国十四年(1925)新华印务局铅印本,存于安徽省图书馆、安徽省博物馆。录自欧阳发等编《安徽省地方志联合目录(征求意见稿)》附录第 7 页。

黟县风俗列传艺文采访稿

联目 474

胡元吉辑

存抄本 1 册。录自《安庆市图书馆馆藏本省史志资料目录》第 3 页 A。

黟县采访概要一册

联目 474

胡元吉采访

有稿本 1 册(含舆地、教育、实业、艺术),存于安庆市图书馆。录自《安庆市图书馆馆藏本省史志资料目录》第 13 页 B。

池州志九卷

联目 475

有 1962 年抄本,存于淮南市图书馆。录自欧阳发等编《安徽省地方志联合目录(征求意见稿)》第 20 页。

[光绪]贵池县沿革表一卷

联目 475

(清)刘世珩撰

清光绪二十三年(1897)定稿,光绪二十八年(1902)付梓,存有刻本。录自《总目提要》12 - 86 宫为之提要。

贵池掌故文存三十六卷

联目 475

(清)章学文辑

有民国红格抄本。安庆市图书馆存卷一至十四,卷三十一至三十六。录自《安庆市图书馆馆藏本省史志资料目录》第 6 页 A。

太平县采访概要一册

联目 476

安徽通志馆辑

有抄本 1 册(含古物门、金石门、社会门),存于安庆市图书馆。录自《安庆市图书馆馆藏本省史志资料目录》第 13 页 A。

石埭采访录

联目 477

张楚辑

存于安徽省图书馆。录自欧阳发等编《安徽省地方志联合目录(征求意见稿)》附录第 3 页。

[民国]石埭县志稿·大事表

联目 477

倪文硕等编

有民国二十五年(1936)铅印本,存于安徽省档案馆、安徽省图书馆、安徽省博物馆、安徽省文史馆。录自《总目提要》12 - 73 宫为之提要。

［民国］石埭修县志采访稿

联目 477

逸农访辑

有油印本 1 册。录自《安庆市图书馆馆藏本省史志资料目录》第 13 页 A。

［乾隆］建德县志十卷首一卷

联目 477

（清）王宾纂修

始修于清乾隆十八年（1753），记事止于当年，有清乾隆十九年（1754）刻本。录自《总目提要》12 – 83 官为之提要。

江西省

豫章烈士传三卷

联目 479

(三国吴)徐整修纂

有 1961 年中华书局影印清金溪王谟《汉唐地理书钞》辑本,存于江西省图书馆等多处。录自刘志和、黎传纪编,王田有审校《江西旧方志总目》(江西省地方志编纂委员会办公室,1987 年印行本)第 1 页。

豫章旧志三卷

联目 479

(晋)熊默修纂

有 1961 年中华书局影印王谟《汉唐地理书钞》辑本,江西省图书馆等多处有藏。录自《江西旧方志总日》第 1 页。

豫章古今记一卷

联目 479

(南朝宋)雷次宗纂

所记至唐代止,有清马俊良辑《说郛杂著》本、王谟《汉唐地理书钞》辑本、张国淦《永乐大典》辑本。录自张国淦《中国古方志考》第 538 页。《四库全书总目提要》卷七十七列入《地理类存目》,提要谓不著撰人名氏,疑依托者杂补成之。

鄱阳志

联目 479

(南朝宋)刘澄之纂

有清马俊良辑《说郛杂著》本。录自张国淦《中国古方志考》第 546 页。

浔阳记二卷

联目 479

(晋)张僧监纂

有清马俊良辑《说郛杂著》本、王谟《汉唐地理书钞》辑本。录自张国淦《中国古方志考》第556页。

九江记

联目 479

（晋）张何晏纂

有清马俊良辑《说郛杂著》本、王谟《汉唐地理书钞》辑本。录自张国淦《中国古方志考》第556页。

豫章记一卷

联目 479

（南朝宋）雷次宗纂

有清王谟《汉唐地理书钞》辑本、张国淦《永乐大典》辑本。录自张国淦《中国古方志考》第537页。

江南野史十卷附录一卷校勘记一卷

联目 479

（宋）龙衮撰

有民国胡思敬附录校勘本，纳入民国四年（1915）版《豫章丛书》，江西省图书馆、江西师范大学图书馆等多处有存。录自《江西旧方志总目》第4页。

［万历］豫章书一百二十二卷

联目 479

（明）郭子章修纂

有明万历刻本，存于国家图书馆。录自《江西旧方志总目》第5页。

［嘉靖］豫章漫抄四卷

联目 479

（明）陆深撰

有明嘉靖二十四年（1545）刻《俨山处集》本，存于国家图书馆、上海图书馆、江西省图书馆等。录自《江西旧方志总目》第15页。

［万历］江西舆地图说一卷

联目 479

（明）赵秉忠修纂

有《丛书集成初编》影印《记录汇编》本,多处有存。录自《江西旧方志总目》第4页。

[乾隆]江西地理学编八卷

联目 479

（清）芝钦元编

有清乾隆刻本,藏于国家图书馆。录自《江西旧方志总目》第6页。

[乾隆]江城名迹记四卷末一卷

联目 479

（清）陈弘绪撰

有清乾隆二十三年(1758)刻本,存于江西省图书馆、江西省博物馆、王咨臣先生的新凤楼。录自《江西旧方志总目》第17页。

[同治]江西全省舆图十四卷首一卷

联目 479

（清）刘坤一、陈乔枞编绘

有清同治七年(1868)刻本,存于江西省图书馆、江西师范大学图书馆、宜春地区档案馆。清宣统间石印本,存于江西省图书馆、江西师范大学图书馆。录自《江西旧方志总目》第7页。

[光绪]江西政要四十册

联目 479

（清）江西按察司编纂

有清光绪末江西按察司衙门刊本,存于江西省图书馆。录自《江西旧方志总目》第9页。

[光绪]江西地略一卷

联目 479

（清）马冠群撰

有上海著易堂《小方壶斋舆地丛钞》排印本,存于国家图书馆、上海图书馆、江西省图书馆。录自《江西旧方志总目》第9页。

[光绪]江西考略一卷

联目 479

（清）龚柴、王锡祺纂集

有上海著易堂《小方壶斋舆地丛钞》排印本,存于国家图书馆、上海图书馆、江西省图书馆。录自《江西旧方志总目》第 8 页。

[光绪]赣省通志一卷

联目 479

（清）赵之谦编纂

有清光绪间稿本,存于上海图书馆。录自《江西旧方志总目》第 8 页。

[光绪]江西要览二十卷首一卷

联目 479

（清）陈炳星编

有清光绪二十六年（1900）刻本,存于江西省图书馆（存卷一至八）、王咨臣先生新凤楼、北京师范大学图书馆。录自《江西旧方志总目》第 7 页。

[光绪]江西乡土地理教科书

联目 479

（清）陈庆林著　清代国学保存会编辑

有清光绪三十三年（1907）上海乡土教科书总发行所铅印本,第一、二册存于南昌市民间藏书家王咨臣先生的新凤楼。录自何明栋《新发现的二十部江西旧方志》（载《中国地方志》1988 年第 1 期）。

在此,需要特别说明的是,在笔者发起编纂《中国稀见著录方志提要》时,何明栋先生曾给予大力支持,不但亲自撰写提要 25 篇,两万余言,还组织他人撰写了 3 篇。明栋先生已经作古多年,笔者所倡纂之书至今未能编成面世,愧对先生,特在此加以注出,略表悼念之意。其他作者已写来的提要稿甚多,在此一并申谢,并致歉意,谅不一一。

[民国]大中华江西省地理志六编

联目 479

林传甲编著

有民国七年(1918)南昌裕成公司铅印本。原藏本不多,《江西旧方志总目》第9 页著录"未见"。20 世纪末修志中,于南昌市民间藏书家王咨臣先生的新凤楼中发现。资料由何明栋先生提供。

[民国]江西乡土志(江西各属乡土调查纪略)一册

联目 479

佚名编纂

有民国教育公报铅印本,藏于浙江图书馆。录自《江西旧方志总目》第 11 页。

[民国]志乘删补(南昌县志增补本)一卷

联目 480

邹树芬撰

有民国十一年(1922)排印本,存于江西省图书馆、武汉图书馆。录自江西省省志编辑室编《江西省地方志综合目录》(1986 年印行本)第 30 页。何明栋先生给笔者写来的提要稿,谓是书为两大编,编下设目,呈条目式结构,有民国十一年(1922)江西文华印刷所印《南昌邹氏一粟园丛书》本。

浮梁县乡土纪略

联目 481

佚名编纂

记述下限至民国二十八年(1939),1984 年在景德镇市档案馆查得残本,景德镇市志办公室存有复印本。录自何明栋《新发现的二十部江西旧方志》(载《中国地方志》1988 年第 1 期)。又见刘柏修《民国江西方志存书概说》(载《江西方志》1987 年第 1 期,第 54 页)。

[民国]江西浮梁一览一册

联目 481

佚名编纂

有民国二十九年(1940)铅印本,存于景德镇市档案馆。录自《江西旧方志总目》第 28 页。

[民国]新建县志稿一百二十卷首一卷末一卷

联目 481

傅少胥等主修　程学恂总纂

民国三十八年(1949)五月脱稿,其中卷首及近代人物传等卷残,藏于南昌市王咨臣先生的新凤楼。录自何明栋《新发现的二十部江西旧方志》(载《中国地方志》1988 年第 1 期,第 76 页)。《江西旧志总目》第 22 页有著录。《总目提要》14 - 10 有刘以发的提要。

[咸丰]萍乡县志十一卷首一卷

联目 482

(清)陈乔枞修纂

有清咸丰十年(1860)刻本,存于南京图书馆、南京大学图书馆。录自《江西旧方志总目》第 23 页。

[民国]萍乡县志目录·调查纲要一册

联目 482

萍乡县志馆编

有民国三十五年(1946)活字本,存于江西省博物馆。录自江西省省志编辑室编《江西省地方志综合目录》第 36 页。

江州记

联目 482

(南朝宋)刘澄之修纂

有中华书局影印王谟《汉唐地理书钞》辑本,存于江西省图书馆等处。录自《江西旧方志总目》第 3 页。

[万历]饶(州)南(康)九(江)三府图说

联目 482

(明)王世懋纂

有明万历四十五年(1617)阳羡陈于廷《纪录汇刻》本,存于国家图书馆。有民国二十六年(1937)上海商务印书馆《丛书集成初编》影印《纪录汇刻》本,分存于江西省图书馆等处。录自《江西旧方志总目》第 3 页、第 47 页。陈光贻《稀见地方志提要》第 629 页著录作《三郡图说》,存于上海图书馆。

[民国]九江指南一册

联目 482

秦山僧编纂

有民国二十一年(1932)铅印本,存于江西省图书馆。录自《江西旧方志总目》第48页。

[康熙]浔阳摭醢六卷

联目483

(清)文行远等修纂　(清)张经畬增纂

现存最早之德化县志书也。有清康熙毅明堂刻本,藏于北京大学图书馆。清同治重刻本,存于中央民族学院(今中央民族大学)图书馆、宁波天一阁。录自《江西旧方志总目》第48页。《总目提要》14-13有刘以发提要。

德化备志稿

联目483

李盛铎编纂

稿本存于中国科学院文献情报中心。录自何明栋《新发现的二十部江西旧方志》(载《中国地方志》1988年第1期,第77页)。《总目提要》14-10有刘以发提要。

[民国]德安乡土课本二卷

联目483

德安县沈毅学校编纂(蔡联芳执笔)

内分七大类80课,约3万字。有民国九年(1920)铅印本。录自《总目提要》14-17刘以发提要。

[光绪]彭泽县志补遗

联目484

(清)陈友善修　(清)张经畬纂

有清光绪二年(1876)刊本,存于江西省图书馆。有何明栋给笔者写来的提要稿。

[光绪]备志纪年一卷

联目484

(清)张宿煜撰

收入张氏《郡邑拾遗》,作为附录之二。又有清光绪二十一年(1895)清江东斋刻本,存于江西省图书馆、南昌新凤楼。录自《江西旧方志总目》第 53 页(原置于湖口县之末)。

[道光]义宁州志稿四卷

联目 485

(清)胡俊源纂

有清道光间刻本,藏于湖南图书馆。录自《江西旧方志总目》第 69 页。

[雍正]武宁县志十卷首一卷

联目 485

(清)廖科令纂修

清雍正三年(1725)起修,当年完稿刻印,有清雍正三年刻本。录自《总目提要》14 – 18 刘以发提要。

[光绪]都昌县志十六卷首一卷

联目 486

(清)何庆朝修　(清)秦鼎升等纂

有清光绪二年(1876)刻本,存于江西省图书馆。录自《江西旧方志总目》第 55 页。《江西地方志综合目录》有著录。

[民国]上饶县简志

联目 487

上饶县县志馆纂修

民国三十八年(1949)修成,有油印本。录自《总目提要》14 – 29 刘以发提要。

[光绪]婺源地理教科书

联目 490

(清)吴国昌编

有清光绪三十四年(1908)活字本,存于中国科学院文献情报中心、华东师范大学图书馆。录自《江西旧方志总目》第 77 页。

[乾隆]兴安县志十卷首一卷附一卷

联目 490

（清）黄海修　（清）蒋若渊纂

有清乾隆五年（1740）刻本。录自《总目提要》14－36 李卫东提要。

［民国］鄱阳县志稿二十四卷

联目 491

曹锡福、江思清修纂

民国三十八年（1949）底脱稿，有稿本 33 册，存于江西省波阳县档案馆。录自何明栋《新发现的二十部江西旧方志》（载《中国地方志》1988 年第 1 期，第 76 页）。《总目提要》14－32 有刘以发的提要。刘柏修在《民国江西方志存书概说》（载《江西方志》1987 年第 1 期）中谓"实际此志书始修于民国三十四年，完稿于 1950 年，由曹锡福、江思清总纂"。

［民国］余干县志稿三十四卷首一卷

联目 492

吴日熊修纂

民国三十五年（1946）脱稿，稿本存于江西省余干县地方志办公室。录自《总目提要》14－34 刘以发提要。何明栋《新发现的二十部江西旧方志》（载《中国地方志》1988 年第 1 期）有著录。《江西旧志总目》第 99 页著录修纂者为"吴曰熊"。

袁州府志

联目 493

（清）佚名纂修

北京大学图书馆存红格抄本残本［仅存分宜、萍乡、万载三县之山川、关梁、古迹、寺观、祠墓等六类。记清康熙二十年（1681）以后事］。录自江西省省志编辑室编《江西省地方志综合目录》第 13 页。

［咸丰］袁州府志纂要三卷

联目 493

（清）佚名纂修

有清咸丰十年（1860）刻本，存于宜春市图书馆。录自《江西旧方志总目》第 105 页。

宜春传信录

联目 493

（宋）罗诱修纂

有清顺治三年(1646)宛委山堂刻《说郛》本,存于江西省图书馆、江西师范大学图书馆。又有清宣统三年(1911)、民国十六年(1927)等版本。录自《江西旧方志总目》第 106 页。

［咸丰］分宜县志十八卷

联目 494

（清）陈乔枞修纂

有清咸丰十年(1860)刻本,存于国家图书馆、中国科学院文献情报中心、南京图书馆、江西省分宜县地方志办公室。录自《江西旧方志总目》第 38 页。

［道光］宜春县图册十四卷

联目 494

（清）佚名纂修

有清道光二十二年(1842)刻本,存于江西省图书馆。录自《江西旧方志总目》第 107 页。《总目提要》14－42 何明栋提要著录作《［道光］宜春都图(底)册》十四卷首一卷。

［民国］高安乡土志五章

联目 495

涂峻纂

有稿本存于首都图书馆。录自《江西旧方志总目》第 121 页。

［咸丰］万载县志摘要十八卷首一卷

联目 495

（清）陈乔枞修纂

有清咸丰十年(1860)刻本,存于江西万载县图书馆、中国科学院文献情报中心、南京大学图书馆。录自《江西旧方志总目》第 110 页。《总目提要》14－47 有何明栋提要。

［道光］锦江脞记十三卷

联目 495

（清）朱航修纂

有清道光十四年（1834）刻本，存于江西省图书馆、南昌新凤楼。录自《江西旧方志总目》第 120 页（置于高安县下）。

［民国］清江乡土志

联目 495

丁永清纂

有抄本存于南昌新凤楼。录自《江西旧方志总目》第 129 页。

［民国］安义县志稿九卷

联目 498

熊式辉、王斌主修　黄希仲总纂

民国二十六年（1937）脱稿，有稿本存于江西省安义县公安局。录自袁晓军《安义发现 1936 年编修的〈安义县志〉稿》（载《江西方志通讯》1986 年第 1 期，第 64 页）。何明栋《新发现的二十部江西旧方志》（载《中国地方志》1988 年第 1 期，第 74 页）有著录。《总目提要》14 – 11 刘以发提要著录谓存于安义县档案馆。

［民国］奉新乡土志稿

联目 498

谢圣谟编辑

民国三十五年（1946）成稿，有稿本存于江西省博物馆。录自何明栋《新发现的二十部江西旧方志》（载《中国地方志》1988 年第 1 期，第 77 页）。《江西旧志总目》第 117 页著录作"《［民国］奉新县乡土教材》一卷"。

［崇祯］抚州府志二十卷

联目 499

（明）蔡邦俊等纂修

有明崇祯七年（1634）刻本。中国社会科学院图书馆存有 1989 年《中国方志丛书》本。录自《中国社会科学院地方志联合目录》第 304 页。

［民国］靖安县志稿

联目 499

钟有组、邱自芸主修　熊符梦、项书锦、舒信宝总纂

江西靖安县档案馆存有残稿 6 册，内容为建设志、人物志、艺苑文表、大事记等。录自何明栋《新发现的二十部江西旧方志》（载《中国地方志》1988 年第 1 期，

第 75 页）。《江西旧方志总目》第 152 页谓系民国二十七年（1938）稿本,存于靖安县地方志办公室。

［道光］崇仁县志二十八卷

联目 500

（清）原步颜等修　（清）袁章华等纂

有清道光元年（1821）刻本。中国社会科学院图书馆存有 1989 年《中国方志丛书》本。录自《中国社会科学院地方志联合目录》第 30 页。

［民国］临川县志稿三十八册

联目 500

临川县文献委员会县志局编修　陈元慎、傅再希总纂

民国三十二年（1943）始修,内容记至民国三十六年（1947）,稿本存于江西省临川县地方志办公室。录自何明栋《新发现的二十部江西旧方志》（载《中国地方志》1988 年第 1 期,第 75 页）。《总目提要》14 - 52 有刘柏修提要。何明栋给笔者写来的提要谓全书为十八卷。

［康熙］乐安县志八卷

联目 501

（清）杨之琳修　（清）原良纂

有清康熙十一年（1672）刻本,存于南昌新凤楼。国家图书馆存有卷四、七、八,上海图书馆有胶卷。录自《江西省地方志综合目录》第 87 页。《江西旧方志总目》第 157 页著录作郭肇基修纂,有清康熙间抄本。

［同治］乐安县志偶存三卷

联目 501

（清）胡芳秋纂修

有清同治十一年（1872）刻本,存于南昌新凤楼。录自《江西省地方志综合目录》第 88 页。何明栋先生来稿谓是书收入《诚意斋文钞纯情编》,亦存于新凤楼。

［万历］建昌府志十九卷

联目 502

（明）邬鸣雷、赵元吉纂修

有明万历四十一年(1613)刻本。中国社会科学院图书馆存有 1989 年《中国方志丛书》本。录自《中国社会科学院地方志联合目录》第 305 页。

[万历]南丰县志十六卷

联目 503

(明)王玺、程三省纂修

有明万历四十年(1612)刻本。中国社会科学院图书馆存有 1989 年《中国方志丛书》本。录自《中国社会科学院地方志联合目录》第 307 页。《总目提要》14 - 57 刘柏修提要及《江西旧方志总目》第 144 页均著录为:《[万历]南丰县续志》九卷,明王玺、陈三省修纂。何明栋给笔者写来的提要稿,著录为《新修南丰县志》七卷,明程三省主修、王玺总纂,明万历十四年(1856)梓行。藏于日本尊经阁与日本东北大学图书馆,国家图书馆有胶卷,南丰县志办公室有胶卷复印本。

[正德]吉安府志九十卷

联目 504

(明)王昂纂修

有明正德间刻本,仅上海图书馆存卷十、十一。录自江西省省志编辑室编《江西省地方志综合目录》第 20 页。

[同治]吉安府志稿三卷

联目 504

(清)尹继美修纂

有清同治十二年(1873)白鹭洲书院刻本,存于江西省图书馆。录自《江西旧方志总目》第 166 页。

[嘉庆]泰和志二十卷

联目 505

(清)金蘩纂修

有清嘉庆间刻本存于国家图书馆。录自江西省省志编辑室编《江西省地方志综合目录》第 94 页。

[光绪]泰和县志三十卷首一卷

联目 505

(清)周之镛续修补刻

本书为宋瑛修、彭启瑞纂《[同治]泰和县志》之续修补刊本,始修于清光绪三年(1877),记事止于同年,次年告成付梓,有清光绪四年刻本。录自《总目提要》14-65 何明栋提要。

[民国]泰和县志稿三十六卷首一卷

联目 505

泰和县修志局编修　欧阳铺、郭志仁总纂

记事下限至民国二十八年(1939),稿存泰和县档案馆(已佚卷十九、二十)。录自何明栋《新发现的二十部江西旧方志》(载《中国地方志》1988 年第 1 期,第 75 页)。《江西旧方志总目》第 180 页著录欧阳铺作"欧阳辅"。《总目提要》14-65 有何明栋提要。

[民国]泰和县志稿三十二卷

联目 505

泰和县文献委员会修　胡玉澄总纂

大事年表载至民国三十七年(1948),稿本存江西省档案馆。录自何明栋给笔者写来的提要稿。

[永乐]东昌志三卷附志一卷

联目 506

(明)曾子鲁纂修

吉安市永和镇,古名东昌。有清初抄本,存于江西省博物馆。录自江西省省志编辑室编《江西省地方志综合目录》第 93 页,又见何明栋《新发现的二十部江西旧方志》(载《中国地方志》1988 年第 1 期,第 74 页)。《总目提要》14-60 有何明栋提要。

[光绪]吉水县志尚义录

联目 506

(清)吉水县县志局编

有清光绪五年(1879)刻本,存于上海图书馆。录自《江西旧方志总目》第 174 页。

[民国]吉安县河西坊廊乡志八卷首一卷

联目 506

萧赓昭纂修

有民国二十六年(1937)铅印本,存于北京大学图书馆、北京师范大学图书馆、江西省图书馆、吉安市档案馆。录自江西省省志编辑室编《江西省地方志综合目录》第93页。

安成记

联目506

王烈之纂

魏晋时之安成县,唐宋后改安福县。有清马俊良辑《说郛杂著》本、王谟《汉唐地理书钞》辑本。录自张国淦《中国古方志考》第580页。

[康熙]永丰县志二十四卷

联目506

(清)夏显煜纂修

有清康熙十年(1671)刻本,存于上海图书馆、中国科学院文献情报中心、中国科学院南京地理与湖泊研究所。录自江西省省志编辑室编《江西省地方志综合目录》第96页。

[康熙]永丰县志二十四卷

联目506

(清)齐赞宸纂

有清康熙二十年(1681)刻本,存于上海图书馆,国家图书馆存有胶卷。录自江西省省志编辑室编《江西省地方志综合目录》第96页。

[道光]永丰县志六十四卷首一卷

联目506

(清)陈徵芝、毕光荣等修纂

清道光五年(1825)修成刻行。20世纪末期修志查找资料时,在永丰县宋俊德家中发现刻本的残本。录自何明栋《新发现的二十部江西旧方志》(载《中国地方志》1988年第1期,第74页)。《江西旧方志总目》第176页著录同。《总目提要》14－64有何明栋提要。

[同治]禾川书旧志纠谬三卷

联目508

(清)尹继隆纂

禾川即永新县。有清光绪五年(1879)刻本,存于江西省图书馆。录自《江西旧方志总目》第 186 页。

[光绪]莲花厅志稿十卷

联目 508

(清)贺恢纂修

原名《爱莲编》。有清光绪十一年(1885)稿本,存于江西省莲花县地方志办公室。1982 年莲花县人民政府办公室油印本,江西师范大学图书馆等处有藏。录自何明栋《新发现的二十部江西旧方志》(载《中国地方志》1988 年第 1 期,第 74 页)。《江西旧方志总目》著录同。《总目提要》14 - 67 亦有提要。

[民国]峡江县志稿十六卷

联目 508

施广德主修　毛世俊总纂

有民国三十六年(1947)稿本,存于江西峡江县档案馆。录自何明栋《新发现的二十部江西旧方志》(载《中国地方志》1988 年第 1 期,第 75 页)。《总目提要》14 - 63 有何明栋提要。

赣县乡土志

联目 509

(清)陈瀛修　(清)谢扬光纂

有清光绪、宣统间抄本,存于国家图书馆、江西省赣县地方志办公室。录自江西省省志编辑室编《江西省地方志综合目录》第 106 页。何明栋《新发现的二十部江西旧方志》(载《中国地方志》1988 年第 1 期,第 76 页)著录谓陈瀛编辑、谢扬光注释。全志正文悉用三字句,正文之下,分条附有注释,记事止于清光绪三十年(1904)。有清光绪三十年活字印刷本,存于国家图书馆。《总目提要》14 - 74 有刘以发提要。

兴国乡土韵语附说略三十六课

联目 511

崇礼学校编

每课志文均为四言韵语句,后附注释文字。有抄本存于江西省图书馆。录自何明栋《新发现的二十部江西旧方志》(载《中国地方志》1988 年第 1 期,第 76 页)。《总目提要》14 - 76 有刘以发提要。

[民国]安远县志稿

联目 512

黄植荫等修　黄彩彬等纂

始修于民国三十四年(1945),停修于民国三十八年(1949),记事止于停修之时。今有部分稿本存于安远县档案馆。录自《总目提要》14-85刘以发提要。

寻乌县乡土志一册

联目512

佚名编纂

下限止于民国二十五年(1936),有民国二十六年抄本,存于江西省图书馆。录自何明栋《新发现的二十部江西旧方志》(载《中国地方志》1988年第1期,第76页)。《总目提要》14-86有刘以发提要。刘柏修《民国方志存书概说》著录谓:"手抄本。《江西历代地方志存书目录》著录为《长宁县乡土志》,实为《寻乌乡土志》。"寻乌,古长宁县也。《江西旧志总目》第214页谓民国二十五年抄本存于江西省图书馆、寻乌县、安远县。

[咸丰]大庾县志续志二卷

联目514

(清)汪报国纂修

有清咸丰元年(1851)刻本,存于吉林大学图书馆。录自江西省省志编辑室编《江西省地方志综合目录》第120页,

[民国]大余县乡土志

联目514

大余中学史地研究会编著

在20世纪末的一轮修志中,于大余中学图书馆发现民国三十年(1941)本,现已存入江西省大余县地方志办公室。录自《总目提要》14-83刘以发提要。

[康熙]南康县志十二卷

联目515

(清)陈晖纂修

有清康熙十三年(1674)刻本残帙,存于国家图书馆。录自《总目提要》14-80刘以发提要。

[民国]重修槎陂志

联目516

周鉴冰修纂

有民国二十八年(1939)铅印本,存于江西省图书馆。录自《江西旧方志总目》第 163 页,置于《广昌县志》之下。

[乾隆]崇义县志

联目 516

(清)罗洪钰修纂

有清乾隆三十二年(1767)刻本,存于江西崇义县图书馆。录自《江西旧方志总目》第 220 页。

[民国]崇义县志稿九卷

联目 516

崇义县文献委员会编纂　周国方、吴国淙主修　张声懋总纂

有民国三十七年(1948)稿本,1985 年发现存于江西崇义县档案馆,当即复印存于县地方志办公室。录自何明栋《新发现的二十部江西旧方志》(载《中国地方志》1988 年第 1 期,第 75 页)。《总目提要》14 – 82 有刘以发提要。

[咸丰]南安府志

联目 516

(清)汪报国纂修

有清咸丰元年(1851)刻本,存于吉林大学图书馆。录自江西省省志编辑室编《江西省地方志综合目录》第 25 页。

福建省

［万历］闽部疏

联目 517

（明）王世懋纂

有明万历十三年（1585）刊本，存于上海图书馆，收入《丛书集成初编·史地类》。录自陈光贻《稀见地方志提要》第 654 页。

［康熙］闽小记五卷

联目 517

（明）周亮工纂

有清康熙间刻本，存于上海图书馆。录自陈光贻《稀见地方志提要》第 656 页。

［民国］福建省通志三百十五卷

联目 517

福建省通志局纂修

有民国十一年（1922）刻本。录自杜建荣《〈中国地方志联合目录〉正误——〈联合目录〉未收之方志》（载《天津史志》1989 年第 1 期，第 62 页）。

［万历］福州府志三十六卷

联目 518

（明）潘颐龙修　（明）林燫纂

有刻本，存于南京图书馆。录自《〈福建省古旧地方志丛书〉选目规划》第三辑。

［乾隆］福州府志艺文志补四卷

联目 518

（清）李拔修　（清）李俊源等纂

有清乾隆二十七年（1762）刊本。录自林浩《福州方志考略》（载《福建地方志通讯》1985 年第 2 期，第 58 页）。

[光绪]尚干乡土志二篇

联目 519

（清）林履端撰

有清光绪三十三年（1907）本，原为福州市郑丽生先生珍藏，1984 年奉赠给福建省图书馆（残本）。录自林伟功《闽侯县珍藏的四种乡镇乡土志》（载《福建地方志通讯》1985 年第 4 期，第 62 页）。

[民国]乡土

联目 519

林启瑞编纂

《尚干乡土志》之民国本也，民国十六年（1927）成稿，稿本存于纂者之子林铁生家，为未经刊行之孤本。录自林伟功《闽侯县珍藏的四种乡镇乡土志》（载《福建地方志通讯》1985 年第 4 期，第 62 页）。

[民国]尚干乡族风物志内外二篇

联目 519

林森主修　林翰西纂

民国二十九年（1940）成稿，存于纂者林森之子家。"文革""破四旧"中被焚。后福州郑丽生先生在旧书肆发现此书上卷部分抄件购回，林伟功得以复制保存。录自林伟功《闽侯县珍藏的四种乡镇乡土志》（载《福建地方志通讯》1985 年第 4 期，第 63 页）。

[民国]义溪乡土志二篇

联目 519

陈鸿铨撰

民国二十二年（1933）撰成，未刊，1985 年由撰者奉赠给闽侯县文化馆。录自林伟功《闽侯县珍藏的四种乡镇乡土志》（载《福建地方志通讯》1985 年第 4 期，第 63 页）。又见官桂铨《新发现的〈义溪乡土志〉》（载《福建地方志通讯》1984 年第 3 期，第 47 页）。

厦门港纪事

联目 520

（清）窦振彪纂

有抄本存于上海图书馆。录自陈光贻《稀见地方志提要》第 678 页。

鹭江志五卷

联目 520

（清）薛起凤、杨国春、黄明香纂

有清乾隆三十四年（1769）刊本，但国内罕见。20 世纪 20 年代，学者薛澄清曾登报公开求觅，未果。20 世纪 30 年代初，《厦门图书馆馆声》亦曾刊登《征求鹭江志启事》，无回音。20 世纪 40 年代初，李禧先生又以个人名义再次登报寻求，仍是无回音。进入 20 世纪 50 年代后，参加地方志编写的学者，又在全国各大图书馆、藏书阁、藏书家中广泛搜寻，依旧踪迹杳然。直至 1968 年 11 月，厦门大学历史研究所林仁川教授，应邀到荷兰莱顿大学汉学研究院讲学时，才在该学院图书馆发现，并复印回国。经整理后，于 1997 年 6 月出版。录自许霆《〈鹭江志〉述略》（载《厦门方志通讯》1986 年第 1 期，第 32 页）及《中国地方志》（1997 年第 2 期），以《失而复得的〈鹭江志〉将重新出版》为题，转载《社会科学报》1996 年 12 月 5 日信息。

［道光］武夷山志二十四卷

联目 522

（清）董天工修纂

有刻本，存于福建省图书馆。录自《〈福建省古旧地方志丛书〉选目规划》第四辑。

［康熙］长乐县志

联目 523

（清）孙惠、孙元体修纂

有清乾隆二十八年（1763）之复制胶卷，存于中国科学院文献情报中心。录自郭天沅《闽志谈概》（吉林省地方志编纂委员会、吉林省图书馆学会，1987 年印行本）第 94 页。

［嘉靖］福宁府志续略十八卷

联目 523

（明）释如一纂辑

有明嘉靖二十六年（1547）原刻本的复制胶卷，存于中国科学院文献情报中心。

录自郭天沅《闽志谈概》第 57 页。

柘洋方志

联目 527

佚名编纂

民国三十四年(1945)十月析霞浦县之柘洋立柘荣县,柘荣县地方志编纂委员会组织人力,自徐友梧总纂之《[民国]霞浦县志》摘编整理而成,有 1987 年内部印行本。录自林浩《福建省整理出版旧志书简介》(载《福建史志》1991 年第 4 期,第 62 页)。

[民国]甘棠堡琐志

联目 527

陈一夔纂

有铅印本,存于福建师范大学图书馆。录自《〈福建省古旧地方志丛书〉选目规划》第四辑。

[咸丰]兴化府志十卷

联目 530

(清)梁国棣纂

有刻本,存于厦门大学图书馆。录自《〈福建省古旧地方志丛书〉选目规划》第三辑。

[同治]莆田县志稿

联目 530

(清)林岵瞻纂

有抄本存于福建师范大学图书馆。录自郭天沅《闽志谈概》第 107 页。

[万历]莆田文献十三卷列传七十四卷

联目 530

(明)郑岳纂

有明万历四十四年(1616)刊本,存于上海图书馆。录自陈光贻《稀见地方志提要》第 667 页。

仙溪志四卷

联目 530

（宋）赵与泌主修　（宋）黄岩孙纂

宋宝祐五年（1257）刻行，国家图书馆存有旧抄本，仙游县文史学会据此旧抄本进行点校，福建人民出版社 1989 年出版。录自林浩《福建省整理出版旧志书简介》（载《福建史志》1991 年第 4 期，第 59 页）。

湄洲屿志略四卷

联目 530

（清）杨俊编纂

有刻本，存于福建省图书馆、福建师范大学图书馆。录自《〈福建省古旧地方志丛书〉选目规划》第四辑。

［道光］永福县志四卷

联目 531

（清）林光棣修　（清）苏信德纂

有民国增刻本，存于上海图书馆。录自《〈福建省古旧地方志丛书〉选目规划》第三辑。

［万历］惠安政书五卷

联目 534

（明）叶春及修纂

明万历元年（1573）纂成。这是一部体裁别具的志书，被称为"县长的政治笔记"。是书国内久已不存，1980 年傅衣凌先生赴美讲学，途经日本时发现，1981 年 2 月从日本东洋文库复印归来。泉州历史学会与惠安县文化馆、图书馆合力翻印出版。录自蔡永哲《叶春及与〈惠安政书〉》（载《福建地方志通讯》1984 年第 3 期，第 38 页）。

［嘉靖］崇武所城志

联目 534

（明）朱彤纂

明嘉靖二十一年（1542）纂成，后附载于叶春及纂明《［万历］惠安政书》中，随该书由傅衣凌先生从日本引回。录自林浩《福建省整理出版旧志书简介》(载《福建史志》1991 年第 4 期,第 60 页)。

[民国]永春乡土志

联目 535

永福两等学堂纂

有民国间油印本、2011 年《上海图书馆藏稀见方志丛刊》本,中国社会科学院图书馆存藏。录自《中国社会科学院地方志联合目录》第 271 页。

[民国]南安县志五十卷首一卷

联目 536

戴希朱纂

有民国四年(1915)版。1985 年 7 月,南安县地方志编委会据原手抄本及民国二十年(1931)苏镜潭、陈蓁整理本,进行校勘、修补整理,于 1989 年 8 月重印,内部发行。录自林浩《福建省整理出版旧志书简介》(载《福建史志》1991 年第 4 期,第 59 页)。

[民国]南安县志二十八卷

联目 536

李天锡修　汪煌辉纂

有民国三十年(1941)本残稿(缺卷三、五、六、八、二十三等),存于南安县档案馆。录自《总目提要》13-38 简震文提要。

[民国]东山县志十二卷首一卷

联目 537

楼胜利修　李猷明总纂

有民国三十一年(1942)稿本,存于东山县档案馆,经东山县地方志编委会标点、校注后,于 1977 年 10 月内部印行。录自林浩《福建省整理出版旧志书简介》(载《福建史志》1991 年第 4 期,第 63 页)。又见陈秋顺《整理民国本〈东山县志〉的几点做法》(载《漳州方志通讯》1985 年第 9 期,第 20 页)。《总目提要》13-44 有李彬源提要。

[民国]华安县志十七卷

联目 538

黄平西等修　郑丰稔纂

有民国三十八年(1949)原修稿本,存于福建华安县档案馆。录自《总目提要》13－44 应贵勇提要。

[光绪]龙溪续志二卷

联目 538

(清)佚名纂修

有抄本存于福建省图书馆、福建师范大学图书馆。录自《〈福建省古旧地方志丛书〉选目规划》第三辑。

[道光]平和县志十一卷首一卷

联目 539

(清)黄许桂修　(清)曾湴水纂

有清道光十三年(1833)本,存于平和县档案馆、县地方志办公室。录自平和县志办《旧志整理中的点滴》(载《漳州方志通讯》1985 年第 5 期,第 25 页)。《总目提要》13－43 有国友民提要。

[嘉庆]诏安县志

联目 539

(清)叶观海修纂

有稿本存于福建诏安县林仲姚处。录自《〈福建古旧地方志丛书〉选目规划》第二辑。

[开庆]临汀志

联目 540

修成于宋开庆元年(1259),原书早佚,北京大学图书馆存有华阳乔氏三庄精舍据《永乐大典》的辑录本。又有上海师范大学图书馆陈金林辑的《临汀志辑稿》本,较《永乐大典》辑录本更为齐备。有长汀县地方志编委会整理本,已由福建人民出版社 1990 年出版。录自张特亘《宋开庆〈临汀志〉是一部重要的历史文献》(载《闽西方志通讯》1985 年第 1 期,第 63 页),又见林浩《福建省整理出版旧志书简介》(载《福建史志》1991 年第 4 期,第 60 页)。

[洪武]临汀志

联目 540

编纂者及卷数不详。有《永乐大典》辑录本,存于国家图书馆、福建师范大学图书馆。录自《〈福建省古旧地方志丛书〉选目规划》第一辑。

［光绪］临汀汇考

联目 540

（清）杨澜纂

有清刊本存于上海图书馆、福建省图书馆、福建师范大学图书馆、厦门大学图书馆。录自陈光贻《稀见地方志提要》第 694 页、《〈福建古旧地方志丛书〉选目规划》第二辑。《总目提要》13 - 48 有郑宝谦提要。

［民国］永定县志八卷

联目 544

苏修武等纂修

有刊本,存于福建省永定县图书馆。录自福建省地方志编纂委员会 1984 年 2 月 15 日《关于旧方志整理情况的汇报》。

［嘉靖］尤溪县志八卷

联目 546

（明）刘天授修　（明）李恺、林魁纂

明嘉靖十三年(1534)仅以半月时间仓促纂就,约十万字。有明嘉靖十四年刻本,存于天一阁(已是孤本)。录自《总目提要》13 - 39 向生榕提要。

［万历］尤溪县志六卷

联目 546

佚名纂修

明万历元年(1573)刻本,原存于天一阁,后散出为吴兴刘氏嘉业堂收藏,抗战中归于中央图书馆,今存于中国台湾。国家图书馆存有清抄本。录自《总目提要》13 - 40 向榕生提要。

［康熙］尤溪县志十二卷

联目 547

（清）江国栋修　（清）陈元麟纂

修成于清康熙五十六年(1717),有刻本。录自《总目提要》13 - 40 王杨提要。

[乾隆]尤溪县志二十四卷

联目 547

（清）吴宜燮修 （清）黄惠、李畴纂

清乾隆二十七年（1762）修成刻行。清嘉庆十年（1805）又有补刻本。录自《总目提要》13－40 向生榕提要。

[民国]尤溪县志初稿

联目 547

陈智君、陈鉴修纂

民国三十四年（1945）修成初稿第一辑,有民国三十四年胜利出版社龙溪支社铅印本。录自《总目提要》13－40 李延贵提要。

[民国]大田县志稿

联目 547

田九皋等撰

原稿存于首都图书馆。录白郭天沅《闽志谈概》第 211 页。

[弘治]建宁府志六十卷

联目 547

（明）刘璂修 （明）贾暹纂

有明弘治六年（1493）刻本,国家图书馆仅存卷一至二十三、卷二十八至三十二。录自《总目提要》13－15 林红专提要。

[嘉靖]建宁府志二十一卷

联目 547

（明）夏玉麟等修 （明）谢纯等纂

明嘉靖二十年（1541）修成刻行,记事止于明嘉靖十九年（1540）。录自《总目提要》13－15 林红专提要。

[天启]建宁府志五十二卷首一卷

联目 547

（明）陈儒等修 （明）朱柬光纂

有明天启间刻本,残卷存于福建省图书馆。录自《总目提要》13－15 林红专提要。

桥工新志

(清)吴元枢辑

有清嘉庆七年(1802)刊本,存于福建省图书馆。录自《现存福建图书馆志书目录·乡镇志》。

诒经堂重修安平志

(清)柯琮璜纂修

有福建省图书馆 1980 年抄本。录自《现存福建图书馆志书目录·乡镇志》。

台湾省

［康熙］台湾外纪三十卷

联目 549

（清）江日升纂

有清康熙四十三年（1704）刊本，存于上海图书馆。录自陈光贻《稀见地方志提要》第 704 页。

［雍正］台湾使槎录八卷

联目 549

（清）黄叔敬纂

又名《台海使槎录》，有《畿辅丛书》单行本。录自杜建荣《〈中国地方志联合目录〉正误——〈联合目录〉未收之方志》（载《天津史志》1989 年第 1 期，第 63 页）。《总目提要》30　10 有李秉乾提要。

［雍正］台海见闻录四卷

联目 549

（清）董天工撰

清雍正十三年（1735）编成，有《台湾文献丛刊》本（列为第 129 种）。录自《总目提要》30 - 10 李秉乾提要。

［乾隆］台湾志略三卷

联目 549

（清）尹士俍编纂

此为私人于清乾隆三年（1738）纂成。录自厦门大学台湾研究所李祖基《尹士俍与〈台湾志略〉》（载《中国地方志》2014 年第 1 期，第 53 页）。

［乾隆］海东札记四卷

联目 549

（清）朱景英撰

纂成于清乾隆三十七年(1772),次年刻成。1958 年 5 月台湾银行经济研究室重刊,列为《台湾文献丛刊》第 19 种。录自《总目提要》30 – 11 李秉乾提要。

[道光]东槎纪略五卷

联目 550

(清)姚莹撰

撰成于清道光九年(1829),除收入《小方壶斋舆地丛钞》外,又刊入《台湾文献丛刊》,列为第 17 种。录自《总目提要》30 – 11 李秉乾提要。

[道光]东瀛识略八卷

联目 550

(清)丁绍仪撰

纂成于清道光二十八年(1848)。原有清同治十二年(1873)刻本行世,1957 年台湾银行经济研究室重刊,列为《台湾文献丛刊》第 2 种。录自《总目提要》30 – 12 李秉乾提要。

[光绪]台湾小志一卷

联目 550

(清)虚白主人撰

又名《基隆淡水台疆小志》,撰自清光绪十年(1884),当年即刻行。录自《总目提要》30 – 12 李秉乾提要。

台事纪闻一卷

联目 550

(清)王韬纂

有抄本,存于上海图书馆。录自陈光贻《稀见地方志提要》第 706 页。

台湾郑氏纪事一卷

联目 550

[日]川口长孺原纂　章炳麟节录

有章氏手抄稿本,存于上海图书馆。录自陈光贻《稀见地方志提要》第 707 页。

东瀛随笔四卷

联目 550

（清）潘蔚纂

有抄本存于上海图书馆。录自陈光贻《稀见地方志提要》第 708 页。

台湾通志稿

联目 550

上海市文化局文物仓库工作人员在废纸堆中拾得残存的 6 册，疑为清光绪二十一年（1895）修的《台湾通志》散佚稿。今存于上海图书馆。录自陈光贻《稀见地方志提要》第 709 页。

［乾隆］台湾县志六卷

联目 550

佚名纂修

有抄本。录自杜建荣《〈中国地方志联合目录〉正误——〈联合目录〉未收之方志》（载《天津史志》1989 年第 1 期，第 63 页）。

［同治］淡水厅志稿十五卷

联目 551

（清）严金清修 （清）林豪纂

纂于清同治六年（1867），未刊稿曾藏于台南，后散佚。其写本为陈培桂修、杨浚纂清同治十年《淡水厅志》之蓝本。录自《总目提要》30 - 13 李秉乾提要。

［光绪］台南县志四卷

联目 552

（清）蔡国琳纂

清光绪二十三年（1897）纂成，时日本人台南县长仅选其稿第一至第四篇作为《台南县志》刊行。余稿至民国二十三年（1934）译为日文，由台南州"共荣会"刊行于世，题为《南部台湾志》。录自《总目提要》30 - 17 李秉乾提要。

小琉球漫志十卷

联目 553

（清）朱士介纂

有清乾隆三十一年（1766）刊本，存于上海图书馆。录自陈光贻《稀见地方志提要》第 713 页。《总目提要》30 - 19 有李秉乾提要。

［光绪］茅港尾纪略七篇

联目 553

（清）黄清渊撰

茅港尾位于台南县南部，今名下营村。稿本原存于观音亭，1965 年 9 月，台湾银行经济研究室编印《台湾舆地汇抄》，列为《台湾文献丛刊》第 216 种。录自《总目提要》30－18 李秉乾提要。

［民国］澎湖县志稿二十卷首一卷

联目 553

龙骧纂

有稿本藏于中国人民大学图书馆，上海图书馆存有油印本。录自陈光贻《稀见地方志提要》第 718 页。

河南省

豫志

联目 555

（明）王士性撰

有《学海类编》本。录自刘永之、耿瑞玲著《河南地方志提要》（河南大学出版社,1990 年版）第 46 页。

［嘉庆］豫乘识小录二卷

联目 555

（清）朱云锦撰

全书 18 篇,系私撰之志。清嘉庆二十三年（1818）刊本已不多见,清同治十二年（1873）汴文耀斋重刊本则多有存者。录自《河南史志通讯》1983 年增刊第 1 期,第 22 页。《河南地方志提要》第 46 页有提要。河南省地方史志编纂委员会编（樊美于、贾连汉整理）《部分河南地方文献书目》（1984 年印行本）第 7 页谓有清嘉庆二十三年刊本,存于河南省图书馆。

河南考略

联目 556

（清）龚柴撰

收入《小方壶斋舆地丛钞》第二册,大连图书馆有藏。录自《部分河南地方文献书目》第 5 页。

中州杂俎二十一卷

联目 556

（清）汪价纂

有民国十年（1921）安阳张凤台三怡堂铅印本,存于河南省图书馆。录自《部分河南地方文献书目》第 7 页。

河南史地

联目 556

王幼侨编

有民国间铅印本,存于河南省图书馆。录自《部分河南地方文献书目》第11 页。

[道光]河北采风录四卷

联目 556

(清)王凤生撰

指河南省之河北道也,包括彰德、卫辉、怀庆三府。有清道光六年(1826)刻本,存于国家图书馆。录自《河南地方志提要》第 29 页。《总目提要》16 - 9 有耿瑞玲提要。

[光绪]方岳采风录二卷

联目 556

(清)卞宝第纂修

有清光绪八年(1882)刻本,仅国家图书馆有存。录自《河南地方志提要》第 30 页。《总目提要》16 - 10 有耿瑞玲提要。

河南舆图

联目 556

(清)李鹤年编

有清同治五年(1866)本,存于大连图书馆。录自《部分河南地方文献书目》第5 页。同书页又著录有李鹤年编《河南省图》1 册,为清同治九年(1870)刊本,存于辽宁省图书馆。

河南省全图

联目 556

(清)佚名编

有清光绪二十一年(1895)版本,存于大连图书馆。录自《部分河南地方文献书目》第9 页。

河南全省各县里数略图

联目 556

民国河南督军参谋处编

存于大连图书馆。录自《部分河南地方文献书目》第 11 页。

［民国］大中华河南地理志一册

联目 556

林传甲总纂　林传涛分纂

为大中华地理志分册之一。有民国九年（1920）中华印刷局铅印本。录自《河南地方志提要》第 33 页。《总目提要》16 - 10 有耿瑞玲提要。

［民国］河南省志七卷

联目 556

白眉初编著

为《中华民国省区全志》之一《河南卷》。有民国十四年（1925）北京师范大学史地系铅印本行世。录自《河南地方志提要》第 35 页。《总目提要》16 - 10 有耿瑞玲提要。

［民国］河南

联目 556

吴世勋撰

民国十五年（1926）中华书局铅印本分省地志之一种。录自《河南地方志提要》第 37 页。《总目提要》16 - 11 有耿瑞玲提要。

［民国］河南方舆人文志略四卷

联目 556

王幼侨编

有民国二十一年（1932）北平西北书局铅印本。录自《河南地方志提要》第 43 页。《总目提要》16 - 12 有申畅提要。《部分河南地方文献书目》第 16 页谓北京大学图书馆、广东省立中山图书馆、河南省图书馆均有藏。

支那省别全志・河南省

联目 556

日本东亚同文会编

存于大连图书馆、河南省地方史志编纂委员会。录自《部分河南地方文献书目》第 11 页。

黄河流域地志其四十三(河南省)

联目 556

日本东亚研究所编

有 1940 年本,存于辽宁省档案馆。录自《部分河南地方文献书目》第 22 页。

郑县采访稿一册

联目 556

王世翰、韩宝恭辑

存于河南省档案馆。录自戴济民《郑州志叙录》(载《中州古今》1987 年第 4 期,第 11 页)。《总目提要》16 - 13 有张万钧提要。

河南省郑州事情(日文本)

联目 556

日驻青岛守备军民政部、铁道部编

有大正十一年(1922)本,存于辽宁省档案馆、河南省地方史志编纂委员会。录自《部分河南地方文献书目》第 11 页。

[嘉靖]汴京遗迹志二十四卷

联目 558

(明)李濂撰

有北京中国书店 1958 年 8 月据明嘉靖二十五年(1546)刻本的影印本。录自《河南地方志提要》第 132 页。《总目提要》16 - 21 有张万钧提要。

开封府志胜

联目 558

(明)佚名编纂

有明崇祯元年(1628)本,存于国家图书馆。录自《河南方志通讯》1982 年第 7 期,第 65 页。

[同治]东京志略十八帙

联目 558

(清)宋继郊撰

系撰者历 30 年、采集前人著述 500 余种类编而成,仅有稿本存世,约 80 万字。录自《总目提要》16－22 李湍波提要。

［民国］开封小记

联目 558

萧愚撰

原载于 1935 年《禹贡》半月刊第 4 卷第 1 期。录自《河南地方志提要》第 133 页。

［康熙］杞纪二十二卷

联目 559

(清)张贞纂述

有台北成文出版社 1968 年据清康熙四十五年(1706)本影印《中国方志丛书》本。录自《河南地方志提要》第 205 页。

［民国］杞县志

联目 558

杞县修志局主修　蒋藩、胡庸甫纂修

有民国间手抄本,"文革"中几遭焚毁,县文化馆文物保管员张保珠悄为收藏,得以保存,现存于杞县文化馆。录自《河南地方志提要》第 203 页。《总目提要》16－29 有张万钧提要。

［民国］续修仪封县志十六卷

联目 562

耿愔续纂

有耿文郁民国三十六年(1947)手抄本,1985 年河南省兰考县志总编室标点印行本。录自《河南地方志提要》第 184 页。《总目提要》16－26 有张霆提要。

密县志

联目 563

杨泰顺编审　李化民等校注

中州古籍出版社出版。录自《古籍整理出版简报》1991 年总 240 期。

[康熙]济源县志十八卷

联目 567

（清）尤应运、蓼应中修　（清）段振蛟、段振衮纂

有清康熙三十四年（1695）刊本，存于中国社会科学院历史研究所。录自《河南地方志提要》第 433 页。《总目提要》6－55 有张万钧提要。

[民国]温县志稿十二卷首一卷

联目 567

王公容修　段继武等纂

民国二十二年（1933）稿本，于战乱中散失，后由县教育界李则刚先生献出家藏抄本，1982 年温县地方志办公室总编室重行整理后，1986 年刊行传世。录自《河南地方志提要》第 450 页。《总目提要》6－55 有张万钧提要。

[民国]原武县志十卷

联目 568

刘启泰修　乔纯修纂

有民国二十三年（1934）抄本，存于原武县档案馆。录自《河南地方志提要》第 394 页。《总目提要》16－50 有耿瑞玲提要。

[民国]沁阳县志稿二十卷

联目 570

荆壬秌修　刘恒济纂

未付梓，有民国二十六年（1937）稿本，存于沁阳县档案馆。录自《河南地方志提要》第 429 页。《总目提要》16－55 有耿瑞玲提要。

[同治]修武县补志二卷

联目 570

（清）孔继忠纂修

修成后，附于清道光志后，作为第十一、十二卷，于清同治七年（1868）重印，亦有单行本。录自《总目提要》16－56 李石涵提要。

[光绪]黎阳杂记

联目 574

（清）黄璟撰

古黎阳,今浚县地也。有清光绪十年(1884)刻本,今仅余一帙,存于国家图书馆。录自《河南地方志提要》第 567 页。

［嘉庆］汤阴县志十卷

联目 577

（清）苏元善撰

稿修成后未刊,民国二十年(1931),撰者后人将稿之序言、凡例、目录石印刊行,意似在引起社会注意,争取刊行全书,惜无应之者。后稿本失传,仅存石印刊行之序言、凡例、目录,可略见崖略。录自《总目提要》16-64 张万钧提要。

［光绪］淇县舆地图说二卷

联目 577

（清）曹广权纂修

有清光绪二十七年(1901)刊本,藏于中国科学院南京地理与湖泊研究所。录自《河南地方志提要》第 558 页。《总目提要》16-71 有张万钧提要。

［光绪］鹿邑县全图十卷

联目 581

（清）傅松龄署检　（清）王寿仁绘

有清光绪二十二年(1896)刊本,存于中国社会科学院历史研究所,河南省社会科学院图书馆有复印本。录自《河南地方志提要》下册第 162 页。

民国二十年度舞阳县政概况二册

联目 589

窦瑞生编纂

有民国二十一年(1932)石印本,存于舞阳县档案馆,河南省地方史志编纂委员会有复印本。录自《河南地方志提要》下册第 53 页。

［万历］汝南遗事二卷

联目 591

（明）李本国撰

有民国九年(1920)上海博古斋据清嘉庆间《借月山房汇抄》本之影印本,又有

《丛书集成初编》本。录自《河南地方志提要》下册第 194 页。

[嘉靖]真阳县志十卷补遗一卷

联目 592

(明)徐霓修　(明)何麟纂

有明嘉靖三十五年(1556)刊本,仅天一阁与南京图书馆有存。录自《河南地方志提要》下册第 214 页。

[民国]罗山县重修县志稿

联目 594

佚名修纂

有 19 世纪 20 年代石印本(仅存卷二至四、六、十至十一、十六至十九),存于罗山县档案馆。录自《河南地方志提要》下册第 323 页。《总目提要》16 - 112 有耿瑞玲提要。

[民国]潢川县志二十四卷

联目 594

王元炳、梁叔伦纂修

民国三十七年(1948)付印,但只印出一册即停。今稿本已佚,仅有所印之一册存于潢川县公安局。录自《河南地方志提要》下册第 368 页。《总目提要》16 - 117 有耿瑞玲提要。

[民国]商城县志稿三十七册

联目 595

顾莹修　张莘农、邱南宣纂

有民国三十六年(1947)稿本,存于商城县档案馆。录自《河南地方志提要》第 338 页。《总目提要》16 - 114 有耿瑞玲提要。

[光绪]南阳府南阳县户口土地物产畜牧表图说

联目 596

(清)潘守廉纂

有清光绪三十年(1904)石印本。录自台北成文出版社《中国方志丛书目录》第 46 页,河南省第一期 122。《河南地方志提要》下册第 265 页书名著录为《南阳府南阳县户口土地物产畜牧表》，没有"图、说"。但从其提要中说明实有表、图、说三部分内容，并注明"为徐家汇书馆印图，上海鸿宝斋印说"。

[道光]裕州志六卷

联目 596

（清）王荣升修 （清）方履钱纂

有清道光九年（1829）刊本。录自台北成文出版社《中国方志丛书目录》第 48 页，河南省第二期 482。

河南志四卷

联目 596

（元）佚名纂

系在宋敏求《河南志》基础之上略加宋元之事而成，有缪荃荪《藕香零拾》本、张国淦《永乐大典》辑本。录自张国淦《中国古方志考》第 450 页。

洛阳

联目 600

仇锡英编

有 1939 年《都市地理小丛书》中华书局本，存于重庆图书馆。录自《部分河南地方文献书目》第 22 页。

嵩志二卷

联目 601

（明）李化龙主修 （明）王守诚纂

有明《周南太史王公遗集》刻本。录自《河南地方志提要》第 257 页。《总目提要》16－35 有耿瑞玲提要。

[民国]嵩县乡土地理二卷

联目 601

李振铎撰

亦名《嵩县乡土地理参考书》，有民国二十一年（1932）刊本，仅有残本存于开封市图书馆。录自《总目提要》16－36 张万钧提要。

［民国］宜阳纪略

联目 604

鲁彦编著

约 3 万字,有 65 页,铅印本。录自张修卿《宜阳旧方志提要》(载《河洛史志》1992 年第 1 期,第 30 页)。

湖北省

[乾隆]湖北旧闻录四十六卷

联目 607

（清）陈诗纂

稿修成之初未得刊行,后残散,民国间为孟寿荪、徐行可分别求得,时有卢靖者,分别商借,欲刊行而未果。1949 年后,卢靖之弟卢弼以所得全稿归于徐行可。1959 年徐氏藏书全部捐献给湖北省图书馆,是书亦在其中。现有武汉出版社 1988 年铅印本。录自《总目提要》17－7 徐孝宓提要。

[嘉庆]湖北通志一百卷

联目 607

（清）吴熊光、百龄等修　　（清）陈诗等纂

有清嘉庆九年（1804）刊行本。录自《总目提要》17－7 徐孝宓提要,徐氏在此提要中,就此系章学诚《湖北通志》旧稿经陈诗改窜而成之说进行了辩驳。

[光绪]湖北乡土地理教科书

联目 608

（清）陈庆楼纂

有清光绪三十二年（1906）铅印本,存于武汉图书馆。录自湖北省地方志办公室、湖北省图书馆编《湖北地方志目录》（1981 年编印本）第 8 页。

[道光]汉口丛谭六卷

联目 609

（清）范锴辑

有清道光二年（1822）刊本。民国二十二年（1933）武昌印行本,存于湖北省图书馆、武汉图书馆。录自台北成文出版社《中国方志丛书目录》第 37 页,湖北省第二期 347。秦淐《武汉地区有关旧志目录》（载《武汉志通讯》1984 年第 3 期,第 30 页）亦有著录。

［民国］再续汉口丛谈

联目 609

王葵武编

有民国二十二年（1933）版，存于武汉图书馆。录自秦滉《武汉地区有关旧志目录》（载《武汉志通讯》1984 年第 3 期，第 30 页）。

新辑汉阳识略八卷

联目 609

余家祧纂

有抄本 12 册，记事至 1949 年 5 月武汉解放。余家祧以个人之力私纂之志书，至 1955 年才最后完稿。有手抄稿本，存于汉阳县档案馆。录自范青《〈新辑汉阳识略〉评介》（载《湖北方志通讯》1983 年第 2 期，第 39 页）。秦滉《武汉地区有关旧志目录》（《武汉志通讯》1984 年第 3 期，第 29 页）有著录。

［嘉庆］孝感县续志六卷

联目 610

（清）王进祖修纂

有清嘉庆十八年（1813）刊本。录自《总目提要》17 - 23 包东波提要。

［光绪］续补孝感县志一卷

联目 610

（清）佚名编纂

有清光绪五年（1879）刻本，存于湖北省图书馆。录自赵慧、天池《湖北旧志杂考》（载《湖北方志》1992 年第 4 期，第 48 页）。

［道光］黄陂县志稿

联目 610

（清）金国钧纂

私人所修志也，仅成沿革、人物两部分。有民国十二年（1923）金永森铅印本。录自天池《一部稀见的方志——〈黄陂县志稿〉》（载《湖北方志》1989 年第 4 期，第 52 页）。《总目提要》17 - 14 有童世华提要。

汉阳县志列传存稿三卷

联目 612

傅彦明纂

民国三十七年(1948)修,有手稿存于傅锦芳之手。录自《湖北地方志目录》第
16 页。秦涀《武汉地区有关旧志目录》(《武汉志通讯》1984 年第 3 期,第 29 页)有
著录。《总目提要》17 – 14 有童世华提要。

[光绪]黄冈县志

联目 614

(清)戴昌言编纂

有清光绪间稿本,存于湖南省社会科学院哲学所。录自《湖北地方志目录》第
21 页。

[乾隆]罗田县志十二卷首一卷末一卷

联目 615

(清)姜廷铭修　　(清)李鸿、秦吉林纂

有清活字印行本,存于四川省北碚图书馆。录自《湖北地方志目录》第 24 页。
《总目提要》17 – 33 有褚佩瑜提要。

[天启]下雉集

联目 618

(明)马歘纂

下雉,阳新旧县名也。有抄本 1 卷,藏于中国社会科学院历史研究所。录自赵
慧、天池《湖北旧志杂考》(载《湖北方志》1992 年第 4 期,第 51 页)。

[光绪]江夏县志艺文志

联目 619

(清)王庭祯纂

有清光绪间抄本,存于吉林师范大学图书馆。录自《湖北地方志目录》第 37
页。《总目提要》17 – 12 有童世华提要。

[光绪]湖北省乡土地理第一编·江夏县

联目 619

（清）黄陂、徐毓华编纂

有清光绪三十四年（1908）四月版。录自秦涀《武汉地区有关旧志目录》（《武汉志通讯》1984 年第 3 期,第 30 页）。

［光绪］武昌县志十七册

联目 620

（清）王家壁纂

纪事至清光绪二年（1876）,有手稿本,存于湖北省图书馆。录自《湖北地方志目录》第 38 页。《总目提要》17 － 13 有李天翔提要。

云杜故事十七卷

联目 624

（清）易本烺撰

共五册。历史上的云杜县,故治在今湖北省沔阳县西北,南朝梁以后省。此可视作京山县之旧志。1983 年 6 月,华中农学院离休干部易齐萍、武汉市文化局顾问易齐荇将其先人遗著捐赠给京山县政府,现存该县地方志办公室。录自京山县志办公室《易齐萍、易齐荇献出珍藏史书〈云杜故事〉》（载《湖北方志通讯》1983 年 9 －10 期,第 20 页）。

［康熙］沔阳志四卷

联目 626

（清）钱兆沅纂修

有清康熙四十九年（1710）刻本,存于国家图书馆、北京大学图书馆。录自《湖北地方志目录》第 53 页。

沔阳州续修志稿

联目 626

佚名修纂

有抄本,国家图书馆存舆地、建置二志。录自《湖北地方志目录》第 54 页。

［同治］归州志十一卷

联目 629

（清）余思训修　（清）陈凤鸣纂

有清同治五年(1866)刊本。录自台北成文出版社《中国方志丛书目录》第 36 页,湖北省第二期 334。

[万历]三峡通志五卷

联目 629

(明)吴守忠纂

三峡在四川、湖北间,此置于湖北。有明万历十九年(1591)刊本,存于上海图书馆。录自陈光贻《稀见地方志提要》第 816 页。《古籍整理出版情况简报》1994 年第 274 期著录为"吴守忠编辑,卢国祯校次。中国书店影印本"。

[嘉靖]郧台志略九卷

联目 632

(明)徐桂撰

录自赵慧、天池《湖北旧志杂考》(载《湖北方志》1992 年第 4 期,第 50 页)。

[康熙]卯洞司志

联目 632

(清)向子奇修纂

编成于清康熙五十八年(1719),被称为是"由古代土家人自己编纂的土家族地方志",收刻于清嘉庆十三年(1808)向正彬修的《向氏族谱》中。录自张兴文《康熙〈卯洞司志〉》(载《中国地方志》1989 年第 1 期,第 56 页)。

竹溪县大事记

联目 633

陈雅南撰

记述 1916 至 1937 年间竹溪县之大事。20 世纪后半期修志时,在竹溪县档案馆发现,同时发现的还有《湖北省纂修县志叙例》10 条,纂成于 1943 年。《纂修县志类目》从"疆域总图"开始,至"思痛纪实"结束,有"大事述要""地理志"等 24 个分志,共 26 个类目。录自张扬威《竹溪发现重要县志资料》(载《湖北方志通讯》1982 年第 6 期,第 28 页)。赵慧、天池《湖北旧志杂考》(《湖北方志》1992 年第 4 期)有著录。

[绍熙]襄阳耆旧传一卷

联目 634

（宋）吴琚纂

吴琚，宋宁宗时曾知鄂州，传或为其时之作也。此非汉魏时之《襄阳耆旧传》。录自陈光贻《稀见地方志提要》第811页。

［道光］襄阳必告录七卷

联目634

（清）周凯纂

有清道光六年（1826）本，存于上海图书馆。录自陈光贻《稀见地方志提要》第811页。

湖南省

［乾隆］（湖南）府厅州县图志五十卷

联目 639

（清）洪亮吉撰

有清乾隆五十三年（1788）刻本，湖南师范大学图书馆、湖南日报社均存有复印本。录自湖南省地方志编纂委员会编《湖南省地方志综合目录》（1987 年印行本）第 2 页。

［同治］湖南阳秋十六卷续编三卷

联目 639

（清）王万澍编 （清）王国牧续编

有清同治九年（1870）刻本、清光绪二十七年（1901）刻本，湖南图书馆有藏。录自《湖南省地方志综合目录》第 3 页。《总目提要》18－9 有丁葆赤提要。

［光绪］湖南考古略十二卷

联目 639

（清）卢峻、成业襄编纂

编于清光绪元年（1875），存处亦多，清光绪二年（1876）有读我书室刻本，清光绪五年（1879）有守墨书斋刻本，清光绪八年（1882）有长沙枕善书房增刻本。录自《总目提要》18－10 丁葆赤提要。

［光绪］湖南考古略三十卷

联目 639

（清）同德斋主人编

有清光绪十四年（1888）鸿宝斋石印本，存于湖南图书馆。录自《湖南省地方志综合目录》第 3 页。《总目提要》18－10 有丁葆赤提要。

［光绪］湖南全省掌故备考三十五卷

联目 639

（清）王先谦纂

有清光绪十四年（1888）刻本，存于湖南图书馆、湖南日报社。录自《湖南省地方志综合目录》第3页。

［道光］湖南方物志

联目 639

（清）黄本骥编纂

有清道光底本，经冯天亮、李如龙整理点校，收入岳麓书社《风土丛书》第一辑（1985年12月）。录自覃道荣《新版〈湖南方物志〉》（载《湖南地方志》1988年第4期，第62页）。

［宣统］湖南乡土地理参考书

联目 639

（清）辜天佑编

有清宣统二年（1910）铅印本，存于湖南图书馆。录自《湖南省地方志综合目录》第4页。《总目提要》18－11有丁葆赤提要。

［民国］湖南乡土地理教本二编

联目 639

王介枚编纂

有民国二十五年（1936）石印本，存于湖南图书馆。录自《湖南省地方志综合目录》第4页。《总目提要》18－12有丁葆赤提要。

［民国］湖南新志稿三十五卷

联目 639

干人俊编

有民国间抄本，存于湖南图书馆（仅存卷一至十七、卷二十三至三十五）。录自《湖南省地方志综合目录》第3页。

［民国］湖南省志撮要

联目 639

湖南省文献委员会编

有民国间抄本，存于广东省立中山图书馆。录自《湖南省地方志综合目录》第

3 页。

古迹志初稿

联目 639

梅伯池编

有民国三十八年(1949)稿本,1983 年复印本存于湖南图书馆。录自《湖南省地方志综合目录》第 76 页。

湖南各县现状概况

联目 639

湖南省党务指导委员会训练部编

有民国十八年(1929)油印本,存于湖南图书馆。录自《湖南省地方志综合目录》第 4 页。《总目提要》18 - 12 有丁葆赤提要。

[民国]湖南全省乡土地理

联目 639

谢国度编著

此系根据部(中华民国教育部)颁最新课程标准编辑而成,有正文 9 章,约 42000 字。有民国三十二年(1943)兰田启明书局铅印本。录自《总目提要》18 - 12 丁葆赤提要。

[民国]湖南各县调查笔记二卷

联目 639

曾继梧编纂

此系据民国二十年(1931)各县自治调查办公处之调查笔记编辑而成,共 68 县。有民国二十年(1931)长沙和键印刷公司铅印本。录自《总目提要》18 - 11 丁葆赤提要。

[民国]湖南社会调查二编

联目 639

中国国民党湖南省执行委员会民众运动指导科编

有民国二十三年(1934)长沙藻华纸业印刷局铅印本,湖南图书馆存上编(全省总览),下编尚未见。录自《总目提要》18 - 12 丁葆赤提要。

［民国］湖南地理志要二册

联目 639

傅角今编

有民国十九年（1930）东方地学社出版，长沙罗棣华印刷厂铅印本，存于湖南图书馆。录自《湖南省地方志综合目录》第 4 页。《总目提要》18 - 11 有丁葆赤提要。

［民国］湖南地理志五编

联目 639

傅角今编

乃前书（《湖南地理志要》）之增补本，共 5 编 21 章，101 节，约 45 万字。有民国二十二年（1933）长沙湘益印刷公司铅印本，存于湖南图书馆。录自《湖南省地方志综合目录》第 4 页。《总目提要》18 - 11 有丁葆赤提要。

［民国］湖南文献汇编第一、二辑

联目 639

湖南省文献委员会编

有民国三十七年（1948）、三十八年（1949）铅印本，存于湖南图书馆。录自《湖南省地方志综合目录》第 4 页。《总目提要》18 - 12 有丁葆赤提要。

湖南省志大事记（1840—1949）

联目 639

录自李德兴《长沙市志办公室图书资料简介》（载《长沙市志通讯》1987 年第 4 期，第 66 页）。

湖南省志地理志

联目 639

同上。

湖南省志生计志（1920—1946）

联目 639

同上。

中国实业志（湖南省）

联目 639

同上。

［民国］长沙市乡土科纲要

联目 640

有民国间油印本,存于湖南图书馆。录自《湖南省地方志综合目录》第 6 页。

［民国］长沙一览八章

联目 640

吴晦华编

有民国十四年（1925）八月刊本。录自李德兴《长沙市志办公室图书资料简介》（载《长沙市志通讯》1987 年第 4 期）。

［民国］长沙市指南十一章

联目 640

邹欠白撰

民国二十三年（1934）撰成,记事止于民国二十二年（1933）冬,有长沙和济印刷公司民国二十三年铅印本。录自李德兴《长沙市志办公室图书资料简介》《总目提要》（载《长沙市志通讯》1987 年第 4 期）。《总目提要》18－14 有郭翠柏提要。

［民国］增订长沙市指南十二章

联目 640

邹欠白撰

系对前书之重加厘定,下限截至民国二十五年（1936）。有民国二十五年二月洞庭印务馆铅印本。录自《总目提要》18－14 郭翠柏提要。

［民国］长沙市指南

联目 640

李舜卿辑

有民国三十七年（1948）铅印本。录自《总目提要》18－14 郭翠柏提要。

长沙市工商业及救济事业的沿革

联目 640

录自李德兴《长沙市志办公室图书资料简介》(载《长沙市志通讯》1987 年第 4 期)。

[光绪]善化县地理课程附图

联目 641

(清)王达编

有清光绪三十二年(1906)刻本,存于湖南图书馆。录自《湖南省地方志综合目录》第 8 页。《总目提要》18 - 19 有郭翠柏提要。

岳阳风土记一卷

联目 641

(宋)范致明纂

范致明被谪岳州商税务时作也,对该地郡县沿革、山川改易、古迹存亡考证特详,对旧图经志书亦多有纠正。《四库全书总目提要》卷七十著录谓"在宋人风土书中,或谓佳本"。有《四库全书》本、《古今逸史》本、明嘉靖刻本、张国淦《永乐大典》辑本。录自张国淦《中国古方志考》第 513 页。

[万历]岳州府志十八卷

联目 641

(明)佚名纂修

国家图书馆存有明万历间刻本(仅存卷五至七、卷十一至十三)。录自《湖南省地方志综合目录》第 28 页。

[嘉靖]湘阴县志二卷

联目 643

(明)张灯纂修

始修于明嘉靖三十三年(1554),续修于明嘉靖四十四年(1565),增修于明万历时。有明万历十六年(1588)增补重刻本,又有 1985 年抄本及复印本。录自《总目提要》18 - 50 刘志盛提要。

[民国]续修湘阴县志礼俗方言篇略稿二卷首一卷

联目 643

仇鳌修　彭昺纂

有彭昺校抄民国三十七年(1948)稿本,存于湖南图书馆,湘阴县志办公室有复印本。录自《湖南省地方志综合目录》第 33 页。《总目提要》18 – 51 有萧风生提要。

[光绪]浏阳乡土志

联目 645

(清)黄祖勋纂

清光绪三十二年(1906)编成,1967 年,原总纂黄祖勋之子在中国台湾付印,浏阳县地方志办公室存有复印本。录自李德兴《长沙市志办公室图书资料简介》(载《长沙市志通讯》1987 年第 4 期,第 66 页)。黎雄杰《浏阳旧志的新发现》(载《长沙史志通讯》1986 年第 3 期,第 56 页)中有介绍。《湖南省地方志综合目录》第 9 页有著录。《总目提要》18 – 18 有刘志盛提要。

[嘉庆]攸县志六卷

联目 646

(清)冯运栋修　(清)李天旭纂

系在编纂者所修清乾隆志的基础上挖补而成者,清嘉庆八年(1803)补修成,有张范增修重刻本。录自《总目提要》18 – 24 刘志盛提要。

茶陵州志二十四卷

联目 646

(清)福昌、梁葆颐修　(清)谭钟麟纂　何培基、陈常增补

有民国二十二年(1933)增补重印本。录自《总目提要》18 – 28 刘志盛提要。

[民国]湘乡地理讲授大纲

联目 647

张峻明编

有民国三十五至三十七年(1946 – 1948)抄本,存于湖南图书馆。录自《湖南省地方志综合目录》第 16 页。

[嘉庆]郴县县志四十三卷首一卷

联目 648

（清）朱偓等修 （清）陈昭谋纂

乃摘《[嘉庆]直隶郴州志》中之郴州部分而成,有民国间活字本。录自《总目提要》18-57 李如龙提要。

[光绪]宜章县乡土风俗志

联目 650

（清）陈玉祥修纂

有清光绪十六年(1890)抄本。湖南图书馆存有复印本。录自《湖南省地方志综合目录》第 38 页。《总目提要》18-60 有李如龙提要。

[康熙]嘉禾舆图山川数则

联目 651

（清）蒋起蛟纂

有清康熙三年(1664)抄本,存于湖南嘉禾县地方志办公室。录自《湖南省地方志综合目录》第 36 页。

[康熙]蓝山县志十二卷

联目 656

（清）闵从隆纂修

有清乾隆二十五年(1760)刻本,存于故宫博物院。录自《湖南省地方志综合目录》第 47 页。

重印新增详图湖南省东安县志七卷

联目 657

席运洪等修 张澍勾纂

系东安去中国台湾人员 1979 年修纂重印也,湖南省地方志办公室、东安县地方志办公室均存有复印本。录自《湖南省地方志综合目录》第 44 页。

[民国]湖南通志东安文献辑览一卷

联目 657

东安县文献委员会编

系抄《[光绪]湖南通志》有关东安部分而成,有民国间抄本。录自《总目提要》18-72雷树德提要。

[民国]沅陵县志三十五卷首一卷末一卷

联目661

许显锐修 承浩纂修

始修于民国十八年(1929),民国二十年(1931)成稿,记事止于民国十九年(1930),有民国间稿本、1978年静电复印本。录自《总目提要》18-80姜彦稚提要。

[万历]酉阳正俎十卷

联目661

(明)郭棐纂修

有明万历十七年(1589)刊本,存于上海图书馆。录自陈光贻《稀见地方志提要》第845页。

[民国]溆浦县乡土地理教科书

联目662

刘梦熊编辑

有民国十六年(1927)活字本及复印本,均存于湖南图书馆。录自《湖南省地方志综合目录》第68页。《总目提要》18-84有姜彦稚提要。

[民国]乾城县人物志

联目664

乾城县文献委员会编

有民国间抄本,存于湖南图书馆。录自《湖南省地方志综合目录》第70页。《总目提要》18-104有李静提要。

[民国]乾城文宪人物志

联目664

傅廷弼编

有民国间抄本,存于湖南图书馆。录自《湖南省地方志综合目录》第70页。

永顺县志稿

联目 664

(清)佚名纂修

有晒印本,存于中央民族大学图书馆。录自《湖南省地方志综合目录》第73 页。

[光绪]桑植县志八卷首一卷

联目 665

(清)周来贺等修 (清)卢元勋纂 (清)龙起涛、郑燮文增修

有清光绪十九年(1893)增补清同治十二年(1873)本,存于湖南图书馆。录自《湖南省地方志综合目录》第73 页。《总目提要》18 - 109 有李静提要。

桑植县志十七卷

联目 665

谷梅桥纂修

有旧抄本存于湖南桑植县档案馆。录自《湖南省地方志综合目录》第73 页。

[民国]保靖概览二十一篇

联目 666

保靖县政府编

记清同治以来七十余年保邑史事,述民国时期县政梗概。有民国二十六年(1937)铅印本,存于湖南图书馆。录自《湖南省地方志综合目录》第74 页。《总目提要》18 - 111 有李静提要。

[嘉庆]澧州分棚纪略

联目 668

(清)刘芳躅撰

有 1979 年复印清嘉庆四年(1799)本,存于湖南图书馆。录自《湖南省地方志综合目录》第58 页。

[嘉庆]澧志举要三卷附补编

联目 668

（清）潘相纂　（清）潘承炜续纂

是志编纂于清乾隆五十三年（1788），翌年书成付梓，后续补记事至清乾隆六十年（1795），为何璘《［乾隆］直隶澧州志林》进行增补辨证之续编。有清嘉庆二年（1797）经腴堂校刻本，存于湖南图书馆。录自《湖南省地方志综合目录》第58页。《总目提要》18－93有刘志盛提要。

［乾隆］安乡县志林二卷

联目668

（清）何璘修　（清）黄宜中纂　（清）刘振鹤辑录

乃系据清乾隆十七年（1752）何璘《直隶澧州志林》辑录而成，有清刘振鹤抄本。录自《总目提要》18－98刘志盛提要。

［光绪］重修安乡县志八卷

联目668

（清）张绰修　（清）曾之亨等纂　（清）盛赓续修　（清）罗佩笏增补

是志系据清乾隆十三年（1748）张焯之志为基础，进行续修重校。始修于清光绪四年（1878），清光绪六年（1880）稿成付梓。有盛赓活字印刷本。录自《总目提要》18－98刘志盛提要。

［民国］桃源县新志稿

联目669

陈宗兰等纂修

是稿上承清光绪十八年（1892）余良栋志，下续清光绪、清宣统、民国史事，记事止于民国三十八年（1949）八月，有民国三十八年稿本。录自《总目提要》18－90刘志盛提要。

［民国］桃源县志局农林采访录

联目669

饶秉阳编

全稿以图表为主，文字为辅。始编于民国三十四年（1945），存有民国三十八年（1949）稿本。录自《总目提要》18－90刘志盛提要。

［民国］石门县地理志六卷

联目670

申悦庐编

有民国三十七年（1948）石印本，存于湖南师范大学、湖南日报社。录自《湖南省地方志综合目录》第 57 页。

［民国］益阳区域志

联目 670

益阳县文献委员会编辑

又名《益阳县志》，原著录为《中国行政区域志湖南益阳县资料调查表》，后更今名。存有民国三十七年（1948）清稿本、民国三十八年文士员本。录自《总目提要》18-100 刘志盛提要。《湖南省地方志综合目录》第 51 页著录谓湖南图书馆有存。

［光绪］南洲厅志

联目 670

（清）殷祖澍编辑

又名《南洲厅志草稿》，为南洲设厅后之首部志书。有清光绪三十三年（1907）稿本 1 册。1982 年复印本，存于湖南图书馆、湖南师范大学、湖南日报社。录自《湖南省地方志综合目录》第 51 页。《总目提要》18-102 有刘志盛提要。

［嘉庆］增订安化县志二十七卷

联目 671

（清）佚名修纂

有清抄本存于湖南图书馆（仅存卷一至五、卷二十四至二十七）。录自《湖南省地方志综合目录》第 52 页。《总目提要》18-102 有刘志盛提要，著录为陶必铨纂辑，谓必铨于清乾隆五十七年（1792）督修安化文塔时随录所辑，可补本县乾隆无志之空白。书中有陶氏于清嘉庆十二年（1807）撰《答邑侯牛先生聘修县志书》，叙是书编辑经过甚详。有清乾隆末年陶氏清稿本。

［嘉靖］宁乡县志十二卷

联目 671

（明）佚名纂修

有明嘉靖间刻本，存于湖南省宁乡县档案馆。录自《湖南省地方志综合目录》第 9 页。

［康熙］宁乡县志十卷

联目 671

（清）吕履恒等撰

有清康熙四十一年（1702）刊本。录自台北成文出版社《中国方志丛书目录》第 35 页，湖南省第二期 318。

［民国］湖南省志稿·宁乡人物志原始材料

联目 671

湖南省文献委员会辑

系传状及人物调查表。有民国三十八年（1949）稿本，存于湖南图书馆。录自《湖南省地方志综合目录》第 10 页。《总目提要》18－21 有郭翠柏提要。

［民国］宁乡县纪事（民国三十年至三十七年）

联目 671

宁乡县文献委员会编

有民国三十七年（1948）稿本，存于湖南图书馆。录自《湖南省地方志综合目录》第 10 页。《总目提要》18－21 郭翠柏提要著录为《宁乡县事纪要》，断限自民国三十年（1941）至民国三十八年（1949）四月，两者略有差异。

［民国］宁乡乡土讲义十五课

联目 671

佚名编

有民国间石印本，存于湖南图书馆。录自《湖南省地方志综合目录》第 10 页。《总目提要》18－21 郭翠柏提要著录为《宁乡乡土讲义十五节》，全编约 3000 字。

［民国］宁乡县志纪事篇

联目 671

佚名编

有稿本存于湖南图书馆。录自《湖南省地方志综合目录》第 9 页。《总目提要》18－21 郭翠柏提要著录是篇记事自三国吴废帝太平二年（257）立新阳县（今宁乡）起，至清宣统三年（1911）辛亥革命止，全篇 16000 字。

广东省

南方草木状三卷

联目 673

(晋)稽含纂

所载皆岭表之物。有《四库全书》本、《百川学海》本、《汉魏丛书》本、《格致丛书》本、《龙威秘书》本。录自张国淦《中国古方志考》第 591 页。

广州记

联目 673

(晋)顾微纂

魏晋时之广州,乃含今广东、广西之地,非仅指今广州也。书有清马俊良辑《说郛杂著》本、王谟《汉唐地理书钞》辑本。录自张国淦《中国古方志考》第 593 页。

南越志八卷

联目 673

(南朝宋)沈怀远纂

书有清马俊良辑《说郛杂著》本、王谟《汉唐地理书钞》辑本、乌程严可均辑本。录自张国淦《中国古方志考》第 594 页。

[康熙]广东舆图十二卷

联目 671

(清)蒋伊、韩作栋等撰

国家图书馆藏有清康熙二十四年(1685)韩作栋刻本。录自《北京图书馆古籍珍本丛刊(拟目)》第 16 页。

[民国]广东地方志纪要附图

联目 671

广东省民政厅编

有民国二十三年(1934)刊本,存于广州图书馆。录自欧安年《现存广州及所属八县方志书目》(载《广州修志通讯》1986 年第 1 期,第 37 页)。

[民国]广州城防志六卷

联目 674

黄佛颐撰

有民国三十七年(1948)《广东丛书》本,存于广东省立中山图书馆。录自欧安年《现存广州及所属八县方志书目》(载《广州修志通讯》1986 年第 1 期,第 36 页)。《总目提要》19 – 11 有倪俊明提要。

广州府志

联目 674

佚名编纂

卷数未详。仅存《永乐大典》卷 11905、11906、11907 收入之三卷(从建置至人物、碑刻)。录自李默《广东方志要录》(广东省地方志编委会办公室,1987 年印行本)第 18 页。

广州人物传一册

联目 674

佚名辑

辑自《顺德府志》《广州府志》,有抄本存于广东省立中山图书馆。录自欧安年《现存广州及所属八县方志书目》(载《广州修志通讯》1986 年第 1 期,第 36 页)。

广州人物传二十四卷

联目 674

黄佐纂

有广州重印本,存于广东省立中山图书馆。录自欧安年《现存广州及所属八县方志书目》(载《广州修志通讯》1986 年第 1 期,第 36 页)。

[同治]广州乡贤传四卷

联目 674

(清)潘元、谭莹编纂

有清同治元年(1862)本,存于广东省立中山图书馆。录自欧安年《现存广州及所属八县方志书目》(载《广州修志通讯》1986 年第 1 期,第 36 页)。

海珠志十一卷

联目 674

(清)李琯朗纂

有清乾隆十九年(1754)刊本,存于上海图书馆。录自陈光贻《稀见地方志提要》第 862 页。

[康熙]从化县志十二卷

联目 675

(清)孙绳修 (清)李光升纂

有清康熙元年(1662)本,存于国家图书馆(仅存卷一至十)。录自陈春声《现存广东地方志数量补遗》(载《广东地方志通讯》1985 年第 1 期,第 30 页)。李默《广东方志要录》第 51 页有介绍,谓广东存有据国家图书馆本的缩微胶卷。

[康熙]龙门县志

联目 676

(清)章焯修纂

有清康熙五十一年(1712)刻本,存于中国社会科学院考古研究所。录自欧安年《现存广州及所属八县方志书目》(载《广州修志通讯》1986 年第 1 期,第 34 页),又见陈春声《现存广东地方志数量补遗》(载《广州修志通讯》1986 年第 1 期,第 30 页)。

续番禺志稿

联目 678

凌孟征撰

存于广东省立中山图书馆。录自陈春声《现存广东地方志数量补遗》(载《广州修志通讯》1986 年第 1 期,第 28 页)。

[宣统]英德县续志

联目 681

(清)邓士芬、凌鹤书撰

有清宣统三年(1911)本,存于广东省立中山图书馆。录自陈春声《现存广东地方志数量补遗》(载《广州修志通讯》1986 年第 1 期,第 31 页)。

［康熙］清远县志十一卷

联目 681

（清）刘士骥修

有清康熙二十六年（1687）刻本，存于日本内阁文库。录自《总目提要》19－16
倪俊明提要。

［道光］连山厅志

联目 681

（清）姚東之纂

未有单刻本，只见收入《且看山人文集》及《岭海异闻录》。录自陈光贻《稀见
地方志提要》第 898 页。

［嘉靖］惠州大记六卷

联目 683

（明）郑维新纂

有明嘉靖七年（1528）刻本，存于宁波天一阁，又有上海书店《天一阁明代方志
选刊续编》本。录自李默《广东方志要录》第 171 页。《总目提要》19－56 有丁和平
提要。

［民国］博罗县志稿八卷首一卷

联目 684

张友仁纂修

有民国三十七年（1948）稿本，存于广东省立中山图书馆。录自李默《广东方
志要录》第 182 页。

［万历］永安县志九卷

联目 685

（明）苏民望修　　（明）萧时中纂

有明万历二十二年（1594）刻本的胶卷本，存于科技大学图书馆。录自李默
《广东方志要录》第 186 页。

［同治］永安县志

联目 685

（清）万修廉、张序枝修纂

有清同治九年（1870）本，存于国家图书馆。录自陈春声《现存广东地方志数量补遗》（载《广州修志通讯》1986 年第 1 期，第 31 页）。

［光绪］龙川县志十六卷

联目 685

（清）谢宝文撰

有清光绪二十三年（1897）本，存于中国科学院南京地理与湖泊研究所。录自陈春声《现存广东地方志数量补遗》（载《广州修志通讯》1986 年第 1 期，第 32 页）。李默《广东方志要录》第 199 页著录谓刻本上海图书馆有藏。

［嘉靖］程乡县志八卷

联目 685

（明）陈应奎、赖存业修纂

明嘉靖二十年（1541）修纂，至清康熙三十年（1691）始有刻本。国内久已不存，仅日本东洋文库存一孤本。20 世纪 90 年代方从国外引回，经广东省立中山图书馆王洁玉、林子雄和梅州建英图书馆程志远、谢维怀标点、整理，由广东省立中山图书馆典藏部出版。录自梅翁《〈程乡县志〉今已还原标点付梓》（载《广东史志》1993 年第 2 期，第 76 页）。

［康熙］镇平县志

联目 687

（清）张淙纂

有清康熙本存于浙江图书馆。录自陈春声《现存广东地方志数量补遗》（载《广州修志通讯》1986 年第 1 期，第 38 页）。《联合目录》第 687 页著录有《［康熙］镇平县志》八卷，程梦简修、黄殿楫纂，有清康熙嘉树堂刻本，残卷一至五存于国家图书馆，上海、广东有胶卷。此两《［康熙］镇平县志》，其间关系如何，有待进一步研究。

潮州三阳志辑稿十二卷

联目 690

（明）鲍侃辑纂　　（明）陈香白辑校

辑自《永乐大典》卷 5343、5345。有 1989 年中山大学出版社铅印本，与《潮州三阳图志辑稿》合刊,为《岭南丛书》之一种。录自《总目提要》19－27 何卜吉提要。又见陈光贻《〈辑本潮州三阳志〉概况》(载《玉溪方志通讯》1984 年第 1 期,第 18 页)。陈春声《现存广东地方志数量补遗》(载《广州修志通讯》1986 年第 1 期,第 29 页)著录为:《潮州府志》三卷,(清)赵嗣纂,存于国家图书馆。李默《广东方志要录》第 104 页著录有《潮州府志三卷》,亦注明系"《永乐大典》卷 5343、5345 十三肖、潮字号,抄本,叙事至明永乐元年(1403),缺 5344。1956 年中华书局据《永乐大典》影印"。

［民国］南澳县志二十五卷首一卷

联目 691

陈光烈修

是书为日本侵占时期,纂者 1943 年受伪南澳县长许伟斋之聘而纂。1945 年完成,曾由汕头《岭南日报》刊载,仅载得五分之一,因日本投降而中辍,稿的正本由许伟斋、陈汉英、杨世泽等收存。1950 年被作为"敌伪反动档案"而焚毁,仅剩 8 页,副本则由陈光烈保存,他还继续修改,1949 年携至香港,存于香港大学冯平山图书馆。录自陈春声《一部鲜为人知的县志——介绍民国三十四年〈南澳县志〉》(载《广东史志》1986 年第 3 期,第 40 页)。《总目提要》19－31 有倪俊明提要。李默《广东方志要录》第 147 页有著录。

［民国］饶平县志补订二十二卷首一卷

联目 691

陈光烈纂修

是志陈氏于民国三十七年(1948)八月始纂于香港,1951 年成稿,未刊,仅有手稿存于香港大学冯平山图书馆。录自《总目提要》19－31 蒋志华提要。李默《广东方志要录》第 127 页有著录。

［万历］东里志

联目 691

(明)陈天资修纂

属饶平县。修成于明万历间。录自汤擎民《漫谈〈东里志〉》(载《潮州》1994 年第 2 期,第 9 页)。编者存有饶平县地方志编委会办公室、《东里志》校订注释领导小组校订、2001 年印行本。

[嘉庆]海阳县志

联目 691

(清)唐文藻纂

有清嘉庆二十四年(1819)本,存于广东省立中山图书馆。录自陈春声《现存广东地方志数量补遗》(载《广州修志通讯》1986 年第 1 期,第 32 页)。

[康熙]海丰县志

联目 692

(清)胡公纂修

有清康熙十年(1671)刻本,存于中山大学图书馆。录自陈春声《现存广东地方志数量补遗》(载《广州修志通讯》1986 年第 1 期,第 32 页)。

[康熙]惠来县志十八卷

联目 692

(清)查曾荣纂修

有清康熙四十四年(1705)刻本,存丁广东省立中山图书馆、中山大学图书馆、华南师范大学图书馆。录自王琳乾《汕头方志述略(下)》(载《广东地方志通讯》1985 年第 3 期,第 28 页)。李默《广东方志要录》第 128 页有著录。

[民国]陆丰县志

联目 693

马斯臧撰

有民国二十三年(1934)本,存于上海图书馆(徐家汇藏书楼)。录自陈春声《现存广东地方志数量补遗》(载《广州修志通讯》1986 年第 1 期,第 32 页)。李默《广东方志要录》第 193 页有著录。

[大德]南海志

联目 694

(元)陈大震纂

记事止于元致和元年(1328),书存于天一阁。录自陈春声《现存广东地方志数量补遗》(载《广州修志通讯》1986 年第 1 期,第 30 页)。张国淦《中国古方志考》第 599 页著录为二十卷,谓有元大德残本、张国淦《永乐大典》辑本。

［乾隆］三水县志

联目 695

（清）葛德新撰

有清乾隆五十年（1785）本，存于中山大学图书馆。录自陈春声《现存广东地方志数量补遗》（载《广州修志通讯》1986 年第 1 期，第 30 页）。

［万历］崖山志五卷

联目 697

（明）黄淳纂

崖山，在新会县南 80 里，此署名崖山志，实崖山地区之志，非单纯山志也。明万历三十九年（1611）修成，有清递补刊本，存于上海图书馆。录自陈光贻《稀见地方志提要》第 865 页。

赤溪什志二卷

联目 699

（清）金武祥纂

有清光绪十七年（1891）刻本、《粟香室丛书》本。录自李默《广东方志要录》第 85 页。

赤溪直隶厅志

联目 699

（清）金武祥纂

有清光绪十七年（1891）刻本，存于中央民族大学图书馆。录自陈春声《现存广东地方志数量补遗》（载《广州修志通讯》1986 年第 1 期，第 39 页）。

［民国］赤溪县志八卷首一卷

联目 699

王大鲁修　赖际熙纂

始修于民国九年（1920），当年竣事。有民国十五年（1926）刻本、台北成文出版社《中国方志丛书》影印本。录自《总目提要》19 – 43 蒋志华提要。

琼志撷录

联目 700

（清）杨光鼐辑

有稿本存于上海图书馆。录自陈光贻《稀见地方志提要》第 865 页。

［万历］琼州府志十二卷

联目 700

（明）欧阳璨等修　（明）陈于宸等纂

有明万历四十五年（1617）刊本。今仅见书目文献出版社（今国家图书馆出版社）《日本藏中国罕见地方志丛刊》本。录自《总目提要》19 - 79 谢晖提要。

［民国］琼崖志

联目 700

王国宪编

民国二十年（1931）编成，仅残 2 册存于海口市图书馆。录自陈波《一部鲜为人知的海南地方志》（载《海南史志》1990 年第 1 期，第 53 页）。

［民国］调查西沙群岛报告书七章

联目 700

沈鹏飞编

民国十七年（1928），国民政府政治会议广州分会，发起并组织西沙群岛调查队，编纂者沈氏参与调查结束后撰成此稿，民国十八年（1929）铅印。录自《总目提要》19 - 87 蒋志华提要。

［光绪］会同县志一种

联目 702

（清）宋恒坊修纂

有清光绪二十七年（1901）本，存于广东省立中山图书馆。录自王君伟《解放前海南修志简介》（载《海南史志》1990 年创刊号，第 59 页）。

［康熙］陵水县志

联目 704

（清）潘廷侯纂

有清康熙十七年（1688）本，乃《联合目录》已著录高首标修纂清康熙十二年（1673）本之订补本，存于广东省立中山图书馆。录自王君伟《解放前海南修志简

介》(载《海南史志》1990 年创刊号,第 61 页)

[道光]陵水县志

联目 704

(清)甘家斌撰

有清道光十五年(1835)本,存于北京大学图书馆。录自陈春声《现存广东地方志数量补遗》(载《广东地方志通讯》1985 年第 1 期),又见王君伟《解放前海南修志简介》(载《海南史志》1990 年创刊号)。

崖州志二卷

联目 704

(清)李如柏、张擢士修纂

有清康熙三十三年(1694)手抄本,存于中国科学院文献情报中心。录自王君伟《解放前海南修志简介》(载《海南史志》1990 年创刊号)。《联合目录》第 704 页著录有李如柏修、黄德厚纂清乾隆二十年(1755)《崖州志》十卷。李氏所修前后两志,间隔 61 年,且卷数亦大异,两志均为其亲历者,可能性不是很大。殆黄德厚纂之十卷本,系在前张擢士志基础上续修而成,仍署李如柏主修者也。未敢必,仅录以待考

阳春县志十八卷

联目 706

(清)王博厚修　(清)刘宗湘等纂

有清雍正八年(1730)刻本,存于浙江图书馆。录自李默《广东方志要录》第 305 页。《总目提要》19 - 46 有林子雄提要作十七卷。

雷州记一卷

联目 708

(清)李廷綮撰

录自骆伟《李廷綮〈雷州记〉简介》(载《广东史志》1986 年第 1 期,第 53 页)。

[康熙]广宁县志

联目 710

(清)宁尧彩撰

有清康熙三十三年(1694)本,存于浙江图书馆。录自陈春声《现存广东地方志数量补遗》(载《广东地方志通讯》1985年第1期,第34页)。

[乾隆]西宁县志

联目 712

(清)杨应琚撰

有清乾隆二十年(1755)本,存于中山大学图书馆。录自陈春声《现存广东地方志数量补遗》(载《广东地方志通讯》1985年第1期,第37页)。

广西壮族自治区

桂苑珠丛一卷

联目 715

（隋）诸葛颖原纂

清马国翰辑本，一卷，收入《玉函山房辑佚书·经编·小学类》。又有清黄奭辑本一卷，收入《黄氏逸书考·汉学堂经解》。广西民族学院（今广西民族大学）有藏。录自广西壮族自治区通志馆、广西壮族自治区图书馆、桂林图书馆编《广西地方史志文献联合目录（上）》（广西人民出版社，1988 年版）第 299 页。

桂苑丛谈

联目 715

（唐）冯翊撰

收入商务印书馆《说郛》卷七。广西民族学院（今广西民族大学）有藏。录自《广西地方史志文献联合目录（上）》第 299 页。

［万历］殿粤要纂四卷

联目 715

（明）杨芳修　（明）詹景凤纂

属兵要地志图说一类。有明万历三十四年（1606）刊本，国家图书馆存胶卷。原刊本藏于日本内阁文库，1990 年 1 月，日本来华的留学生菊池秀明，将原刊本复印赠回给广西壮族自治区通志馆。录自吴景熙《国内现存稀见明代方志刊本及胶卷本草目》（载《中国地方志》1985 年第 5 期）。

广西图经

联目 715

（明）黄佐纂

有刻本存于宁波天一阁、广西桂林图书馆（原广西第一图书馆）。录自广西壮族自治区通志馆资料室编《广西地方志总目录（初稿）》（载《广西地方志通讯》1983 年第 1 期，第 42 页）。

[万历]西事珥八卷峤南琐记二卷

联目 715

（明）魏浚纂修

有明万历四十一年（1613）刊本，存于上海图书馆。录自陈光贻《稀见地方志提要》第 901 页。《四库全书总目提要》卷七十七《史部·地理类存目六》有著录，谓是书"虽不立地志之名，然核其编次，固地志之类，但不列门目耳"。

越峤书

联目 715

（明）李文凤编

有据清嘉庆本油印线装 6 册，存于广西师范大学图书馆。录自《广西地方史志文献联合目录（上）》第 300 页，同书页还著录有清李文凤编《越峤书》二十卷，存于广西壮族自治区图书馆。同一纂者，一注为明人，一注为清人，著录要素亦不尽相同，需要进一步考确。

两广纪略一册

联目 715

（清）华复蠡撰

有清光绪十年（1884）刊本，存于广西壮族自治区博物馆。录自《广西地方史志文献联合目录（上）》第 296 页。

[光绪]两广便览

联目 715

（清）李应环纂

清光绪二十四年（1898）修，有胶卷存于广西壮族自治区图书馆（原广西第二图书馆）。录自《广西地方志总目录附录（初稿）》（载《广西地方志通讯》1983 年第 1 期，第 83 页）。

两粤瑶俗记

联目 715

（清）魏祝亭撰

收入《小方壶斋舆地丛钞再补辑》第八帙，广西壮族自治区通志馆、广西民族学院(今广西民族大学)图书馆有藏。录自《广西地方史志文献联合目录(上)》第268页。

瑶山调查专号

联目 715

国立中山大学语言历史学研究所编辑

载于《国立中山大学语言历史研究所周刊》第四集(1928年)第46、47两期合刊,广西壮族自治区图书馆、桂林图书馆有藏。录自《广西地方史志文献联合目录(上)》第268页。

瑶山调查

联目 715

辛树帜、石声汉著

原载《国立中山大学语言历史研究所周刊》第42期,有广西桂林图书馆1983年复印本。录自《广西地方史志文献联合目录(上)》第268页。

两广瑶族调查

联目 715

庞新民著

有民国二十四年(1935)上海中华书局印行本,广西壮族自治区图书馆、桂林图书馆、广西壮族自治区博物馆、广西师范大学图书馆均有藏。录自《广西地方史志文献联合目录(上)》第269页。

广西瑶山调查

联目 715

胡元倓著

广西壮族自治区图书馆存有1935年的版本。录自《广西地方史志文献联合目录(上)》第269页。

广西象平间瑶民之村落

联目 715

徐益棠著

存于广西壮族自治区图书馆。录自《广西地方史志文献联合目录(上)》第270

页。原注有"节录《边政公论》第 3 卷第 2 期,38－43 页"。

广西考略一种

联目 715

(清)龚柴撰

收入《小方壶斋舆地丛钞》第一帙,广西壮族自治区通志馆、广西师范大学、广西民族学院(今广西民族大学)均有藏。录自《广西地方史志文献联合目录(上)》第 298 页。

［道光］(广西)省志摘览二卷

联目 715

(清)了圆抄辑

有清道光八年(1828)刻本,存于吉林师范大学图书馆、桂林图书馆。又有清光绪五年(1879)刻本,存于广西壮族自治区档案馆。清光绪二十年(1894)刻本,存处颇多。录自《广西地方志总目录(初稿)》(载《广西地方志通讯》1983 年第 1 期,第 41 页)。《总目提要》20－9 有阳剑宏提要。《广西方志提要》第 48 页有详介。

广西方舆汇编·职方典

联目 715

(清)蒋廷锡等纂辑

为辑取《古今图书集成·方舆汇编职方典》之广西部分而成。有清光绪十六年(1890)石印本 25 册,广西壮族自治区图书馆、桂林图书馆、广西壮族自治区通志馆均有存。录自《广西地方史志文献联合目录(下)》第 43 页。

［同治］广西全省地舆图说

联目 715

(清)苏凤文纂

清同治五年(1866)纂修。有石印本 1 册,存于广西壮族自治区博物馆。录自《广西地方志总目录(初稿)》(载《广西地方志通讯》1983 年第 1 期,第 42 页)。

［乾隆］广西舆图

联目 715

(清)朱椿撰

有清乾隆三十九年(1774)刻本,存于广西壮族自治区博物馆。录自《广西地方志总目录(初稿)》(载《广西地方志通讯》1983年第1期,第42页)。

[光绪]广西舆地全图二卷

联目 715

清北洋机器总局图算学堂重绘 (清)张联桂审检

有清光绪二十一年(1895)线装本,存于桂林图书馆。又有清光绪三十一年(1905)合肥李经义重印本,广西壮族自治区图书馆及桂林图书馆有存。录自《广西地方史志文献联合目录(上)》第310页。

广西全省分界地图一册

联目 715

广西省政府民政厅编制

有民国二十三年(1934)本,存于广西壮族自治区图书馆。录自《广西地方史志文献联合目录(上)》第310页。

广西全省分县地图一册

联目 715

广西省政府民政厅编制

有民国二十三年(1934)本,存于广西壮族自治区博物馆、桂林图书馆。录自《广西地方史志文献联合目录(上)》第310页。

广西分县图

联目 715

军令部陆地测量总局第三队、军事委员会军令部测量总局编纂

民国六年(1917)调查,民国二十七年(1938)编修,民国二十八年(1939)制版。存于桂林图书馆。录自《广西地方史志文献联合目录(上)》第310页。

新广西地图

联目 715

卫国民编纂

有民国二十七年(1938)九月南宁强华书局印本,存于桂林图书馆。录自《广西地方史志文献联合目录(上)》第311页。

广西

联目 715

（清）李理编著

编于清光绪三十一年（1905），有商务印书馆发行本，存于广西壮族自治区图书馆。录自《广西地方史志文献联合目录（上）》第 296 页。

广西（广舆记卷之二十）

联目 715

（清）蔡九霞辑

存于广西壮族自治区图书馆、广西民族学院（今广西民族大学）图书馆。录自《广西地方史志文献联合目录（上）》第 296 页。

分省地志——广西一册

联目 715

方光汉著

有中华印书局民国二十八年（1939）印行本，存于广西壮族自治区图书馆、档案馆。录自《广西地方史志文献联合目录（上）》第 297 页。

支那省别全志（广西省）

联目 715

日本东亚同文会编

有 1917 年精装 1 册，存于广西壮族自治区图书馆。录自《广西地方史志文献联合目录（上）》第 296 页。

粤西种人图说

联目 715

（清）佚名撰

收入《小方壶斋舆地丛钞》第八帙，广西壮族自治区通志馆、广西民族学院（今广西民族大学）有藏。录自《广西地方史志文献联合目录（上）》第 273 页。

广西地理一册

联目 715

陈正祥著

有上海正中书局民国三十五年(1946)印行本,存于广西壮族自治区图书馆、广西壮族自治区档案馆、桂林图书馆、广西师范大学图书馆。录自《广西地方史志文献联合目录(上)》第297页。

广西地理一册

联目715

莫一庸等编著

有桂林文化供应社民国三十六年(1947)发行本,存于广西壮族自治区图书馆、通志馆、档案馆、社会科学院及广西师范大学图书馆。录自《广西地方史志文献联合目录(上)》第297页。

[民国]广西修志纲目一册

联目715

广西修志局纂

有民国间排印本,存于桂林图书馆。录自《广西地方志总目录(初稿)》(载《广西地方志通讯》1983年第1期,第42页)。

广西郡邑建置沿革表五卷

联目715

黄诚沅撰

有民国二十四年(1935)南宁大成印书馆印行本,存于广西壮族自治区博物馆、档案馆及桂林图书馆、广西师范大学图书馆等处。录自《广西地方史志文献联合目录(上)》第297页。

前清广西建置及旧有职官乡镇表二册

联目715

佚名编

有民国十六年(1927)排印本,存于广西壮族自治区图书馆、档案馆及桂林图书馆、广西师范大学图书馆。录自《广西地方史志文献联合目录(上)》第297页。

[同治]广西全省舆地道里备览

联目715

（清）严正圻纂

有桂林广文堂清同治三年(1864)刻本,存于吉林省图书馆。1964 年据吉林本抄本,存于广西桂林图书馆。录自《广西地方史志文献联合目录(上)》第 309 页(在同书 310 页,著录有清严正圻纂辑《广西全省疆域舆图道里备览》,纂者同,书名略异,亦是刻于清同治三年,存于广西壮族自治区博物馆)。

广西兵要地理

联目 715

未著编纂者姓名。存于广西师范大学图书馆、桂林图书馆。录自《广西地方志总目录(初稿)》(载《广西地方志通讯》1983 年第 1 期,第 83 页)。

广西兵要地志概说一册

联目 715

未著编者姓名,注明编于昭和十二年(1937)。存于广西壮族自治区档案馆。录自《广西地方志总目录(初稿)》(载《广西地方志通讯》1983 年第 1 期,第 83 页)。

广西近代经籍志一册

联目 715

蒙起鹏、方程文纂

有民国二十三年(1934)南宁大成印书馆印行本,存于广西壮族自治区图书馆、桂林图书馆、广西师范大学图书馆。录自《广西地方史志文献联合目录(上)》第 323 页。

广西近代经籍志

联目 715

马冠麒纂

有民国二十二年(1933)本,存于广西壮族自治区档案馆。录自《广西地方史志文献联合目录(上)》第 324 页。

广西乡土地理稿一册

联目 715

（清）梁培编

有清光绪三十三年(1907)稿本,存于广西壮族自治区博物馆。录自《广西地方史志文献联合目录(上)》第 296 页。

广西乡土地理一册

联目 715

广西第一巡警教练所编

有清末铅印本,存于桂林图书馆。录自《广西地方史志文献联合目录(上)》第 296 页。

广西乡土历史教科书一册

联目 715

(清)佚名编

有清宣统元年(1909)广西官书局排印本,存于广西桂林图书馆。录自《广西地方史志文献联合目录(上)》第 236 页。

粤西金石略十五卷

联目 715

(清)谢启昆撰

有清嘉庆六年(1801)铜鼓亭刊本,存于广西自治区图书馆、桂林图书馆、广西民族学院(今广西民族大学)图书馆。录自《广西地方史志文献联合目录(上)》第 294 页。

广西石刻志稿

联目 715

林半觉辑

有民国间抄本,线装 9 册,存于桂林图书馆。录自《广西地方史志文献联合目录》第 295 页。

粤西稽古录一册

联目 715

佚名编纂

存于广西壮族自治区博物馆。录自《广西地方史志文献联合目录》第 295 页。

广西历代大事年表

联目 715

杨守真编著

有广西省政府编译委员会民国二十九年（1940）编印本，广西壮族自治区图书馆、桂林图书馆、广西师范大学图书馆均有藏。录自《广西地方史志文献联合目录（上）》第 230 页。

［民国］广西通志（地质）一册

联目 715

叶鸣平纂

民国三十七年（1948）修。有抄本存于广西壮族自治区通志馆。录自《广西地方志总目录（初稿）》（载《广西地方志通讯》1983 年第 1 期，第 83 页）。

清代广西大事资料

联目 715

韦燕章等编

有线装 1 册、线装 5 册两种本子，广西壮族自治区图书馆、广西壮族自治区通志馆、桂林图书馆有藏。录自《广西地方史志文献联合目录（上）》第 235 页。

广西大事记

联目 715

蒲杏庠编

记事起止为民国元年至十九年（1912—1930）。有广西省政府编译委员会民国二十九年（1940）印行本，存于广西桂林图书馆。录自《广西地方史志文献联合目录（上）》第 236 页。

民国二十年来广西大事记一册

联目 715

广西省政府编

有民国二十八年（1939）印行本，存于广西壮族自治区社会科学院、广西壮族自治区博物馆。录自《广西地方史志文献联合目录（上）》第 236 页。

广西大事记

联目 715

闭树准编

记事起止为民国二十八年（1939）五月至民国三十四年（1945）底。有线装抄本 40 页，存于广西壮族自治区图书馆、广西壮族自治区通志馆、桂林图书馆。录自《广西地方史志文献联合目录（上）》第 236 页。

广西大事记

联目 715

吕清夷编著

有据吕日淬原抄本的再抄本，存于广西壮族自治区通志馆、桂林图书馆。录自《广西地方史志文献联合目录（上）》第 237 页。

广西大事记一册

联目 715

广西省政府编

存于广西师范大学图书馆。录自《广西地方史志文献联合目录（上）》第 237 页。

广西大事记

联目 715

佚名编

记事止于民国三十五年（1946）。有线装抄本 2 册，存于广西壮族自治区图书馆、桂林图书馆。录自《广西地方史志文献联合目录（上）》第 236 页。

抗战两年大事记

联目 715

广西省党部编辑出版

有 1939 年版本 1 册，存于广西壮族自治区博物馆、桂林图书馆。录自《广西地方史志文献联合目录（上）》第 262 页。

南宁府志六卷

联目 716

佚名纂

此为从《永乐大典》辑得本。录自《广西地方志提要》第 61 页。《总目提要》
20－11 阳剑宏著录作"《［永乐］南宁府志》六卷"。

［民国］南宁社会概况一册

联目 716

广西省政府总务处统计室编辑

存于广西壮族自治区档案馆,广西壮族自治区通志馆有复印本。录自《总目提
要》20－12 黄启文、阳剑宏提要。

［民国］武缘乡土志

联目 716

黄诚沅编

民国元年(1912)修成。有民国间抄本 1 册,存于武鸣县档案馆,广西壮族自治
区通志馆存有复印本。录自吕克兴《〈武缘乡土志〉介绍》(载《广西地方志通讯》
1986 年第 1 期,第 53 页)。《广西地方史志文献联合目录(下)》第 4 页有著录,《总
目提要》20－14 有杨邦礼提要。

思恩府图说一册

联目 717

今武鸣县地也。有清抄本存于广西桂林档案馆,广西壮族自治区通志馆存有
复印本。录自《广西地方志总目录(初稿)》(载《广西地方志通讯》,1983 年第 1
期,第 43 页)。

［民国］隆山县志舆图

联目 717

佚名纂

有民国间抄本。录自广西壮族自治区通志馆编《广西方志提要》(广西人民出
版社,1988 年版)第 87 页。《总目提要》20－21 有黄启文提要。

［民国］那马县志草略

联目 717

林锦臣主编

民国二十一年(1932)编成,有民国二十二年手稿本。该稿本 1980 年 4 月由马山县周鹿乡望周屯林世就老人献出。1985 年马山县县志办公室加以修订标点,出版排印本。录自《广西地方志总目录(初稿)》(载《广西地方志通讯》1983 年第 1 期,第 44 页)。《总目提要》20 – 21 有阳剑宏提要。

[民国]宾阳县乡土地理

联目 718

佚名编

有抄本 1 册,存于广西宾阳县档案馆,广西壮族自治区通志馆有复印本。录自《广西地方志总目录(初稿)》(载《广西地方志通讯》1983 年第 1 期,第 44 页)。《广西方志提要》第 101 页、《总目提要》20 – 23 均有提要。

[民国]横县志十一编

联目 718

王文效、谢凤训等纂

有民国三十一年(1942)抄本 16 册,存于广西横县档案馆,广西壮族自治区通志馆有复印本。录自《广西地方志总目录(初稿)》(载《广西地方志通讯》1983 年第 1 期,第 46 页)。《广西方志提要》第 103 页陈相因提要谓总编辑为横县第一高等小学教员王辑熙,纂于民国三十一年(1942),次年编成。《总目提要》20 – 24 阳剑宏提要略同于《广西方志提要》。

[民国]横县志

联目 718

闵健才、雷树本、覃锡犹纂

有民国三十二年(1943)抄本 10 册,存于广西横县档案馆。录自《广西地方志总目录(初稿)》(载《广西地方志通讯》1983 年第 1 期,第 46 页)。

[雍正]永淳县志

联目 718

(清)朱肇基纂

有清雍正九年(1731)本,原广西永淳县修志局藏,今存于广西横县地方志办公室。录自《广西地方志总目录(初稿)》(载《广西地方志通讯》1983 年第 1 期,第 46 页)。

［光绪］永淳县志

联目 718

（清）杨怀震修

有清光绪二十六年（1900）稿本，残一册存于广西桂林图书馆。录自《广西地方志总目录（初稿）》（载《广西地方志通讯》1983 年第 1 期，第 47 页）。《广西方志提要》第 107 页有秦邕江提要。《总目提要》20 - 24 阳剑宏提要谓有民国九年（1920）抄本，增补了《［民国］永淳县志》主修黄天锡的《咸丰丁巳黄氏列难先烈墓志》一文。由此可见，《联合目录》第 718 页著录的民国十三年（1924）抄本之前，已有清光绪二十六年和民国九年两个抄本了。

永淳县地方治乱纪要一卷

联目 718

陈尔训纂

有抄本存于广西壮族自治区档案馆。录自《广西地方志总目录（初稿）》（载《广西地方志通讯》1983 年第 1 期，第 84 页）。

［雍正］太平府志

联目 719

（清）佚名编

清雍正四年（1726）甘汝来修《太平府志》五十卷本之摘编本，摘编年月未详。有民国间及 1957 年 7 月广西第二图书馆之两种油印本。广西壮族自治区通志馆有据 1957 年油印本之抄本。录自《总目提要》20 - 26 阳剑宏提要。

思陵土州志

联目 719

土司韦延寿之十六代玄孙、号凤奄斋者修订、参辑、叙定、检校

思陵土州"改土归流"后并入思乐县，1952 年 7 月，思乐、宁明、明江三县合为宁明县。是志由凤奄斋之子韦振超于清光绪五年（1879）抄出，为其后人所保存。录自《总目提要》20 - 27 伍桂生提要。《广西地方志总目录（初稿）》（载《广西地方志通讯》1983 年第 1 期，第 49 页）著录谓广西师范大学图书馆、广西第一、第二图书馆及广西宁明县地方志办公室均存有抄本或复印本。

庆远府图说一册

联目 720

（清）佚名修

有抄本存于广西桂林档案馆，广西壮族自治区通志馆存有复印本。录自《广西地方志总目录（初稿）》（载《广西地方志通讯》1983 年第 1 期，第 52 页）。

［民国］万承县志

联目 720

佚名编

地今属大新县。有残传抄本 1 册，存于广西壮族自治区图书馆。录自《总目提要》20－28 阳剑宏提要。《广西方志提要》第 137 页有思凡提要。《广西地方史志文献联合目录（下）》第 11 页有著录。

［民国］东兰县政纪要一册

联目 721

蒋晃修

有民国三十六年（1947）桂林职业学校附属印刷厂铅印本，存于广西壮族自治区图书馆、广西壮族自治区通志馆、广西壮族自治区博物馆。录自《总目提要》20－31 黄启文提要。《广西方志提要》第 164 页有陈相因提要。《广西地方史志文献联合目录（下）》第 14 页有著录。《广西地方志总目录（初稿）》（载《广西地方志通讯》1983 年第 1 期）列入附录中。

［民国］都安县志

联目 721

佚名编纂

记事至民国三十六年（1947）。录自《总目提要》20－31 阳剑宏提要，其中推测，可能是民国三十五至三十七年（1946—1948）任都安县长的张文杰所纂都安志稿之一部分，记事止于民国三十六年。有 1979 年都安县图书馆油印本。

［道光］罗城县志四卷

联目 721

（清）万文芳、阮正惠修　（清）李化人、朱明伦纂清道光十九年(1839)始修,记事止于清道光二十四年(1844)。清光绪间有柳州觉非印书社据清道光刻本的石印本。录自《总目提要》20 - 32 黄启文、阳剑宏提要。

［民国］罗城县志十二卷

联目 721

江碧秋修　潘宝篆纂

倡修于民国二十四年(1935),积十月而成稿印行。有民国二十七年(1938)铅印本、台北成文出版社据民国本之复印本。录自《总目提要》20 - 32 王福近、麦群忠提要。

［乾隆］柳州县志十一卷

联目 722

(清)舒启修　(清)吴光升纂

清乾隆二十九年(1764)修,有民国二十一年(1932)铅印本。录自台北成文出版社《中国方志丛书目录》第 63 页,广西第一期 126。

三江县志十一卷

联目 722

(清)佚名编纂

有摄影清嘉庆二十年(1815)传抄清乾隆五十年(1785)本。摄影本存处颇多,不具。录自《广西地方志总目录(初稿)》(载《广西地方志通讯》1983 年第 1 期,第 55 页)。

［乾隆］柳州府马平县志十卷 首一卷

联目 722

(清)舒启修　(清)吴光升纂

修于清乾隆二十七年(1762),有清乾隆二十九年刻本、清光绪二十一年(1895)重刻本、民国二十一年(1932)铅印本(迳题《柳州县志》)。录自《总目提要》20 - 15 阳剑宏提要。《广西地方史志文献联合目录(下)》第 15 页有著录。

桂林风土记一卷

联目 724

（唐）莫休符纂

唐光化二年(899)莫休符为融州刺史时纂。《新唐书·艺文志》著录作三卷，今仅存一卷。有檇李曹氏抄本，清张载华题记、杨守敬签校本，存于上海图书馆。录自陈光贻《稀见地方志提要》第902页。张国淦《中国古方志考》第624页著录有《学海类编》本，所引《郑堂读书记补逸》有言："叙述雅赡，所载唐人诸诗，多他书所未及，虽经残阙，亦可宝之帙也。"

桂林市区图

联目 724

桂林市政府工务科制

有民国三十五年(1946)元月晒制本，存于桂林图书馆。录自《广西地方史志文献联合目录(上)》第311页

桂林明清碑目略

联目 72

林半觉辑

有民国间线装抄本1册，存于桂林图书馆。录自《广西地方史志文献联合目录(上)》第295页。

[康熙]临桂县志十卷

联目 724

（清）张遴、潘弘树纂

清乾隆二十七年(1762)修，有刻本，存于中国科学院南京地理与湖泊研究所。录自《广西地方志总目录(初稿)》(载《广西地方志通讯》1983年第1期，第58页)。

恭城县修志局各乡镇采访方案一册

联目 724

恭城县修志局纂

民国三十三年(1944)纂，存于桂林图书馆。录自《广西地方志总目录(初稿)》(载《广西地方志通讯》1983年第1期，第85页)。

平乐府图说一册

联目 727

（清）佚名编纂

今平乐县地也。清代修，有抄本存于广西桂林档案馆，广西壮族自治区通志馆有复印本。录自《广西地方志总目录（初稿）》（载《广西地方志通讯》1983 年第 1 期，第 58 页）。

荔中地理讲义二编

联目 727

赖玉田编

有民国三十五年（1946）线装 1 册，存于广西壮族自治区图书馆。录自《广西地方史志文献联合目录（上）》第 298 页。

［咸丰］永宁州志

联目 727

（清）武谟纂

今永福县志也。有据清咸丰四年（1854）刻本的油印本，藏于广西壮族自治区档案馆。录自《广西地方志总目录（初稿）》（载《广西地方志通讯》1983 年第 1 期，第 66 页）。

［民国］龙胜县志二卷

联目 727

佚名修纂

有民国十四年（1925）增补重辑抄本，记事至民国十四年九月。存于桂林图书馆，广西壮族自治区通志馆有传抄本。录自《广西方志提要》第 267 页陈相因提要。《总目提要》20－43、《广西地方志总目录（初稿）》（载《广西地方志通讯》，1983 年第 1 期）、《广西地方史志文献联合目录（下）》，均有著录。

［民国］龙胜县志三卷

联目 727

廖鸿飞纂修

有民国二十二年（1933）残稿本 1 册（4 卷），存于广西龙胜县文物管理所，广西壮族自治区通志馆存有复印本。录自《广西方志提要》第 267 页。《总目提要》20－44 有阳剑宏提要。《广西地方史志文献联合目录（下）》第 25 页有著录。

［民国］龙胜县志稿二册

联目 728

陈远坤、彭怀谦、曾视远纂修

民国三十七年（1948）修，有草稿抄本（残）2 册，存于广西龙胜县档案馆，广西壮族自治区通志馆、桂林图书馆有复印本。录自《广西方志提要》第 269 页。《总目提要》20－44 阳剑宏提要谓稿本存于龙胜县文物管理所。《广西地方史志文献联合目录（下）》第 25 页有著录。

梧州府志八卷

联目 728

（明）佚名编纂

辑自《永乐大典》第 2337 至 2344 卷。录自《广西方志提要》第 271 页廖尔东提要。

［万历］苍梧总督军门志三十四卷

联目 728

（明）应贾原纂　（明）刘尧诲重纂

有明万历九年（1581）刊本，存于上海图书馆。录自陈光贻《稀见地方志提要》第 911 页，提要者谓此为关镇志体裁之最完备者。

［民国］苍梧县志十册

联目 728

佚名修纂

民国间抄本仅有第九、十两册。广西壮族自治区图书馆存有线装 2 册。录自《广西方志提要》第 280 页廖盛春提要。《总目提要》20－19 有阳剑宏提要。《广西地方史志文献联合目录（下）》第 26 页有著录。

［民国］钟山县志八篇

联目 728

卢世标总纂　潘宝疆、董香协纂

有民国二十九年（1940）油印本，存于钟山县志办公室，广西壮族自治区通志馆有传抄本，桂林图书馆存传抄本的复印本。录自《广西方志提要》第 285 页廖盛春

提要。《总目提要》20 – 44 有阳剑宏提要。《广西地方史志文献联合目录（下）》第
27 页有著录。

富川县志

联目 728

（明）张文耀修

19 世纪末为谢成章从古玩市场购得残抄本（36 页）。录自谢成章《富川发现
明代县志手抄本》（载《广西地方志》1999 年第 3 期,第 41 页）。

［光绪］岑溪县乡土志

联目 729

（清）宗仁初等小学堂编

又名《岑溪县乡土历史地理》,清宣统元年（1909）成书,有民国间抄本 1 册,存
于桂林图书馆,广西壮族自治区通志馆存有复印本。录自《广西方志提要》第 298
页陈相因提要。《总目提要》20 – 46 有阳剑宏提要。《广西地方史志文献联合目录
（下）》第 28 页有著录。

［民国］岑溪县乡土教材参考资料

联目 729

李晒编

编于民国年间,有 1957 年油印本 1 册,存于广西壮族自治区图书馆。录自《广
西方志提要》第 300 页。《广西地方史志文献联合目录（下）》第 28 页有著录。《总
目提要》20 – 46 有黄启文、阳剑宏提要。

［民国］藤城志稿

联目 729

何亮辅纂

是志自民国二十二年（1933）至三十六年（1947）,时断时续,数次编修,直至新
中国成立后,仍为稿本,记事至民国三十七年（1948）。录自《总目提要》20 – 47 阳
剑宏提要。

［民国］兴业县志六篇

联目 730

封高万纂修

有民国间抄本,存于广西玉林市档案馆。录自《广西地方史志文献联合目录(下)》第 30 页。

[民国]昭平县志

联目 730

吕璜纂

有民国二十一年(1932)修成本,存于广西壮族自治区博物馆。录自《广西地方志总目录(初稿)》(载《广西地方志通讯》1983 年第 1 期,第 70 页)。

[宣统]玉林州乡土历史教科书十五章

联目 730

(清)张佐治编辑

有清宣统元年(1909)刻本,存于广西玉林市图书馆,广西壮族自治区图书馆、桂林图书馆、广西壮族自治区通志馆存有复印本。录自《广西地方史志文献联合目录(下)》第 30 页。《广西方志提要》第 317 页陈相因提要谓此系广西所存十余种乡土志中唯一的木刻本。《总目提要》20－49 阳剑宏提要谓其记事始于汉武帝元鼎六年(公元前 111),止于清宣统元年(1909)五月。

[嘉庆]北流县志十八卷

联目 731

(清)金鼎寿修　(清)苏锡龄、高元纂

有清嘉庆间刻本。北流县图书馆存卷一至四、卷七至十五。录自《广西地方史志文献联合目录(下)》第 33 页。《总目提要》20－53 阳剑宏提要谓广东省立中山图书馆有复印本。

[民国]北流县志舆图

联目 731

佚名编纂

民国石印本 1 册。录自《广西方志提要》第 352 页思凡提要。

[光绪]北海杂录

联目 732

（清）梁鸿勋纂

有清末香港中华印务公司承印出版活字铅印本。1975 年广西北海市图书馆重印本,存于桂林图书馆、广西壮族自治区图书馆。录自《广西地方志总目录（初稿）》（载《广西地方志通讯》1983 年第 1 期,第 76 页）。《广西方志提要》第 366 页有陈相因提要。

［民国］陆川县概况一册

联目 732

李镜堂纂

有民国二十一年（1932）修成本,存于桂林图书馆。录自《广西地方志总目录（初稿）》（载《广西地方志通讯》1983 年第 1 期,第 86 页）。

［民国］防城县志十八章（初稿）

联目 734

黄知元等纂修

原拟定 18 章,实际仅完成 12 章,约 7 万字。有民国三十四年（1945）稿本。录自《总目提要》20－61 黄启文提要。

防城县调查（五）附图一张

联目 734

佚名撰

存于广西壮族自治区图书馆。录自《广西地方史志文献联合目录（上）》第 298 页。

百色志略一卷

联目 735

（清）华本松纂

收入《小方壶斋舆地丛钞补编》第七帙,存处甚多。录自《广西地方志总目录（初稿）》（载《广西地方志通讯》1983 年第 1 期,第 80 页）。

泗城府图说一册

联目 735

今凌云县地也。有清代抄本存于广西桂林档案馆,广西壮族自治区通志馆存有复印本。录自《广西地方志总目录(初稿)》(载《广西地方志通讯》1983 年第 1 期,第 83 页)。

[道光]归顺直隶州志九卷

联目 735

(清)何福祥纂修

有清道光二十八年(1848)抄本。录自《广西方志提要》第 422 页陈相因提要。《广西地方史志文献联合目录(下)》第 39 页著录谓广西壮族自治区通志馆、广西民族学院(今广西民族大学)图书馆、广西师范大学图书馆、广西社会科学院均有存本。陈相因在提要中谓台北成文出版社 1968 年影印本称,是以清道光二十八年(1848)何福祥纂修者,书名冠以《归州直隶州志》,并收有归州直隶州全图。这都比归顺州改直隶州提前了 38 年,因此提出有待考证。

[民国]田阳县志八编

联目 735

佚名修纂

有民国三十七年(1948)稿本,存于广西田阳县档案馆,广西壮族自治区通志馆有复印本。录自《广西地方史志文献联合目录(下)》第 38 页。《广西方志提要》第 415 页有陈相因提要。《总目提要》20 – 62 有阳剑宏提要。

[民国]奉议县志(草稿)

联目 735

佚名编纂

奉议县,民国二十三年(1934)撤销,今田阳县地也。有民国二十一年(1932)稿本,存于广西田阳县档案馆,有 1983 年 1 月田阳县档案馆的铅印本。录自《广西方志提要》第 417 页。《总目提要》20 – 62 有伍桂生提要。

[民国]奉议县志

联目 735

佚名编纂

有民国三十七年(1948)草稿本,存于广西田阳县。录自《广西地方志总目录(初稿)》(载《广西地方志通讯》1983 年第 1 期,第 82 页)。上述两条中,《广西方志提要》第 417 页、《总目提要》20 – 62 均只著录前一种,不及后一种,且奉议县

1934 年已撤销,因而《广西地方志总目录(初稿)》著录的这后一种,是颇存疑点的。但它既有著录,未能亲去广西实查,不便轻易否定,故仍存此以备考耳。

[民国]恩隆县志

联目 735

佚名编纂

今田东县地也。民国二十二年(1933)修,有稿本存于田东县档案馆。有 1980 年 6 月,田东县档案馆与广西壮族自治区图书馆联合翻印油印本,分别藏于广西壮族自治区图书馆、桂林图书馆等处。录自《广西地方史志文献联合目录(下)》第 39 页。《广西方志提要》第 414 页有陈相因提要。

[民国]汇集凌云县图志

联目 735

佚名编纂

系由民国三十一年(1942)蒙启光、何景熙纂之《[民国]凌云县志》摘录汇编而成,有民国三十七年(1948)抄本。录自《总目提要》20 - 61 阳剑宏提要。

四川省

华阳国志十二卷

联目 737

（晋）常璩纂

亦名《华阳国记》，记事止于晋永和三年（347），乃方志成形时之代表作。有明嘉靖张嘉胤刻本、《汉魏丛书》本、《古今逸史》本、《四部丛刊》本。录自张国淦《中国古方志考》第652页。今流传者有巴蜀书社1984年版刘琳著的《华阳国志校注》本。

四川方志简编

联目 738

李肇甫、舒君实等编

仅为"总论""分论"两部，部下再分若干小类。未刊，仅有民国二十三年（1934）抄本，存于四川省图书馆。录自何金文撰《四川方志考》（吉林省地方志编纂委员会、吉林省图书馆学会，1985年印行本）第84页。《总目提要》21-9何金文提要。

四川省概况

联目 738

四川省政府编辑

有民国二十八年（1939）印行本流传。录自何金文撰《四川方志考》第85页。

四川省历史乡土教材

联目 738

柳定生编辑

有民国三十一年（1942）铅印本。录自何金文撰《四川方志考》第85页。

西康建省记

联目 738

傅华峰编纂

有民国元年（1912）铅印本流传。录自何金文撰《四川方志考》第 85 页。

西康

联目 738

梅心如编

有民国二十三年（1934）铅印本。录自何金文撰《四川方志考》第 85 页。

西康图经（地文篇）

联目 738

任乃强编

有民国二十四年（1935）南京新亚细亚铅印本流传。录自何金文撰《四川方志考》第 85 页。

西康综览

联目 738

李亦人纂

有民国三十年（1941）中正书局铅印本。录自何金文撰《四川方志考》第 85 页。

四川各县历代沿革表

联目 738

丁晫超辑

未有刊行本，仅有抄本流传。录自何金文撰《四川方志考》第 84 页。

成都文类五十卷

联目 738

（宋）扈仲荣、程遇孙等辑

集汉至宋淳熙中相关之赋、诗、文、论共 1500 余篇，为明人杨慎等辑的《全蜀艺文志》所本。录自何金文撰《四川方志考》第 68 页。

锦里耆旧传八卷

联目 738

（宋）句延庆撰

亦名《成都理乱记》,体例近似编年,载五代十国时之前后蜀兴废之事颇详,今仅存后 4 卷。录自张国淦《中国古方志考》第 664 页。何金文撰《四川方志考》第 68 页有著录。

蜀梼杌二卷

联目 738

(宋)张唐英撰

录自何金文撰《四川方志考》第 69 页。

成都志余

联目 738

(明)佚名编纂

亦名《成都记》,有部分抄本存于重庆图书馆。录自《成都历代方志一览表》(载《成都志通讯》1986 年第 1 期,第 65 页)。

[民国]成都县志

联目 738

成都县修志局修

此志仅有部分资料。存于成都市档案馆。录自《成都历代方志一览表》(载《成都志通讯》1986 年第 1 期,第 66 页)。

[民国]成都食货志

联目 738

四川省银行经研处编

有民国间抄本,存于重庆图书馆。录自《成都历代方志一览表》(载《成都志通讯》1986 年第 1 期,第 66 页)。

[民国]双流县政概况

联目 739

张仲瑜编

有民国三十五年(1946)复印本,存于四川省图书馆。录自《成都历代方志一览表》(载《成都志通讯》1986 年第 1 期,第 66 页)。

［民国］华阳县志（古迹）

联目 740

苏兆奎编

有民国间排印本,存于四川省图书馆、重庆市博物馆。录自《成都历代方志一览表》（载《成都志通讯》1986 年第 1 期,第 66 页）。

金堂县清代文献类编

联目 740

陈时江编

有民国十三年（1924）抄本,存于四川省图书馆、四川博物院。录自何金文撰《四川方志考》第 138 页,《成都历代方志一览表》（载《成都志通讯》1986 年第 1 期,第 66 页）有著录。

重修四川通志·金堂采访录一种

联目 740

陈时江编纂

辑于民国十五年（1926）,内容及体式均按县志排列,有抄本存于四川省图书馆。录自何金文撰《四川方志考》第 138 页。

［民国］金堂县政概况

联目 740

朱彦林编

有民国三十四年（1945）抄本,存于四川省图书馆。录自《成都历代方志一览表》（载《成都志通讯》1986 年第 1 期,第 66 页）。

［民国］新重庆不分卷市内各机关一览表

联目 740

陆思红编

有民国二十八年（1939）排印本,存于北碚图书馆。录自重庆市志总编室编《重庆旧志藏书一览表》（载《重庆方志通讯》1986 年创刊号,第 29 页）。

［民国］重庆要览

联目 741

重庆市政府编

有民国三十四年(1945)排印本,存于重庆图书馆。录自《重庆旧志藏书一览表》(载《重庆方志通讯》1986 年创刊号,第 29 页)。

[民国]巴县乡土地理

联目 742

佚名编

记事至民国八年(1919),有民国间石印本,存于重庆市博物馆。录自《重庆旧志藏书一览表》(载《重庆方志通讯》1986 年创刊号,第 30 页)。

[民国]重修巴县志采访表目

联目 742

佚名编

有民国十五年(1926)排印本,存于四川省图书馆。录自《重庆旧志藏书一览表》(载《重庆方志通讯》1986 年创刊号,第 30 页)。

北碚志稿五篇北碚概况大事记

联目 742

佚名编

有 1980 年打印本,存于北碚图书馆。录自《重庆旧志藏书一览表》(载《重庆方志通讯》1986 年创刊号,第 32 页)。

北碚九志一种

联目 742

杨家骆编

有著录为中国地理研究所地理杂志社编者。此乃以科学论文方式撰写方志之试验本。有 1977 年台北市鼎文书局影印"北碚专号"本,北碚图书馆有存。录自《重庆旧志藏书一览表》(载《重庆方志通讯》1986 年创刊号,第 32 页)。

[民国]温江食货志

联目 743

四川省银行经研处编

有民国间抄本,存于重庆图书馆。录自《成都历代方志一览表》(载《成都志通讯》1986 年第 1 期,第 67 页)。

[道光]郫书六卷

联目 743

(清)孙鋘纂

完全按县志体式编纂,因系个人私纂者,不便以志名,故名为书。有清道光二十四年(1844)孙氏古棠书屋自刻本,又有清道光二十七年(1847)刻本,存于四川省图书馆。录自何金文撰《四川方志考》第 151 页。《总目提要》21－21 有何金文提要。《成都历代方志一览表》(载《成都志通讯》1986 年第 1 期,第 67 页)著录编纂者为孙琪。

郫县县政概况

联目 743

郫县县政府编

有民国三十年(1941)抄本,存于四川省图书馆。录自《成都历代方志一览表》(载《成都志通讯》1986 年第 1 期,第 67 页)。

[民国]崇宁县食货志

联目 744

四川省银行经研处编

有民国十四年(1925)刻本,存于重庆图书馆。录自《成都历代方志一览表》(载《成都志通讯》1986 年第 1 期,第 67 页)。

[民国]崇宁县县政概况

联目 744

李世丰编

有民国三十四年(1945)抄本,存于四川省图书馆。录自《成都历代方志一览表》(载《成都志通讯》1986 年第 1 期,第 67 页)。

[民国]灌县食货志

联目 744

四川省银行经研处编

有民国间抄本,存于重庆图书馆。录自《成都历代方志一览表》(载《成都志通讯》1986 年第 1 期,第 68 页)。

[民国]灌县采访册

联目 744

灌县修志馆编

有稿本存于四川省图书馆。录自《成都历代方志一览表》(载《成都志通讯》1986 年第 1 期,第 68 页)。

[嘉庆]绳乡纪略

联目 745

(清)张邦伸纂

私家所纂汉州志书也,成书于清嘉庆初,有清嘉庆间稿本,存于四川大学图书馆,又有 1960 年传抄本流传。录自《总目提要》21 - 25。

[民国]彭县食货志

联目 745

四川省银行经研处编

有民国间抄本,存于重庆图书馆。录自《成都历代方志一览表》(载《成都志通讯》1986 年第 1 期,第 68 页)。

[民国]彭县物产志

联目 745

佚名编纂

有民国间稿本,存于四川省图书馆。录自《成都历代方志一览表》(载《成都志通讯》1986 年第 1 期,第 68 页)。

[民国]新都韵言

联目 746

叶文光编

有民国二十一年(1932)刻本,存于四川省图书馆、成都市图书馆、新都县图书馆。录自何金文撰《四川方志考》第 162 页。《成都历代方志一览表》(载《成都志通讯》1986 年第 1 期,第 68 页)有著录。

[民国]四川新都县政概况

联目 746

新都县政府编

有民国三十二年(1943)排印本,存于四川省图书馆、重庆图书馆、新都县图书馆。录自《成都历代方志一览表》(载《成都志通讯》1986 年第 1 期,第 68 页)。

[民国]广汉县志略一卷

联目 746

[英]汉明灯纂

有民国十年(1921)抄本,存于四川省图书馆。录自《总目提要》21－25。

[民国]新繁县食货志

联目 746

四川省银行经研处编

有民国间抄本,存于重庆图书馆。录自《成都历代方志一览表》(载《成都志通讯》1986 年第 1 期,第 69 页)。

[民国]新津县食货志

联目 747

四川省银行经研处编

有民国间抄本,存于重庆图书馆。录自《成都历代方志一览表》(载《成都志通讯》1986 年第 1 期,第 69 页)。

[民国]蒲江县乡土地理读本蒲江县乡土历史读本蒲江县乡土地理备考

联目 747

杨子元编

有民国五年(1916)刻本,存于四川省图书馆。录自《成都历代方志一览表》(载《成都志通讯》1986 年第 1 期,第 69 页)。

[民国]蒲江县概览

联目 747

蒲江县政府编

有民国三十五年(1946)复写本,存于四川省图书馆。录自《成都历代方志一览表》(载《成都志通讯》1986 年第 1 期,第 69 页)。

[民国]崇庆县政概况

联目 748

崇庆县政府编

有民国三十五年(1946)抄本,存于四川省图书馆。录自《成都历代方志一览表》(载《成都志通讯》1986 年第 1 期,第 70 页)。何金文撰《四川方志考》有著录。

[乾隆]江油县志二卷

联目 750

(清)瞿辑曾纂修

依清雍正旧志增修而成,记事续至清乾隆二十二年(1757),有清乾隆二十六年(1761)刻本,故宫博物院及四川省图书馆均有藏,又有传抄本、影印本及 1959 年油印本流传。录自何金文撰《四川方志考》第 174 页。《总目提要》21 - 34 有何金文提要。

[民国]四川省彰明县概况

联目 751

王文彝等编

有民国三十年(1941)石印本,其后 6 年,又有刘光乾再编《彰明县概况》,有油印本流传。录自何金文撰《四川方志考》第 176 页。

广元县政概况

联目 751

广元县政府编

有民国三十五年(1946)抄本流传。录自何金文撰《四川方志考》第 177 页。

[民国]遂宁文献一种

联目 753

佚名纂

为甘涛、王懋昭修纂《[民国]遂宁县志》时采访所得,附有未署名的序文一篇。

有民国十三年(1924)抄本,存于四川省图书馆。录自何金文撰《四川方志考》第189页。

[民国]潼南县经纬度商榷书二卷

联目754

吴汝霖撰

有民国间石印本,存于四川省图书馆。录自《重庆旧志藏书一览表》(载《重庆方志通讯》1986年创刊号,第35页)。

[民国]罗江县志六卷

联目758

朱纬修、罗凤章纂

民国二十三年(1934)修成,有当时的石印本,存于重庆市博物馆。录自何金文撰《四川方志考》第201页。

[嘉庆]内江县志十五卷

联目758

(清)张□修 (清)刘一衡纂

有清嘉庆四年(1799)刊本。录自何金文撰《四川方志考》第208页。

乐至县文献册一种

联目759

佚名编

为修民国县志时编纂之资料也。有民国间抄本,存于四川省图书馆。录自何金文撰《四川方志考》第213页。

安岳县政概览一种

联目760

民国安岳县政府编

有民国三十七年(1948)抄本流传。录自何金文撰《四川方志考》第215页。

简阳县政概况

联目762

黄幼甫编

有民国三十四年(1945)复印本流传。录自何金文撰《四川方志考》第 220 页。

宜宾县县政概况一种

联目 763

民国宜宾县政府编

有民国三十四年(1945)抄本流传。录自何金文撰《四川方志考》第 221 页。

[民国]隆昌县志十五卷

联目 764

曾德威主编

有民国间抄本,隆昌县地方志办公室于 20 世纪末的一轮修志时查得。录自张仲荧《新发现民国〈隆昌县志〉》(载《中国地方志》1987 年第 3 期,第 76 页)。

重修南溪县人士志稿一种

联目 764

佚名纂

有民国三十四年(1945)抄本,存于四川省图书馆。录自何金文撰《四川方志考》第 228 页。

南溪县政概况一种

联目 764

民国南溪县政府编

有民国三十四年(1945)抄本,存于四川省图书馆。录自何金文撰《四川方志考》第 228 页。

[光绪]叙州府志四十三卷首一卷末一卷

联目 766

(清)王麟祥修 (清)邱晋成纂

有清光绪十一年(1885)刊本。录自何金文撰《四川方志考》第 106 页。

[光绪]泸州乡土地理教科书一卷

联目 766

（清）李正华、彭植昌纂

有清光绪三十四年（1908）刊本，存于上海图书馆。录自陈光贻《稀见地方志提要》第959页。

［光绪］庆符县志五十五卷

联目767

（清）孙定扬修　（清）胡锡祜等纂

有清光绪二年（1876）刻本，收入1992年《中国地方志集成》影印本，中国社会科学院图书馆、近代史研究所图书馆有藏。录自《中国社会科学院地方志联合目录》第516页，注明庆符县"裁入高县"。台北成文出版社《中国方志丛书目录》第38页，四川省第二期376著录为《［光绪］庆符县志》三十七卷，未著修纂人姓氏，有清光绪间抄本。当以存书著录为是。

珙县县政概况

联目768

民国珙县政府秘书室编

有民国三十五年（1946）抄本流传。录自何金文撰《四川方志考》第238页。

仁寿县概况一种

联目774

民国仁寿县政府编

有民国三十一年（1942）抄本流传，民国三十四年（1945）又有陈兴雯、余耀岚重编《仁寿县县政府概况》一种，有铅字本流传。录自何金文撰《四川方志考》第256页。

犍为县县政概况

联目774

民国犍为县政府编

有民国三十五年（1946）复印本流传。录自何金文撰《四川方志考》第259页。

［民国］永川县政概况十三篇

联目775

周开庆等编

有民国三十五年(1946)排印本,存于重庆图书馆、四川省图书馆。录自《重庆旧志藏书一览表》(载《重庆方志通讯》1986 年创刊号,第 33 页)。何金文撰《四川方志考》第 263 页有著录。

[乾隆]大足县志十卷

联目 775

(清)陈仕林等纂修

有清乾隆五十三年(1788)刻本,存于四川省泸州图书馆。录自《重庆旧志藏书一览表》(载《重庆方志通讯》1986 年创刊号,第 33 页)。《联合目录》第 775 页著录有李德纂修《[乾隆]大足县志》十一卷,有清乾隆十五年(1750)刻本,存于故宫博物院图书馆。未知两书关系若何,录以待考。

[隆庆]铜梁县志四卷

联目 775

(明)高启愚纂修

纂修于明隆庆六年(1572),当年修成,有刻本。仅天-一阁旧目著录一部。录自《总目提要》21 - 88。

按:文廷海《天一阁藏明代四川方志考述》(载《巴蜀史志》2002 年第 6 期,第 32 页)谓是书 1884 年从天一阁散出,曾为吴兴蒋氏传书堂收藏。1913 年归于上海东方图书馆,1932 年毁于日军的战火,今已无传本。《总目提要》著录作"仅见天一阁旧目著录一部",当系未见其书。仍加著录者,意或在声讨侵略者之罪行,或望继续寻索也。本其意,今姑仍之。

[民国]新修铜梁县志十一卷

联目 776

郭朗溪主编

记事至民国三十八年(1949)底本县解放、人民政府成立时,为记国人热烈参加抗日战争最充分之一部志书。有 1949 年稿本,存于铜梁县地方志办公室。录自贾大泉《〈新修铜梁县志〉手稿简介》(载《四川地方志》1990 年第 4 期)。

[民国]合川文献特刊第一期

联目 776

胡南先、何靖麻编

有民国二十六年(1937)合川文献委员会排印本,存于北碚图书馆。录自《重庆旧志藏书一览表》(载《重庆方志通讯》1986 年创刊号,第 35 页)。

合州志

联目 776

(清)佚名编纂

有清抄本,四川省图书馆存有胶卷。录自《重庆旧志藏书一览表》(载《重庆方志通讯》1986 年创刊号,第 34 页)。

按:《四川方志通讯》1986 年第 1 期载有合川县志办唐唯目《刍议清初〈合州志〉稿本》一文,略谓于国家图书馆发现一部没有问世的《合州志稿本》30 页,无题款人和主修人姓名,也无编纂年月。据其推定,当系知州孙国衡于清康熙十一年(1672)撰修的。此本与这里著录的清代佚名编纂的《合州志》有无关系,有待研究。

[嘉庆]荣昌县志十卷

联目 777

(清)许源修 (清)唐张友纂

有清嘉庆十七年(1812)刻本,存于四川省图书馆。录自何金文撰《四川方志考》第 147 页。

[道光]荣昌县志三十八卷首一卷

联目 777

(清)王培荀等纂修

有清道光二十五年(1845)刊本及清光绪元年(1875)刊本。录自何金文撰《四川方志考》第 147 页。

[同治]彭水县志十卷首一卷

联目 780

(清)张悦堂修

有清同治间刊本,存于彭水县档案局(缺卷八、九,已残)。录自何金文撰《四川方志考》第 285 页。

彭水概况十编

联目 780

柯仲生编

有民国二十九年（1940）铅印本流传。录自何金文撰《四川方志考》第 286 页。

黔江县县政概况

联目 780

民国黔江县政府编

有稿本存于黔江县档案局。录自何金文撰《四川方志考》第 285 页。

万县图志四堡采访稿一册

联目 781

佚名纂

分选举、户役、城堡、市场、食货、学校、艺文等门类。有稿本存于重庆图书馆。
录自何金文撰《四川方志考》第 289 页。

城口县县政概况一种

联目 782

周其瑞编

有民国三十五年（1946）抄本流传。录自何金文撰《四川方志考》第 290 页。

梁山县乡土志

联目 784

陈忠良纂

有民国六年（1917）刻本，存于南京大学图书馆。录自何金文撰《四川方志考》
第 297 页。

广安县县政概况

联目 787

民国广安县政府编

有民国三十四年（1945）抄本流传。录自何金文撰《四川方志考》第 309 页。

武胜县县政概况

联目 788

胡国成编

有民国三十五年(1946)抄本流传。录自何金文撰《四川方志考》第 313 页。

[民国]渠县志十二卷

联目 790

陈铭勋修

有民国二十一年(1932)铅印本,存于中国台湾。录自台北成文出版社《中国方志丛书目录》第 37 页,四川省第二期 368。

渠县地理概要

联目 790

李旭、王源学编

有民国二十九年(1940)铅印本流传。录自何金文撰《四川方志考》第 324 页。

四川保宁府江南备造新编志书清册一册

联目 790

(清)佚名编纂

有清乾隆末年抄本,存于故宫博物院图书馆。录自何金文撰《四川方志考》第 325 页。

巴中县清代文献稿一种

联目 791

邱本岑采辑

有誊清本,存于四川省图书馆。录自何金文撰《四川方志考》第 327 页。

[康熙]天全六番稿

联目 793

(清)张韬纂

天全、六番为原高、扬二土司之地,古分为二,后合为一。这是一部诗体地志之书,分为《入峡诗》《渡泸诗》《出栈诗》《蓉城诗》四集。有清康熙四十六年(1707)刊本,存于上海图书馆。录自陈光贻《稀见地方志提要》第 951 页。

[乾隆]天全闻见记

联目 793

（清）陈登龙编纂

体例近似州志,分天文、分野、形势、疆域、建置、沿革等 10 多门。有清乾隆间稿本,存于福建省图书馆。录自何金文撰《四川方志考》第 335 页。《总目提要》21 - 131 有何金文提要。

［道光］宁远府志十二卷

联目 793

（清）陈崇礼纂修

有清道光七年(1827)刻本,存于泸州市图书馆。四川大学图书馆存有清末抄本。录自何金文撰《四川方志考》第 121 页。《总目提要》21 - 131 有何金文提要。

［道光］西昌县志二卷首一卷

联目 793

（清）书纶纂修

编纂于清道光十年(1830),记事止于清道光八年。有清道光十年稿本,存于四川西昌市图书馆。录自《总目提要》21 - 132。

汉源县二十九年度县政报告

联目 793

民国汉源县政府编

有铅印本流传。录自何金文撰《四川方志考》第 335 页。

盐边县概况资料辑要一种

联目 794

民国边政设计委员会编纂

有民国二十六年(1937)油印本。民国二十九年(1940)收入《川康边政资料辑要》加以铅印。录自何金文撰《四川方志考》第 149 页。

理番视察述要

联目 796

冯克书编

有杭州古籍书店 1964 年油印本流传。录自何金文撰《四川方志考》第 338 页。

［民国］道孚县风俗纪略

联目 799

朱增鋈编

收入《中国民族史地资料丛刊》。录自吴丰培《〈新疆、西藏等地志叙录·道孚县风俗纪略〉跋》（载《中国地方史志》1982 年第 3 期,第 27 页）。

［民国］巴安县志资料

联目 800

吴文渊编

民国三十年（1941）编成之县志,因系初稿,故以"资料"名之。有民国间抄本。录自《总目提要》21 – 151 何金文提要。

峨边县乡土志

联目 801

李亶、李仙概编纂

民国四年（1915）编,有铅印本流传。录自何金文撰《四川方志考》第 346 页。

贵州省

［万历］黔志一卷

联目 803

（明）王士性撰

有民国贵阳文通书局铅印《黔南丛书》本 1 册。录自《贵州省图书馆藏贵州地方志目录》（载《贵州方志通讯》1981 年第 4 期，第 22 页）。

［万历］贵州名胜志四卷

联目 803

（明）曹学全撰

有明万历间刻本。录自《总目提要》22－10 张新民、龚妮丽提要。

［康熙］黔书二卷

联目 803

（清）田雯撰

有清康熙三十七年（1698）刻《古欢堂全集》本、清光绪二十三年（1897）贵阳书局重刻本及民国贵阳文通书局铅印《黔南丛书》本。录自《贵州省图书馆藏贵州地方志目录》（载《贵州方志通讯》1981 年第 4 期，第 22 页）。《总目提要》22－12 有张新民、龚妮丽提要。《丛书集成初编·史地类》第 3182 册题作四卷。

［乾隆］贵州志稿三卷

联目 803

（清）潘文芮撰

述事止于清乾隆四年（1739）。有清乾隆间抄本、紫江存素堂抄本及 1965 年贵州省图书馆复印本。录自《总目提要》22－13 张新民、龚妮丽提要。《贵州省图书馆藏贵州地方志目录》（载《贵州方志通讯》1981 年第 4 期，第 22 页）有著录。

［嘉庆］续黔书八卷

联目 803

（清）张澍等纂

又名《黔中纪闻》，原稿 2 册藏于法国巴黎国家图书馆。国内有清嘉庆七年（1802）刊本、清光绪十五年（1889）刻《黔南四种》本 2 册、清光绪二十三年（1897）贵阳书局刻本 2 册，又有民国文通书局铅印《黔南丛书》本 2 册。录自《贵州省图书馆藏贵州地方志目录》（载《贵州方志通讯》1981 年第 4 期，第 22 页）。《总目提要》22 - 14 有张新民、龚妮丽提要。《丛书集成初编》收入第 3184 册。

［嘉庆］黔记四卷

联目 803

（清）李宗昉撰

有清道光十四年（1834）《闻妙香室集》刻本、清光绪十五年（1889）贵阳熊氏刻本、民国贵阳文通书局铅印《黔南丛书》本。录自《贵州省图书馆藏贵州地方志目录》（载《贵州方志通讯》1981 年第 4 期，第 23 页）。《总目提要》22 - 14 有张新民、龚妮丽提要。《丛书集成初编》收入第 3185 册。

［光绪］贵州考略一卷

联目 804

（清）龚柴撰

收入清光绪十七年（1891）《小方壶斋舆地丛钞》中。录自《总目提要》22 - 14 张新民、龚妮丽提要。

［光绪］贵州地略一卷

联目 804

（清）马冠群撰

收入清光绪十七年（1891）《小方壶斋舆地丛钞》中。录自《总目提要》22 - 14 张新民、龚妮丽提要。

［宣统］贵州地理志八卷

联目 804

（清）佚名纂修

原题为《云贵地理志》，前半部记述云南，后半部记述贵州，有清宣统二年（1910）油印本。1966 年 8 月，贵州省图书馆将贵州部分析出为八卷单独印行。录自《总目提要》22 - 14 张新民、龚妮丽提要。《贵州省图书馆藏贵州地方志目录》

（载《贵州方志通讯》1981 年第 4 期,第 23 页)有著录。

[民国]贵州通志稿本

联目 804

杨恩元等辑录

原有民国十一年(1922)杨恩元抄本 42 册,今仅存 31 册。后之石印本 42 册,存于贵州省安顺市图书馆,贵州省图书馆存有残本。录自《总目提要》22 – 15 张新民、龚妮丽提要。刘仲勉、张新民、卢光勋搜集整理《贵州地方志存佚目录》(载《贵州省地方志参考丛书》第六辑张新民著《贵州地方志论纲》)第 138 页有著录。

[民国]贵州乡土地理

联目 804

佚名编纂

原稿未梓,抄本存于贵州省博物馆。录自《总目提要》22 – 15 张新民、龚妮丽提要。

[民国]贵州乡土地理讲义

联目 804

交宗潞编纂

有民国二十年(1931)石印本,存于贵州省图书馆、四川省图书馆。录自《贵州地方志存佚目录》第 127 页。《贵州省图书馆藏贵州地方志目录》(载《贵州方志通讯》1981 年第 4 期,第 23 页)有著录。

[民国]贵州乡土历史二编

联目 804

佚名编纂

有抄本存于贵州省博物馆。录自《总目提要》22 – 15 张新民、龚妮丽提要。《贵州地方志存佚目录》第 127 页有著录。

黔灵山志十二卷

联目 804

(清)释道领辑

有铅印本存于贵州省博物馆。录自《贵州地方志存佚目录》第 126 页。

东山志略一卷

联目 804

（明）谢三秀撰

清康熙、乾隆两代《贵州通志·艺文志》及清道光《贵阳府志·文证》均有著录。录自《贵州地方志存佚目录》第 110 页。

［民国］今日之贵州

联目 804

京滇公路周展会贵州分会宣传部编

有民国二十六年（1937）铅印本。录自《贵州省图书馆藏贵州地方志目录》（载《贵州方志通讯》1981 年第 4 期,第 23 页）。

贵州省各县划编区乡镇报告表

联目 804

贵州自治筹备处编印

有民国二十一年（1932）三月本。录自康恒基辑《贵州省地方文献目录》（贵州省图书馆等,1984 年印行本）第 32 页。

贵阳府乡土地理志

联目 804

（清）佚名编纂

贵州省图书馆藏有抄本,中国人民大学图书馆藏有清铅印本。录自《贵州地方志存佚目录》第 126 页。《贵州省图书馆藏贵州地方志目录》（载《贵州方志通讯》1981 年第 4 期,第 23 页）有著录。

［咸丰］桐梓县志六卷

联目 805

（清）张香海、杨晒纂修

有清咸丰间刻本,存于中央民族大学图书馆。录自《贵州地方志存佚目录》第 110 页。

［光绪］桐梓县志三十卷

联目 805

（清）何宗轮修　（清）赵彝凭纂辑

未曾刊传。清稿本先存于何宗轮后人之手,据藏书者之后人称:"桐城历遭兵
匪祸、□祸,前后不下八九次。每次避祸,负书出走,合家母子及诸弟妹,莫不视同
生命,寝食不离。"后又存于赵彝凭后人之手,曾提供遵义市图书馆复印。录自翁仲
康《〈[光绪]桐梓县志〉最近在遵义发现》(载《中国地方志》1989 年第 1 期,第 79
页)。

［万历］铜仁府志十二卷

联目 806

（明）陈以跃修

有明万历刻本存于中国台湾及日本东洋文库。录自《贵州地方志存佚目录》
第 110 页。《总目提要》20 - 22 有张新民、龚妮丽提要。

［民国］正安县志

联目 806

佚名修纂

民国三十年(1941)以后修,修成未刊行,今仅有残稿存于贵州省正安县政协。
录自吴守业《正安方志考》(载《贵州地方志通讯》1987 年第 4 期,第 7 页)。

［嘉庆］仁怀县草志

联目 806

（清）禹坡纂辑

据所推断,或为遵义举人陈怀仁为纂修《遵义府志》所辑录之资料一部。记事
止于清道光十九年(1839)。录自徐文仲《〈仁怀县草志〉介绍》(载《贵州地方志通
讯》1986 年第 3 期,第 70 页)。《贵州省图书馆藏地方志目录》(载《贵州方志通
讯》1981 年第 4 期,第 26 页)、《总目提要》22 - 22 均有著录。

［乾隆］赤水备考全志八卷

联目 805

（清）张志和纂辑

清乾隆七年(1742)修成。20 世纪 80 年代修志中,四川叙永县摩尼区海丰乡
黄坪小学教师姜学成捐赠给叙永县地方志办公室。录自吴永栋《叙永老师姜学成
献出乾隆七年珍贵历史文献》(载《四川地方志通讯》1985 年第 4 期,第 64 页)。

[民国]都濡备乘二卷

联目 806

(清)杨宗瀛纂辑

有民国二十七年(1938)《黔南丛书》(收入第五集)本。录自《贵州省图书馆藏贵州地方志目录》(载《贵州方志通讯》1981 年第 4 期,第 25 页)。《总目提要》22 - 20 有张新民、龚妮丽提要。

[民国]增纂玉屏县志十卷首一卷附录一卷

联目 807

郑一平修　夏如宾等纂

实为《[乾隆]玉屏县志》之重刊本,记事止于民国三十六年(1947),有民国三十七年铅印本。录自《总目提要》22 - 25 张新民、龚妮丽提要。

[民国]思南县采访录十九册

联目 808

思南筹备修志局汇辑

为民国三十五年(1946)前后为修县志的资料长编。有稿本,存于贵州省博物馆。录自《总目提要》22 - 23 张新民、龚妮丽提要。《贵州地方志存佚目录》第 138 页有著录。

[民国]石阡乡土教材辑要二册

联目 808

杨大恩编辑

有民国三十一年(1942)石印本,存于贵州省石阡县档案馆,贵州省图书馆存有 1980 年复印本。录自《贵州省图书馆藏贵州地方志目录》(载《贵州方志通讯》1981 年第 4 期,第 28 页)。

安南县志

联目 810

(清)佚名编纂

有清抄本,存于贵州省博物馆。录自《贵州地方志存佚目录》第 126 页。

[康熙]平远风土记一卷

联目 811

(清)黄元治撰

清乾隆《平远州志·艺文志》有著录。录自《总目提要》22 – 28 张新民、龚妮丽提要。

[民国]毕节县史地述要三章

联目 811

肖吉人编著

有民国三十七年(1948)油印本,存于贵州师范大学历史系,贵州省图书馆、贵州省地方志办公室有复印本。录自《总目提要》22 – 26 张新民、龚妮丽提要。《贵州地方志存佚目录》第 135 页有著录。

[民国]续修安顺府志(安顺部分)二十卷

联目 812

任可澄总纂(吴晓耕为主要撰稿人)

录自王在卉《〈续修安顺府志(安顺部分)〉付印》(载《贵州地方志通讯》1984 年第 2 期,第 29 页)。《总目提要》22 – 29 张新民、龚妮丽提要著录为:黄元操等纂辑《续修安顺府志稿》二十卷。谓是志设局于民国二十年(1931)始修,历时数载,均未竣事。直至民国三十年(1941)始成初编,全书约 45 万字,记事止于清末民初。有稿本、抄本、1984 年标点排印本。

[康熙]威宁风土记一卷

联目 812

(清)宋超撰

清《[道光]大定府志》卷五十四《文征》中有著录。收入《[民国]威宁县志》卷十八。录自《总目提要》22 – 29 张新民、龚妮丽提要。

[民国]新修开州志稿

联目 813

凌惕安撰

记事止于清宣统三年(1911)。有笋香室稿本,存于贵州省博物馆。录自《贵州省图书馆藏贵州地方志目录》(载《贵州方志通讯》1981年第4期,第138页)。《总目提要》22-30有张新民、龚妮丽提要。

[民国]紫云县社会调查九章

联目813

刘国璋等编

有民国三十四年(1945)稿本,存于贵州紫云县档案馆。录自《贵州地方志存佚目录》第134页。《贵州省图书馆藏贵州地方志目录》(载《贵州方志通讯》1981年第4期,第33页)有著录。《总目提要》22-32有张新民、龚妮丽提要。

[咸丰]永宁州志·学校补二篇

联目813

(清)修武谟补辑

辑者修武谟原参修《[道光]永宁州志》,此补为其私纂,成于清咸丰四年(1854),有清道光二十年(1840)刻本6册。录自《总目提要》22-32张新民、龚妮丽提要。《贵州省图书馆藏贵州地方志目录》(载《贵州方志通讯》1981年第4期,第33页)有著录。

[民国]炉山县物产志四册

联目813

毋伯平撰

有民国十九年(1930)修改稿本,存于贵州省图书馆。录自《贵州地方志存佚目录》第130页。《总目提要》22-36有张新民、龚妮丽提要。

[民国]天柱县五区团防志一卷

联目814

刘中焕、龙光武修　张德培编辑

又名《天柱保安团防志》,有民国九年(1920)刻本,存于贵州省民族研究所,复印本存于贵州省图书馆、贵州省文史馆、贵州省地方志办公室。录自《贵州省图书馆藏贵州地方志目录》(载《贵州方志通讯》1981年第4期,第128页)。《总目提要》22-37张新民、龚妮丽提要谓本志记事上起清道光三十年(1850),下至清同治四年(1865),以编年体逐年记述。

[民国]从江县志概况

联目816

佚名编纂

有抄本,存于贵州省档案馆。录自张异连《贵州省档案馆发现〈从安县志概况〉抄本》(载《贵州地方志通讯》1987 年第 3 期,第 98 页)。《总目提要》22 - 39 张新民、龚妮丽提要谓为杨伯文所撰,存有稿本及"民国年间贵州未刊县志资料十二种"油印本。

贵州省从江县地方概况纲要

联目 816

徐用恒编纂

有手抄本,存于贵州省档案馆。录自从江县志办吴佺新《〈贵州省从江县地方概况纲要〉评略》(载《贵州方志》1992 年第 1 期,第 73 页)。

[民国]车江乡志八编

联目 816

佚名编纂

记事止于民国三十二年(1943),有油印本,存于贵州民族学院民族研究所、贵州省地方志办公室。录自《总目提要》22 - 39 张新民、龚妮丽提要。《贵州地方志存佚目录》第 139 页有著录。

[民国]贵定一览八章

联目 816

徐实圃纂修

有民国二十六年(1937)铅印本。录自《贵州地方志存佚目录》第 138 页。

[民国]榕江县志

联目 816

佚名编纂

有油印本,存于贵州省民族研究所、贵州省地方志办公室。录自《贵州省图书馆藏贵州地方志目录》(载《贵州方志通讯》1981 年第 4 期,第 139 页)。

[民国]增补榕江县志一卷

联目 816

佚名编纂

存于国家图书馆、广东省立中山图书馆。录自《贵州省图书馆藏贵州地方志目录》（载《贵州方志通讯》1981 年第 4 期,第 137 页）。

[民国]朗洞分县志一种

联目 816

邱竹君撰

民国三十八年(1949)修,有稿本存于贵州省民族研究所、贵州省地方志办公室。录自《贵州地方志存佚目录》第 139 页。《总目提要》22 - 39 有张新民、龚妮丽提要。

[民国]荔波县志稿

联目 817

荔波县县志整理委员会梁杓、潘一志等编纂

民国三十三年(1944)定稿,未刊印,仅有手抄本 2 部:一部因日寇犯境,由编者之一的潘一志藏入山洞,致使受潮霉坏不少;另一部下落不明。民国三十六年(1947)重行整理本手稿,存于贵州荔波县档案馆。录自蒙明儒《〈[民国]荔波县志稿〉简介》（载《贵州地方志通讯》1986 年第 3 期,第 2 页）。

[民国]定番县乡土调查报告十三章

联目 817

吴泽琳等编著

抗日战争期间,大夏大学迁黔时,该校教授吴泽琳等利用近代社会学方法撰成之报告,刊于《历史社会季刊》创刊号及第二期。录自《总目提要》22 - 43 张新民、龚妮丽提要。

惠水概况

联目 817

张民权著

有民国三十五年(1946)九月本。录自康恒基辑《贵州省地方文献目录》第 32 页。

[民国]水城县志一册

联目 818

康静山修纂

民国十年(1921)为应省续修通志征集材料而撰,有油印翻印本。录自《总目提要》22－17 张新民、龚妮丽提要。

［民国］水城县志杂述一卷

联目 818

王宅书撰

有民国十七年(1928)稿本,存于贵州省水城县档案馆,抄本存于贵州省图书馆。录自《贵州地方志存佚目录》第 130 页。《贵州省图书馆藏贵州地方志目录》(载《贵州方志通讯》1981 年第 4 期,第 24 页)著录为《水城县事杂述》一卷。

［民国］水城县行政区域志资料调查表一册

联目 818

佚名编纂

资料全为采访呈报汇成,有油印本。录自《总目提要》22－17 张新民、龚妮丽提要。

［民国］独山县志·文征志二卷

联目 818

佚名编纂

有抄本存于贵州省图书馆。录自《贵州地方志存佚目录》第 138 页。《总目提要》22－42 有张新民、龚妮丽提要。

云南省

纪古滇说集一卷

联目 819

(元)张道宗纂

记事始唐虞,讫于南宋咸淳(1265－1274)。有明嘉靖十八年(1539)刊本、《玄览堂丛书》影印本。录自张国淦《中国古方志考》第 720 页。《四库全书总目提要》卷七十七有提要。

[大德]云南志略四卷

联目 819

(元)李京撰

元大德本已佚,今能见者为明人陶宗仪《说郛》本。清人王崧《云南备征志》收录,有所改动。录自《总目提要》23－10 李孝友提要。

[万历]滇史十四卷

联目 820

(明)诸葛元声纂

有刊本存于上海图书馆。录自陈光贻《稀见地方志提要》第 986 页。

[道光]云南志抄

联目 820

(清)王崧撰　(清)杜允中注

有清道光九年(1829)刊本,存于复旦大学图书馆。录自陈光贻《稀见地方志提要》第 987 页。《总目提要》23－13 有李孝友提要。

[道光]滇考二卷

联目 820

(清)冯甦纂修

有清道光元年(1821)刊本存于中国台湾。录自台北成文出版社《中国方志丛书目录》第 67 页,云南省第一期 140。

[光绪]滇疆纪略

联目 820

(清)江浚辑

原晋宁方氏学山楼藏有抄本。录自《总目提要》23 - 17 李孝友提要。

[道光]云南备征志二十一卷

联目 820

(清)王松辑

有清道光间刻本,存于云南省图书馆(缺卷七、九、十一、十三、十四、十六)。清宣统二年(1910)云南书局铅印排字本,流传较广,滇省内多有藏者。录自《总目提要》23 - 15 李孝友提要。

[光绪]云南考略

联目 820

(清)龚柴撰

录自《总目提要》23 - 17 李孝友提要。

[光绪]全滇始末一卷

联目 820

佚名编纂

为杂录云南史地之书,云南省图书馆藏有旧抄本。录自《总目提要》23 - 17 李孝友提要。

[光绪]云南地略

联目 820

(清)马冠群撰

为清季学堂地理教材,收入《小方壶斋舆地丛钞》。录自《总目提要》23 - 17 李孝友提要。

古滇土人图志

联目 819

董一道绘著

有 1913 年石印本。录自《董一道和〈古滇土人图志〉》（载《玉溪方志通讯》1983 年第 1 期,封二）。

[民国]滇志韵语二卷

联目 820

马太元撰

有民国三十六年(1947)石印本,存于云南省图书馆。录自李小缘《云南书目》（云南人民出版社,1988 年版)第 198 页。

[民国]滇绎四卷

联目 820

袁嘉谷撰

有民国十二年(1923)铅印本。录自《民国云南方志资料目录》（载《云南方志通讯》1984 年增刊,第 3 页)。

[民国]滇录八卷

联目 820

由云龙纂

有民国二十二年(1933)铅印本。录自《民国云南方志资料目录》（载《云南方志通讯》1984 年增刊,第 3 页)。

[民国]续云南通志长编(草稿)八十一卷

联目 821

云南通志续编委员会编

该稿上限为民国元年(1912),下限至民国二十年(1931),随补资料有直至民国三十五年(1946)者。原存抄本,经云南地方志办公室组织人力整理,故有 1986 年标点印行本。录自《各省市自治区旧志整理综述》（载《贵州方志》1988 年第 6 期,第 52 页)。《总目提要》23 - 14 李孝友提要著录有周钟岳、赵式铭主纂《[民国]新纂云南通志长编》,系《新纂云南通志》原班人员纂修的另一部志稿。原通志叙事至清宣统三年(1911),此则续记至民国二十年,故当是不同的两部书。

云南通志建置沿革四卷

联目 821

佚名编纂

云南省图书馆存有抄自湖北省图书馆的藏本 2 册。录自云南省志编纂委员会办公室编《明清云南地方志目录》(载《云南方志通讯》1984 年增刊,第 1 页)。

[民国]云南大事记十四卷

联目 821

袁嘉谷撰

有民国二十四年(1935)石印本。录自《民国云南地方志及资料目录》(载《云南方志通讯》1984 年增刊,第 3 页)。

云南通志存疑辨误

联目 821

佚名撰

有云南省图书馆抄自湖北省图书馆本。录自《明清云南地方志目录》(载《云南方志通讯》1984 年增刊,第 1 页)。

[民国]云南温泉志补四卷

联目 822

童振藻纂辑

有民国八年(1919)刊本,存于中国台湾。录自台北成文出版社《中国方志丛书目录》第 67 页,云南省第二期 246。

[民国]珍泉志稿

联目 822

杨世昌编纂

镇志也。珍泉镇,即今昆明官渡区六甲镇。有民国三十八年(1949)抄本 1 册,存于云南省图书馆。录自《民国云南地方志及资料目录》(载《云南方志通讯》1984 年增刊,第 3 页)。《总目提要》23 - 22 有李孝友提要。

[民国]富民县地志册

联目 822

富民县劝学所辑

有民国八年(1919)钤印抄本,存于云南省图书馆。录自《民国云南地方志及资料目录》(载《云南方志通讯》1984 年增刊,第 4 页)。

晋宁乡土志初稿三卷

联目 823

(清)杨佩撰

未刊,云南省图书馆存稿本卷上、卷中。录自李小缘《云南书目》第 212 页。

[民国]晋宁县志稿一册

联目 823

陈秉仁编

有民国三十六年(1947)稿本,存于云南省图书馆。录自《民国云南地方志及
资料目录》(载《云南方志通讯》1984 年增刊,第 4 页)。《总目提要》23－20 有李孝
友提要。

[民国]呈贡县地志资料一册

联目 823

蔡荣谦等纂

有民国十二年(1923)钤印抄本。录白《民国云南地方志及资料目录》(载《云
南方志通讯》1984 年增刊,第 3 页)。

呈贡县志材料二册

联目 823

秦光玉辑

有抄本存于云南省图书馆。录自《民国云南地方志及资料目录》(载《云南方
志通讯》1984 年增刊,第 3 页)。

[乾隆]续修安宁州志二十卷

联目 823

(清)何齐圣修　(清)段一骧纂

系就清雍正志稿条目,增补清雍正九年(1731)之后事,并新增志例。有清乾隆
四年(1739)刊本,清光绪间有重刻本。录自《总目提要》23－22 李孝友提要。

[民国]安宁县地志资料调查书

联目 824

曾子述等辑

有民国九年(1920)抄本 1 册。录自《民国云南地方志及资料目录》(载《云南方志通讯》1984 年增刊,第 4 页)。

［民国］云南镇雄县地志资料细目一册

联目 824

有民国十年(1921)抄本,存于云南省图书馆。录自《民国云南地方志及资料目录》(载《云南方志通讯》1984 年增刊,第 5 页)。

［民国］云南昆阳县地志资料

联目 824

有民国十二年(1923)钤记抄本。录自《民国云南地方志及资料目录》(载《云南方志通讯》1984 年增刊,第 4 页)。

昭通志稿九卷

联目 824

李文林、卢金锡等纂

有民国二十六年(1937)铅印本。录自云南省地方志办公室、云南省地方志学会《整理云南省旧方志三本资料著述的方案(云南旧方志简称表)》第 5 页,未注明现藏单位。

［道光］云南昭通镇风土武备总册

联目 824

(清)张文焕纂

有清道光十九年(1839)稿本,存于上海图书馆。录自陈光贻《稀见地方志提要》第 1024 页。

［民国］昭通县地志资料

联目 824

昭通劝学所编

有民国十二年(1923)抄本 1 册,存于云南省图书馆。录自《民国云南地方志及资料目录》(载《云南方志通讯》1984 年增刊,第 5 页)。

［民国］盐津县志十六卷

联目 824

陈一得、陈葆仁等纂修

有民国三十八年（1949）抄本 10 册。录自《民国云南地方志及资料目录》（载《云南方志通讯》1984 年增刊,第 6 页）。《总目提要》23 - 27 有邓万钧提要。《整理云南省旧方志三本资料著述的方案（云南旧方志简称表）》第 10 页有著录,未注明现藏单位。

［民国］大关县地志

联目 825

有民国十年（1921）抄本 1 册。录自《民国云南地方志及资料目录》（载《云南方志通讯》1984 年增刊,第 5 页）。

大关县志稿七卷

联目 825

（清）佚名纂修

有民国二十四年（1935）抄本。《整理云南省旧方志三本资料著述的方案（云南旧方志简称表）》第 5 页,未注明现藏单位。

［民国］大关县志十六卷

联目 825

张维翰修　谭明辉、张铭琛等纂

民国三十七年（1948）成书,有 1977 年中国台湾正中书局排印本,存于云南省图书馆。录自李小缘《云南书目》第 242 页。《总目提要》23 - 28 有邓万钧提要。

嵩明州志四卷

联目 827

（清）薛渭川纂修

有清光绪十五年（1889）抄本,存于中国台湾。录自台北成文出版社《中国方志丛书目录》第 66 页,云南省第一期 31。

［民国］嵩明县地志

联目 827

嵩明县劝学所编辑

有民国十一年（1922）印平装本 1 册。录自《民国云南地方志及资料目录》（载《云南方志通讯》1984 年增刊，第 7 页）。

［民国］路南县地志一册

联目 827

路南县劝学所辑

有民国九年（1920）钤印抄本 1 册。录自《民国云南地方志及资料目录》（载《云南方志通讯》1984 年增刊，第 7 页）。

［民国］云南寻甸县地志

联目 828

有民国十四年（1925）抄本 1 册。录自《民国云南地方志及资料目录》（载《云南方志通讯》1984 年增刊，第 7 页）。

选录宜良县志稿二卷

联目 829

佚名撰

编成年代无考，记事止于清乾隆五十一年（1786）。虽冠称选录，实有增补旧志所未载也。有稿本，存于上海师范学院图书馆。录自陈光贻《稀见地方志提要》第 990 页。

［民国］云南宜良县地志稿

联目 829

陈道常等纂修　徐自立绘图

有民国九年（1920）抄本 1 册，存于云南省图书馆。录自《民国云南地方志及资料目录》（载《云南方志通讯》1984 年增刊，第 7 页）。

［民国］徵江县乡土资料

联目 829

徵江县政府编

有民国间抄本存于中国台湾。录自台北成文出版社《中国方志丛书目录》第 68 页，云南省第二期 269。

［民国］云南省玉溪县地志

联目 830

王国靖等编辑　刘家富校订

有民国十一年(1922)排印本 1 册,存于云南省图书馆。录自《民国云南地方志及资料目录》(载《云南方志通讯》1984 年增刊,第 4 页)。

［民国］宁县志

联目 830

佚名撰

旧宁县与黎县辖地,与今华宁县辖地同。有民国二年(1913)抄本。录自《民国云南地方志及资料目录》(载《云南方志通讯》1984 年增刊,第 4 页)。《总目提要》23 - 45 有李若兰提要。

［民国］元江乡土韵言

联目 831

彭松森编

全用四字韵语写成,中间夹以小注。有民国九年(1920)刻本,存于云南省图书馆。录自《玉溪地区地方志提要(四)》(载《玉溪地区地方志通讯》1984 年第 2 期,第 33 页)。《总目提要》23 - 48 有李硕提要。《民国云南地方志及资料目录》(载《云南方志通讯》1984 年增刊,第 5 页)有著录。

［民国］通海县地志资料

联目 831

刘明义等辑

有民国九年(1920)抄本 1 册,存于云南省图书馆。录自《民国云南地方志及资料目录》(载《云南方志通讯》1984 年增刊,第 4 页)。

云南省河西县地志资料

联目 831

佚名编

有抄本 1 册,存于云南省图书馆。录自《民国云南地方志及资料目录》(载《云南方志通讯》1984 年增刊,第 4 页)。

云南新平县全境地志

联目 831

张汝相等辑

有民国九年(1920)抄本,存于云南省图书馆。录自《民国云南地方志及资料目录》(载《云南方志通讯》,1984 年增刊,第 5 页)。

[光绪]补修江川县志二十九卷

联目 832

(清)崔荣达、赵家齐校订补修

有清光绪三十三年(1907)稿本,存于云南省图书馆。录自《总目提要》23 - 42 李若兰提要。

[民国]江川县志

联目 832

彭商贤、熊从周修 萧声、赵星聚等纂

有民国二十三年(1934)九月稿本,存于云南江川县档案馆。录自李从元《民国〈江川县志〉(稿本)评介》(载《玉溪方志通讯》1984 年第 2 期,第 20 页)。《玉溪地区地方志提要(四)》第 20 页、《总目提要》23 - 42 均有提要。

[民国]江川县乡土志三卷

联目 832

佚名编

不著撰人姓氏,有抄本 3 册。录自《玉溪地区地方志提要(四)》第 34 页。

[民国]普思沿边志略

联目 832

柯树勋纂

被称为"西双版纳有史以来第一部地方志书"。录自岳旅冰《〈普思沿边志略〉题记》(载《柳州古今》1992 年第 4 期,第 56 页)。《民国云南地方志及资料目录》(载《云南方志通讯》1984 年增刊,第 10 页)有著录。李小缘《云南书目》第 284 页有介绍。《总目提要》23 - 54 有李硕提要。

［民国］思茅县地志

联目 832

有民国八年(1919)抄本 1 册,存于云南省图书馆。录自《民国云南地方志及资料目录》(载《云南方志通讯》1984 年增刊,第 10 页)。

［民国］云南省地志(思茅县)

联目 832

赵国兴编纂

有民国十年(1921)排印本 1 册,存于云南省图书馆。录自《民国云南地方志及资料目录》(载《云南方志通讯》1984 年增刊,第 10 页)。

［民国］云南省地志(宁洱县)

联目 832

朱锦文编

有民国十年(1921)排印本,存于云南省图书馆。录自《民国云南地方志及资料目录》(载《云南方志通讯》1984 年增刊,第 10 页)。

［道光］威远所志八卷

联目 833

(清)谢体仁纂修

有清道光十八年(1838)刊本,存于华东师范大学图书馆。录自陈光贻《稀见地方志提要》第 1004 页。

［民国］缅宁县志二十四卷

联目 834

邱廷和纂修

缅宁县,民国二年(1913)建县,1954 年改称临沧县。有民国三十七年(1948)稿本及抄本,均存于云南省图书馆。录自《总目提要》23 – 65 黄茂槐提要。

［民国］永德县志一种

联目 834

纳汝珍主修　蒋世芳主纂

原本无下落,仅存抄本。录自鲁成旺《永德修志回顾》(载《南中》1993 年第 3
期,第 65 页)。

[民国]富州县志二十三卷

联目 836

甘汝棠修纂

有民国二十一年(1932)油印本。录自台北成文出版社《中国方志丛书目录》
第 68 页,云南省第二期 272。

[民国]增修马关县志十卷

联目 836

江砺山、刘世勋纂

民国十五年(1926)修成,有传抄本存于江苏省张涛卿处。录自李小缘《云南
书目》第 276 页。

[民国]广南县地志一种

联目 836

佚名纂修

有民国十二年(1923)钤印抄本 2 册。录自《民国云南地方志及资料目录》(载
《云南方志通讯》1984 年增刊,第 11 页)。

[民国]泸西县志稿

联目 837

佚名纂修

民国二十年(1931)成稿,记事至搁笔时。有稿本 6 册,存于云南省图书馆。录
自《整理云南省旧方志三本资料著述的方案(云南旧方志简称表)》第 7 页。《总目
提要》23 - 52 有李硕提要。李小缘《云南书目》第 281 页有著录。

[民国]泸西县地志资料

联目 837

佚名纂修

卷数不详。民国十九年(1930)左右纂成,抄本未刊。云南省图书馆今存卷四
至二十一。录自《总目提要》23 - 52 李硕提要。李小缘《云南书目》第 281 页有

著录。

[民国]蒙自县志稿一种

联目 838

马挈纂修

存于云南蒙自县档案馆。录自李小缘《云南书目》第 252 页。

[康熙]楚雄府志十卷

联目 839

(清)牛奂续修　(清)卢询纂

有清康熙二十七年(1688)刊本,存于南京图书馆。录自李小缘《云南书目》第 251 页。《总目提要》23 - 33 有黄茂槐提要。

[民国]建水县志稿十一册

联目 839

建水县文献委员会编

民国三十六年(1947)修成,记事止于是年。有稿存于云南省建水县图书馆,1984 年建水县地方志办公室标点、油印。录自杨枫《新发现〈[民国]建水县志稿〉》(载《中国地方志》1988 年第 3 期)。

[光绪]镇南州志略

联目 840

(清)甘孟贤纂修

是志修成于清光绪十七年(1891),未刊刻。1985 年 3 月方为人发现,现存于云南省南华县地方志办公室。录自杨春茂《南华县志办征集到两部旧志》(载《云南地方志通讯》1985 年第 1 期,第 85 页)。

[民国]镇南州志稿

联目 840

郭燮熙纂辑

民国十八年(1929)成稿,未刊。云南省南华县志办公室存有残本,云南省图书馆存有复印本。录自《总目提要》23 - 35 黄茂槐提要。

［民国］镇南县志

联目 840

（清）郭燮熙撰修

民国三十年（1941）成稿。1985 年南华县沙田区田心乡高家村蔡长祜老人将所藏稿本（仅存七卷）献出，今存于云南省南华县地方志办公室。有云南省图书馆复印本。录自南华县志办《南华新发现民国〈镇南县志〉稿本》（载《楚雄方志通讯》1984 年第 3 期，第 26 页），又见杨春茂《南华县志办征集到两部旧志》（载《云南地方志通讯》1985 年第 1 期，第 85 页）。

附言：周能汉在《南华方志硕果累累》（载《楚州今古》1999 年第 2 期，第 32 页）一文中谓以上 3 种志书，加上《联合目录》第 840 页已著录的《［咸丰］镇南州志》，共 4 种，已点注整理出版，并获云南地方志优秀成果奖。

［民国］禄丰县志条目

联目 840

有民国二十一年（1932）阳仰信抄本。录自台北成文出版社《中国方志丛书目录》第 68 页，云南省第二期 263。

［民国］大姚县志

联目 841

佚名纂修

有姚安由云龙之序，载于《定庵文存》卷四。只有抄本。录自《总目提要》23 - 37 黄茂槐提要。

［康熙］大理府志三十卷首一卷

联目 843

（清）李斯佺、黄元治纂修

有清康熙间刻本，存于国家图书馆。录自《北京图书馆古籍珍本丛刊（拟目）》第 18 页。

［乾隆］邓川州志

联目 844

（清）王孝治、李文培修　（清）高上桂编纂清道光四年(1824)刊刻成书。录自李文源《洱源方志考》(载《大理方志》1989年第2期,第65页)。

［民国］邓川县地志资料

联目 844

杨德隽纂

编纂于民国八年(1919),与《洱源地志细目》同为向省通志馆报送的地志资料。有抄本存于云南省图书馆及云南省洱源县地方志办公室。录自李文源《洱源方志考》(载《大理方志》1989年第2期,第65页)。

［民国］云南剑川县地志一种

联目 844

佚名编纂

有民国八年(1919)抄本,存于云南省图书馆。录自《民国云南地方志及资料目录》(载《云南方志通讯》1984年增刊,第14页)。

宾阳志

联目 844

李文浓访辑

成书草草,仅逾3000字,但其成为李氏其后《海东志》(《联合目录》已著录)之基础。录自《总目提要》23－58李硕提要。

［民国］增修凤仪县志

联目 844

董莹纂修

民国三年(1914)修成,有抄本存于凤仪县教育局。录自李小缘《云南书目》第812页。

［民国］弥渡县志稿一种

联目 844

宋文熙修　张志、张朴等纂

有1979年弥渡县文化馆油印本。录自李小缘《云南书目》第317页。

云南县志艺文杂记残卷一册

联目 846

(清)佚名辑

有清代抄本存于方树梅家。录自《明清云南地方志目录》(载《云南方志通讯》1984 年增刊,第 12 页)。

[光绪]云龙州志·艺文

联目 846

(清)佚名纂修

有清光绪十二年(1886)稿本之再抄本,存于云南省图书馆。录自《明清云南地方志目录》(载《云南方志通讯》1984 年增刊,第 13 页)。《总目提要》23 – 58 李硕提要谓清光绪十二年抄本存于中央民族大学图书馆,云南省图书馆所存者为再抄本。

[乾隆]维西见闻纪一卷

联目 847

(清)余庆远纂修

有清乾隆三十五年(1770)刊本,存于上海图书馆。录自陈光贻《稀见地方志提要》第 1020 页。

[民国]云南维西县地志全编

联目 846

屈之春辑

有民国十年(1921)钤印抄本 1 册。录自《民国云南地方志及资料目录》(载《云南方志通讯》1984 年增刊,第 9 页)。

[民国]泸水志一种

联目 847

段成钧纂修

记事止于民国二十一年(1932),有民国二十一年腾冲石印本,存于云南省图书馆。录自《总目提要》23 – 64 杨虹提要。

［光绪］续修崇明州志八卷

（清）王沂渊纂修

有清光绪十三年（1887）刊本。录自台北成文出版社《中国方志丛书目录》第68页，云南省第二期261。

［民国］芒遮板行政区域地方志

丁文浩等辑

今潞西政区也。有民国十三年（1924）钤印抄本1册，原藏于云南文献委员会，今藏于云南省图书馆。录自《民国云南地方志及资料目录》（载《云南方志通讯》1984年增刊，第10页）。《潞西县志通讯》1985年第1期有提要。

［民国］干崖行政区地志

董绍文等辑

其地今为盈江自治州。有民国十二年（1923）钤印抄本1册，存于云南省图书馆。录自《民国云南地方志及资料目录》（载《云南方志通讯》1984年增刊，第10页）。

［民国］西畴县地志

佚名编纂

有民国十三年（1924）抄本1册，存于云南省图书馆。录自《民国云南地方志及资料目录》（载《云南方志通讯》1984年增刊，第12页）。

［民国］云南摩刍县地志

王国栋辑

摩刍县，今双柏县也。有民国十年（1921）抄本1册。录自《民国云南地方志及资料目录》（载《云南方志通讯》1984年增刊，第15页）。

［民国］新编麻栗坡特别区地志资料三卷

陈钟书修　邓昌麒纂

录自《整理云南省旧方志三本资料著述的方案（云南旧方志简称表）》第10页，未注明现藏何处。

西藏自治区

[康熙]藏程纪略

联目 849

(清)焦应旗纂

有清康熙六十年(1721)刻本、1968 年台北成文出版社《中国方志丛书》影印本、1981 年中央民族学院(今中央民族大学)图书馆油印本。录自《总目提要》24 - 3 何金文提要。

[康熙]西藏志四卷

联目 849

(清)焦应旗撰

有清康熙间刻本存于中国台湾。录自台北成文出版社《中国方志丛书目录》第 71 页,西藏地方第一期 32。

[康熙]定藏纪程

联目 849

(清)吴廷伟纂

纂者于清康熙五十九年(1720)随军进藏督粮,返京后纂成是书。有清抄本、1981 年中央民族学院(今中央民族大学)图书馆油印本。录自《总目提要》24 - 3 何金文提要。

[康熙]藏行纪程

联目 849

(清)杜丁昌纂

有清道光十三年(1833)《昭代丛书》刻本、清光绪二十三年(1897)《小方壶斋舆地丛钞》铅印本、1981 年中央民族学院(今中央民族大学)图书馆油印本。录自《总目提要》24 - 4 何金文提要。

[雍正]藏炉总记

联目 849

（清）王我师纂

有清光绪二十三年（1897）《小方壶斋舆地丛钞》铅印本。录自《总目提要》24 - 5 何金文提要。

［雍正］西征记

联目 849

（清）王振翮纂

有清光绪二十三年（1897）《小方壶斋舆地丛钞》铅印本。录自《总目提要》24 - 5 何金文提要。

［雍正］进藏纪程

联目 849

（清）王世睿纂

记纂者王氏清雍正十年（1732）奉命进藏督粮，前后九个月之见闻、感受。有清道光十三年（1833）《昭代丛书》刻本、清光绪二十三年（1897）《小方壶斋舆地丛钞》铅印本、1981 年中央民族学院（今中央民族大学）图书馆油印本。录自《总目提要》24 - 4 何金文提要。

［雍正］四川通志·西域志一卷

联目 849

（清）黄廷桂等修　（清）张晋生等纂

此为官方方志中正式编纂成书刊行之最早的西藏方志。有清乾隆元年（1736）刻本。录自《总目提要》24 - 6 何金文提要。

［雍正］西藏考一卷

联目 849

（清）佚名纂修

记事至清乾隆元年（1736），有清光绪《仰视千七百二十九鹤斋丛书》刻本。录自《总目提要》24 - 7 何金文提要。

［嘉庆］四川通志·西域志六卷

联目 849

（清）常明修　（清）杨芳灿等纂

开修于清嘉庆十七年(1812),至二十一年(1816)修成刻行。有清嘉庆二十一年刻本、1984 年巴蜀书社影印本。录自《总目提要》24 – 11 何金文提要。

西藏达赖喇嘛班禅德尼及大小呼图克图沙布咙源流一卷

联目 852

佚名撰

有抄本,存于上海图书馆。录自陈光贻《稀见地方志提要》第 1033 页。提要者称"实为西藏之全史也……足以补中域志乘之未备"。

[民国]康藏宝鉴

联目 852

刘赞廷纂

有民国三十三年(1944)重纂稿本,存于上海图书馆。录自陈光贻《稀见地方志提要》第 1034 页。

炉霍屯志略

联目 852

李之珂编

亦名《四川新设炉霍屯志略》。有清光绪三十三年(1907)铅印本,有抄本流传。录自何金文撰《四川方志考》第 131 页。吴丰培《新疆、西藏等地志叙录——〈炉霍屯志略〉跋》(载《中国地方史志》1982 年第 3 期,第 26 页)有介绍。

(西藏)地舆三略前编(残本)

联目 852

(清)许鸿磐撰

录自吴丰培《新疆、西藏等地志叙录——《地舆三略》跋》(载《中国地方史志》1982 年第 3 期,第 29 页)。

里塘志略

陈登龙编

里塘,界乎川藏之间,为入藏必经之地。是志清道光二十二年(1842)编。录自吴丰培《新疆、西藏等地志叙录——〈里塘志略〉跋》(载《中国地方史志》1982 年第 3 期,第 24 页)。

瞻对厅志略

（清）张继原纂修

有旧抄本，原藏于南京图书馆，后收入《中国民族史地资料丛刊》，中央民族学院（今中央民族大学）图书馆有藏。录自吴丰培《新疆、西藏等地志叙录——〈瞻对厅志略〉跋》（载《中国地方史志》1982 年第 3 期，第 24 页）。

参考文献

一、著作

张国淦:《中国古方志考》,中华书局,1962年版。

《新修方志丛刊》,台北学生书局影印,1968年版。

金恩辉:《吉林地方志目录》,中国地方史志协会、吉林省图书馆学会,1981年印行。

金恩晖、梁志忠:《吉林省地方志考论、校释与汇辑》,吉林省地方志编纂委员会、吉林省图书馆学会,1981年印行。

秦德印:《陕西地方志书目》,陕西省社会科学院图书资料室,1981年印行。

山东省图书馆特藏部:《山东省地方志联合目录》,1981年编印。

王建宗:《山东地方志书目》,1981年印行。

河南省地方志编委会总编室:《河南地方志综录》,河南日报社附属印刷厂,1981年印行。

湖北省地方志办公室、湖北省图书馆:《湖北地方志目录》(初稿),1981年编印。

河南省地方志编委会总编室:《河南地方志佚书目录》,《河南地方史志资料丛编》之三,1982年编印。

山东省图书馆特藏部:《馆藏山东省地方史志资料目录》(古籍部分),1982年印行。

陈加等:《辽宁地方志考录》,辽宁省图书馆,1982年版。

安庆市图书馆古籍组:《安庆市图书馆馆藏本省史志资料目录》,1982年编印。

安徽省图书馆、安徽省地方志办公室编:《安徽方志综合目录》,1983年印行。

王重民:《中国善本书提要》,上海古籍出版社,1983年版。

郝瑶甫:《东北地方志考略》,辽宁人民出版社,1984年版。

天津市地震历史资料工作小组:《天津方志目录》,1984年印行。

河南省地方史志编纂委员会编,樊美于、贾连汉整理:《部分河南地方文献书目》,1984年印行。

康恒基:《贵州省地方文献目录》,贵州省地方志编纂委员会办公室、贵州省图书馆,1984年编印。

洪焕椿:《浙江方志考》,浙江人民出版社,1984 年版。

冯秉文:《北京方志概述》,吉林省地方志编纂委员会、吉林省图书馆学会,1985 年印行。

王启宇、罗友松等:《上海地方志概述》,吉林省地方志编纂委员会、吉林省图书馆学会,1985 年印行。

魏东波:《天津地方志考略》,吉林省地方志编纂委员会、吉林省图书馆学会,1985 年印行。

漆身起:《江西省地方志概述》,吉林省地方志编纂委员会、吉林省图书馆学会,1985 年印行。

高峰:《陕西方志考》,吉林省地方志编纂委员会、吉林省图书馆学会,1985 年印行。

高树榆等:《宁夏方志述略》,吉林省地方志编纂委员会、吉林省图书馆学会,1985 年印行。

《河北大学图书馆藏河北省地方志书目》,河北大学图书馆,1985 年编印。

内蒙古地方志编委会总编室:《内蒙古旧志整理》第一辑,1985 年内部印行。

张守和:《内蒙古方志概考》,吉林省地方志编纂委员会、吉林省图书馆学会,1985 年印行。

陈超、刘玉清:《青海地方志书介绍》,吉林省地方志编纂委员会、吉林省图书馆学会,1985 年印行。

宫栾鼎:《烟台市地方志藏书目录》,烟台市地方史志办公室,1985 年印行。

倪波:《江苏方志考》,吉林省地方志编纂委员会、吉林省图书馆学会,1985 年印行。

王桂云、鲁海:《山东地方史志纵横谈》,吉林省地方志编纂委员会、吉林省图书馆学会,1985 年印行。

何金文:《四川方志考》,吉林省地方志编纂委员会、吉林省图书馆学会,1985 年印行。

刘仲勉、张新民、卢光勋:《贵州地方志存佚目录》,《贵州地方志论纲》1985 年印行。

崔建英:《日本见藏稀见中国地方志书录》,书目文献出版社(今国家图书馆出版社),1986 年版。

江西省省志编辑室:《江西省地方志综合目录》,1986 年印行。

上海图书馆:《中国丛书综录》,上海古籍出版社,1986 年版。

上海师范大学图书馆:《上海方志资料考录》,上海书店,1987 年版。

李默:《广东方志要录》,广东省地方志编委会办公室,1987 年印行。

湖南省地方志编纂委员会:《湖南省地方志综合目录》,1987 年印行。

陈光贻:《稀见地方志提要》,齐鲁书社,1987 年版。

刘志和、黎传纪编,王田有审校:《江西旧志总目》(江西方志专号),江西省地方志编纂委员会办公室,1987 年印行。

北京图书馆古籍出版社编辑组编:《北京图书馆古籍珍本丛刊(拟目)》,书目文献出版社(今国家图书馆出版社),1987 年版。

广西壮族自治区通志馆资料室:《广西地方志提要》,广西人民出版社,1988 年版。

广西壮族自治区通志馆、广西壮族自治区图书馆、广西桂林图书馆:《广西地方史志文献联合目录》,广西人民出版社,1988 年版。

李小缘:《云南书目》,云南人民出版社,1988 年版。

李秉乾:《台湾省方志论》,吉林省地方志编纂委员会、吉林省图书馆学会,1988 年印行。

吴忠礼:《宁夏历代方志萃编》,天津古籍出版社,1988 年版。

王桂云:《山东方志汇要》,宁夏人民出版社,1989 年版。

河北大学地方史研究室编,河北省地方志编纂委员会审定:《河北历代地方志总目》,河北人民出版社,1989 年版。

《中国方志丛书目录》,台北成文出版社有限公司,1989 年印行。

仓修良:《方志学通论》,齐鲁书社,1990 年版。

刘永之、耿瑞玲:《河南地方志提要》,河南大学出版社,1990 年版。

戴国林:《江苏地区期刊与方志综录·方志部分》,江苏教育出版社,1990 年版。

赵明奇:《徐州地方志通考》,中国文史出版社,1991 年版。

来新夏:《河北地方志提要》,天津大学出版社,1992 年版。

徐复、季文通:《江苏旧方志提要》,江苏古籍出版社,1993 年版。

李如龙:《湖南地方志考评》,湖南出版社,1995 年版。

金恩辉、胡述兆:《中国地方志总目提要》,汉美图书有限公司,1996 年版。

陈桥驿:《绍兴地方文献之稀见抄本》,《陈桥驿方志论集》,杭州大学出版社,1997 年版。

祁明、刘纬毅:《山西方志要览》,1997 年内部印行。

祁明:《山西地方志综录》,1997 年山西省地方志办公室,内部印行。

忒莫勒:《建国前内蒙古方志考述》,内蒙古大学出版社,1998 年版。

谭烈飞:《北京地方志提要》,中国书店,2006 年版。

陈其弟:《苏州地方志综录》,广陵书社,2008 年版。

赵嘉朱:《中国社会科学院地方志联合目录》,中国社会科学出版社,2013 年版。

二、期刊

《贵州省图书馆馆藏贵州地方志目录》,《贵州方志通讯》1981 年第 4 期。

《新疆地方志目录(初稿)》,《新疆地方志通讯》1983 年第 1 期。

广西壮族自治区通志馆资料室:《广西地方志总目录(初稿)》,《广西地方志通讯》1983 年第 1 期。

吴景熙:《毕节地区旧方志存佚考》,《贵州地方志通讯》1983 年第 3 期。

云南省志编纂委员会办公室:《明清云南方志目录》,《云南方志通讯》1984 年增刊。

云南省志编纂委员会办公室:《民国云南地方志及资料目录》,《云南方志通讯》1984 年增刊。

《玉溪地区地方志提要(四)》,《玉溪地区地方志通讯》1984 年第 2 期。

秦滉:《武汉地区有关旧志目录》,《武汉志通讯》1984 年第 3 期。

景熙:《国内现存稀见明代方志刊本及胶卷本草目》,《中国地方志通讯》1985 年第 5 期。

甘肃省图书馆历史文献部:《甘肃省地方志目录(省图书馆现存)》,《甘肃地方志通讯》1985 年第 2 期。

陈春声:《现存广东地方志数量补遗》,《广东方志通讯》1985 年第 1 期。

王琳乾:《汕头方志述略》(下),《广东地方志通讯》1985 年第 3 期。

重庆市志总编室:《重庆旧志藏书一览表》,《重庆方志通讯》1986 年创刊号。

《成都历代方志一览表》,《成都志通讯》1986 年第 1 期。

欧安年:《现存广州及所属八县方志书目》,《广州修志通讯》1986 年第 1 期。

高树榆:《谈谈宁夏文献》,《宁夏方志通讯》1986 年第 6 期。

晓明:《宁夏地方志存佚目录》,《宁夏史志研究》1986 年第 1 期。

杨冬荃:《〈中国地方志联合目录·江苏省〉正补》,《中国地方志》1986 年第 6 期。

戴济民:《郑州志叙录》,《中州古今》1987 年第 4 期。

刘柏修:《民国江西方志存书概说》,《江西方志》1987 年第 1 期。

李德兴:《长沙市志办公室图书资料简介》,《长沙市志通讯》1987 年第 4 期。

童心:《慈溪县志简介》,《慈溪修志通讯》1988 年第 2 期。

何明栋:《新发现的二十部江西旧方志》,《中国地方志》1988 年第 1 期

钱建中:《〈江苏方志考·无锡市方志概述〉补正》,《江苏地方志》1988 年第 1 期。

高树榆:《宁夏方志录》,《宁夏方志通讯》1988 年第 2 期。

苏州市地方志编纂委员会办公室:《苏州方志文献资料要目》,《苏州史志》1988 年第 1 辑。

苏州市地方志编纂委员会办公室:《苏州地理文献目录》,《苏州史志》1988 年第 1 辑。

许卫平:《〈联合目录〉扬州地区方志收录补遗》,《江苏地方志》1988 年第 3 期。

戴良佐:《昌吉州现存旧志述略》,《新疆地方志》1989 年第 3 期。

胡正华:《新疆的乡土志》,《新疆地方志》1989 年第 1 期。

杜建荣:《〈中国地方志联合目录〉正误——〈联合目录〉未收之方志》,《天津史志》1989 年第 1 期。

赵庚奇:《北京史志书目(1949 – 1989)》,《北京地方志》1990 年第 1 期附录。

李豫:《〈中国地方志联合目录〉山西部分旧志录与遗误补订》,《山西地方志》1991 年第 2 期。

林浩:《福建省整理出版旧志书简介》,《福建史志》1991 年第 4 期。

杨晓蓉:《吴江县旧志概述》,《江苏地方志》1991 年第 1 期。

梁锦秀:《〈中国地方志联合目录〉补遗》,《中国地方志》1998 年第 3 期。

梁锦秀:《〈中国地方志联合目录〉山西篇补遗》,《中国地方志》1998 年第 6 期。

马千里:《〈江苏地方志提要〉(明代部分)补遗》,《江苏地方志》1999 年第 1 期。

书名笔画索引

五画

七画

八画

十三画

十四画